浙江省哲学社会科学规划课题“境外意识形态渗透对我国政治文化安全的影响研究”(课题编号：18NDJC288YB)结项成果

网络舆论引导机制研究

张厚远　著

海洋出版社

2023年·北京

内 容 简 介

本书意在探讨世界一体化背景下网络舆论引导机制的几个核心问题，从考察网络舆论产生的内、外部动力的诸多要素开始，探讨网络舆论形成与发展的各种动力机制，使用结构主义认知心理学的相关原理研究形成网络舆论的心理动因问题。在此基础上，探讨了符号互动机制、倒逼机制、话语修辞机制、网络舆情处置机制、大数据技术的驱动机制，以及国际复杂多变的舆论思潮的影响机制。然后重点分析了核心价值观的、基于网络安全的和主旋律电视剧的网络舆论引导机制问题。目的是建构起基于网络信息安全视角的舆论引导机制，服务于工作实践和相关理论研究。采用交叉融合的学术视角，国际化和信息化的思维方式，突出网络舆论引导工作的专业性、科学性和系统性。结合风险社会理论、话语分析理论、群体动力学和儒家的和合思想探讨了如何认识与化解网络意识形态斗争的一些关键性问题。可供舆论学、传播学、政治学、管理学、社会学、信息科学、文化学和舆情学等学科的科研人员、实践工作者使用，亦可作为相关专业的研究生、本科生教材使用，从事网络舆情治理、网络管理、网络安全和意识形态安全维护的工作人员阅读参考。

图书在版编目(CIP)数据

网络舆论引导机制研究 / 张厚远著. —北京：海洋出版社，2021.3
ISBN 978-7-5210-0751-0

Ⅰ.①网…　Ⅱ.①张…　Ⅲ.①互联网络-舆论-研究　Ⅳ.①G219

中国版本图书馆 CIP 数据核字(2021)第 060974 号

责任编辑：高朝君
责任印制：安　淼

海洋出版社 出版发行

http://www.oceanpress.com.cn
北京市海淀区大慧寺路 8 号　邮编：100081
鸿博昊天科技有限公司印刷
2021 年 4 月第 1 版　2023 年 8 月北京第 2 次印刷
开本：787 mm×1092 mm　1/16　印张：16
字数：254 千字　定价：68.00 元
发行部：010-62100090　总编室：010-62100034

序言

绍兴是著名的江南水乡，也是我国历史文化名城，相传大禹治水时曾两次躬临绍兴。《史记·封禅书》记载：“禹封泰山，禅会稽。”“禅会稽”说的是大禹召集诸侯到会稽山举行祭祀之礼，建构政治同盟，为建立统一的国家政权奠定舆论基础，这开了春秋战国时代“诸侯会盟”的舆论先河。在中国古代舆论史上，绍兴元素一直都是舆论议程中的重要组成部分，吴越争霸、卧薪尝胆、范蠡泛舟、兰亭集序、唐诗之路、陆游爱国、阳明心学、徐渭书画、绍兴师爷，这些都显示出典型的江南性格和江南风骨。

在中国近现代史上，鲁迅、蔡元培和秋瑾的舆论形象熠熠生辉，毛泽东曾撰写诗文赞美鲁迅：“鉴湖越台名士乡，忧忡为国痛断肠；剑南歌接秋风吟，一例氤氲入诗囊。”鲁迅写白话小说，创办或主编文学刊物，支持提携追求光明的进步青年，通过讲故事的方式关心民众疾苦，揭露那个时代的愚昧与落后，用“呐喊”的声音唤醒民众、呼吁进步与革新。

蔡元培倾尽一生倡导“科教兴国”“唤醒民众”，积极创办新型学校，培养新式人才，开启“教育救国”的舆论先河，把教育置于革命任务之中，为反清斗争培养人才，突破了清政府对国民思想的禁锢，传播了科学与民主的思想，提高了国民追求独立的爱国意识。

秋瑾素有“鉴湖女侠”之称，曾创办《中国女报》，在杂志上发表过三篇重要文章《演说的好处》《敬告中国二万万女同胞》《警告我同胞》，号召救国，争取女性平等权利。因策划起义被清政府杀害，造成了轰动全国的“秋案”。“‘秋案’发生后，近代中国的新闻媒介对此作出了强烈的反应。‘秋案’后的新闻舆论时起时伏，时间长达几年，在中国近代史上是罕见的……‘秋案’后的新闻舆论的表现和作用在中国历史上也是第一次，是中国新闻事业发展的里程碑。”① 对于清末民初舆论话语的建构与传承而言，鲁迅、蔡元培和秋瑾三

① 何扬鸣：《近代中国一次成功的新闻舆论：“秋案”研究新视角》，载《新闻与传播研究》，2010 年第 1 期，第 24 页。

人起到了重要作用。

在当前网络舆论环境下，绍兴是“枫桥经验”的发祥地，“枫桥经验”的核心理念是积极从源头上减少网络舆情风险隐患，从“早”“小”“萌芽”时期入手，积极主动地进行舆情引导与治理，形成“网络风险不变现、网络舆情不发酵、网络生态不灰暗”的“枫桥式”舆情监管模式，构建网上线下一体化治理、源头治理、系统治理、协同治理的网络治理新格局。站在国家治理体系和治理能力现代化的立场开展网络舆论引导工作，重点掌握网络社交媒体中存在的各种舆论导向问题，建立动态型基础数据库，积极进行网络舆论引导，实现“自治、法治、德治、智治”的舆论引导模式。用法治思维和法治方式引导涉及群众切身利益的思想矛盾和舆论导向问题，增强社会责任意识，消除网络舆论安全风险，对人民群众负责。

张厚远老师有十多年参与网络舆情治理实践与研究的经历，积累了比较丰富的工作经验，经常撰写网络舆情和网络舆论治理与引导方面的研究报告和学术论文。他研究的起点是“枫桥经验”，研究的视界是中国网络舆论场。2020年新冠肺炎疫情暴发之后，他的视角扩展到了世界舆论场，开始关注纷繁复杂的网络空间的各种舆论斗争和意识形态渗透现象，开始研究信息化社会网络舆论引导的复杂性问题。他站在中国传统文化的立场上审视几千年来中西方舆论发展的脉络，提出了舆论包容互鉴的观点。他认为，东方舆论引导注重共性和集体利益，强调命运共同体意识，具有人类社会共生共荣的统一性格局；西方舆论引导注重个性和个体利益，容易导致社会分化和陌生化现象，为极端主义思想和言行提供了衍生空间，近年来，西方社会此起彼伏的暴力冲突和恐怖主义言行就是一个明显的例证。过度强调个性化的舆论引导很容易伤害公众的公共利益：拥有雄厚资本和技术优势的少数人会更加肆无忌惮地设置张扬他们个性的媒介议程，吞噬掉大多数人的自由个性，他们会习惯性地使用他们所拥有的舆论媒介和炮舰政策来扩展少数人的极端化个性，历史上的纳粹主义和军国主义思想，当代的美国优先政策、网络空间安全问题、顶级资本财团过度干预政治问题，都显示出了“舆论霸权”的行为特征。在网络化时代，每天能够进入公众视野的议程总是有限的，如果这些议程都是资本寡头设置的话语，势必会形成舆论场的“二八定律”，即：百分之二十的少数富人设置了人类百分之八十的舆论话题，而占世界人口百分之八十的普通民众只有百分之二十的舆论议题设置的机会。这样的舆论格局势必会导向国际少数资本集团的权力结构，威胁大多数国家的舆论安全。未来信息化社会是个高度智能化、知识型的社会，对人工智能的依赖性很强，届时普通民众毫无疑问地会面临着技术壁垒和信息鸿沟的双重阻隔，在网络空间“失语”，舆论导向的资本特性进一步强化，严重威胁到普通民众的舆论安全。本书批判了近现代以来“西方文明中心论”的极端化思潮和西方舆论的霸权行径。作者认为，在全球化时代，西方资本主义会借助于信息化社会“信息赋能”的优势，进一步加剧其侵略与扩张的野蛮性，导致“所过之处，寸草不生”的全球性灾难。舆论是一种精神现象，一旦被资本控制，人类的精神世界就会出现严重单一性的危机，柏拉图的“洞穴寓言”就会变成现实。所以，网络舆论需要进行科学的引导，把“太阳的光芒”带给陷入资本主义“洞穴”的“舆论囚徒”，告诉他们世界的真实场景。

张厚远老师关注的焦点是如何在信息化社会里建构一种科学、有效的网络舆论引导新机制，这种新机制主要基于人类社会的认知理论，从认知心理学的角度切入他所研究的问题，探究传播者和接受者的认知心理，以及舆论的生成场域、传播路径、传播模式、舆论内容，研究网民们共通的态度、情感、理想、信念和价值观。他认真总结了当前中国网络舆论引导机制的实践经验，并进行了理论总结。这种理论总结可以作为后来学者进一步研究的基础，对于当前网络舆论话语的建构与传承的实际工作而言，具有一定的借鉴作用。

《管子·桓公问第五十六》记载：“黄帝立明台之议者，上观于贤也；尧有衢室之问者，下听于人也；舜有告善之旌，而主不蔽也；禹立谏鼓于朝，而备讯也；汤有总街之庭，以观人诽也；武王有灵台之复，而贤者进也。”①《吕氏春秋·自知》记载：“尧有欲谏之鼓，舜有诽谤之木。”② 这说明，中国远古时代的执政者非常重视舆论和舆论引导工作，不但专门设置舆论信息搜集的机构和平台，而且形成了“贤者进也”的舆论引导机制，把舆论引导工作放置于“朝堂”“街衢”，为执政者提供重要的舆论资源，形成了中国古代舆论引导的基本模式。值得注意的是，这种舆论引导机制可以过滤掉不具有公共利益导向的不当舆论，从而保证了舆论引导的社会主体意识和责任意识。当然，中国古代的舆论引导工作不仅仅是靠执政者，也包括知识分子和民间人士，孔子编订《诗经·国风》，汉代的太学生运动，学者的讲学游学、评书讲史，民间的酒馆茶肆、民谣童谣等，与执政者的舆论引导一起，构成了中国古代社会立体、多样的舆论引导格局。

西方古代社会的舆论引导机制与中国大体相似。但是到了近现代，随着资

① 房玄龄注、刘绩补注，《管子》，刘晓艺校点，上海：上海古籍出版社，2015年，第370页。
② 吕不韦：《吕氏春秋》，黑龙江：北方文艺出版社，2018年，第283页。

本主义社会制度的建立，舆论的资本垄断趋势越来越明显，资本控制舆论的现象越来越严重，不但严重侵犯了普通公众的话语权和舆论参与权，也在摧毁着世界文明和思想的多样性。马克思和恩格斯很早就意识到了这些问题的严重性，他们十分关注法国大革命前后的先进思想家的舆论引导作用："当时在欧洲已经存在着一种文明的'舆论'……一种在狄德罗、伏尔泰、卢梭以及十八世纪法国其他作家的巨大影响下形成的舆论。"① 同时，他们也严厉批评了雅各宾党忽视舆论引导的错误行为："蔑视公众舆论，无力制止混乱，他们'使自己失去了可以支配的对事件因势利导的手段'。"② 他们认为："必须制止一部分不良定期报刊通过散布不真实的或被歪曲的事实把有关公共事务的舆论引入歧途的倾向……让其他一些遵循良好精神的报纸去抵制某种报纸的有害于社会精神的不良意图……诱惑的毒素在什么地方放出来，就必须在什么地方进行消毒"③。"资本总是恬不知耻地对工人不得不在其中劳动和居住的、既危险又使人堕落的条件进行'辩护'。"④ 他们还严厉批评了欧洲统治阶级滥用权力钳制普通公民舆论的行为："书报检查制度正成为令人难堪的监督，成为对社会舆论的真正的压制，最后导致官吏专制。"⑤

法国著名的社会心理学家古斯塔夫·勒庞深入研究了欧洲社会大众的心理特征，意味深长地揭露了代表资产阶级根本利益的欧洲议会成员们的舆论群体极化现象，"在议会中也可以看到群体的一般特征：头脑简单、多变、易受暗示，夸大感情以及少数领袖人物的主导作用……意见的简单化是他们最重要的特征之一。即根据适用于一切情况的最简单的抽象原则和普遍规律来解决最复杂的社会问题……由此产生的结果是，议会更严重地代表着各种极端意见"⑥。

曾两度荣获普利策奖的美国著名政论家、新闻记者、专栏作家沃尔特·李普曼以自身的切身体会与感悟，生动地描绘过美国社会舆论中极端化的刻板印象，"刻板印象的产生和再现是我们的认知过程中最难以捉摸，也最为普遍的影响因素。我们总是在亲眼观察世界之前就被预先告知世界是个什么模样：我

---

① 中共中央马克思恩格斯列宁斯大林著作编译局：《马克思恩格斯全集》第16卷，北京：人民出版社，1964年，第181页。

② 中共中央马克思恩格斯列宁斯大林著作编译局：《马克思恩格斯全集》第40卷，北京：人民出版社，1982年，第374页。

③ 同②，第312页。

④ 中共中央马克思恩格斯列宁斯大林著作编译局：《马克思恩格斯全集》第21卷，北京：人民出版社，1965年，第301页。

⑤ 中共中央马克思恩格斯列宁斯大林著作编译局：《马克思恩格斯全集》第41卷，北京：人民出版社，1982年，第327页。

⑥ 古斯塔夫·勒庞：《乌合之众》，冯克利译，北京：中央编译出版社，2014年，第154页。

们总是先对某一事件进行想象，然后再去切实地经历它。除非教育赋予我们敏锐的觉悟力，否则这些预设的信息就会深刻地影响我们的认知过程……由于我们时常迫切地需要在认知过程中节省精力，于是便很难在认知的过程中全然抛却刻板印象。离开了刻板印象，我们的生活将寸步难行”①。事实上，这些刻板印象常常是代表资本集团的媒体经过舆论建构起来的，除了具有敏锐觉悟能力的公民，普通民众只能生活在由资本财团建构起来的刻板印象里，他们对于世界真相的认知就像“洞穴寓言”里的囚徒。

西方社会具有深刻反思特色的两个调研报告《自由而负责任的传媒》和《多种声音，一个世界》详细地描述了舆论被资本集团和政治集团垄断的事实，严厉批评了缺乏社会责任感的垄断集团和血腥残忍的文化帝国主义，并且提出了切实可行的问题解决方案。然而，由于旧有世界秩序的阻碍，西方社会思想界和媒体界的社会责任意识仍然存在着严重的缺陷：偏见与傲慢、冷漠与自私，他们罔顾全球一体化的事实，只管追求资本的血腥本性。全球范围内信息结构与信息传播不平衡现象依然如故，强大的新媒体技术催生出来的媒体融合与兼并正在加深着南北双方的信息鸿沟，《麦克布莱德报告》的原则和主要提议已经扩展到了网络世界和全球范围，舆论导向的混乱与偏见现象依然如影随形地干扰着人们的日常生活，严重影响着人们对于世界真相的认知，误导着人类精神世界的健康发展，科学化的网络舆论引导已经成为信息化时代一个不得不重视的话题。

靖　鸣

南京师范大学新闻与传播学院

教授、博士生导师

① 沃尔特·李普曼：《舆论》，常江、肖寒译，北京：北京大学出版社，2018 年，第 73 页。

目　录

导　论

舆论引导：信息化社会里一种复杂的精神现象

在认知论上，北宋著名哲学家张载提出了“闻见之知”和“德性之知”两个概念，他把人的认知过程分为感性认知和理性认知两个阶段。感性认知是由人的感觉器官获得的关于外界事物的“闻见之知”；理性认知是建立在感性认知基础上的发展阶段，属于“穷理尽性”的“德性认知”，即反映事物本质特征和发展规律的认知。他认为，“诚明所知，乃天德良知，非见闻小知而已”①。“德性认知”是他探究理学思想的重要方法论之一，由此他洞察到了感性与理性、有限与无限、相对与绝对、现象与本质之间的辩证关系，并进行了精辟的论述，奠定了我国古代认识论的重要基础。张载一生主张“经世致用”，提出了“为天地立心，为生民立命，为往圣继绝学，为万世开太平”② 的理想目标，被后世称为“横渠四句”。这既是我国古代儒者个人修为的概括，也是中国哲学思想中一种重要的精神现象，体现了中国古代哲学家本体论和精神论中的核心价值观，成为东方传统文化哲学精神的重要舆论导向。

在认识论上，哲学家们通常把现象与现象之间的“引起和被引起”的关系称为因果关系，“引起”现象是原因，“被引起”现象是结果。亚里士多德曾经为原因归纳了四种解释模式，即质料因、形式因、动力因和目的因。但是康德却用批判论和先验论的哲学思想否定了因果关系的逻辑性，他认为哲学中的因果关系问题不能够用逻辑的办法来证明它，人们能够理解身边的现实，进而能够体验到外部事物和现象中的各种因果关系，但是不能够自证它的存在。

康德作为欧洲启蒙运动时期最后一位重要哲学家，继承了苏格拉底、柏

---

① 张载：《张载集》，章锡琛点校，北京：中华书局，1978 年，第 65-66 页。

② 权海帆：《立心立命开太平——张载传》，西安：陕西师范大学出版总社，2020 年，第 2 页。

拉图和亚里士多德等人的哲学思想，提出了著名的“人生四问”：我能够知道什么？我应该做什么？我可以希望什么？人是什么？这四问都与舆论引导这种精神现象关系密切，问题是谁是权威引导者或者说谁是这个世界的先知，这是那个时代哲人群体思考纷繁复杂的社会现象的起点和终点，先贤们从不同角度引导着我们思考的方式方法，却无法给我们完美的答案，人类对于世界的认知是一个过程，不是终结。不具备专业知识的民众对于世界的认知仍然是肤浅的、表象的，其言语和行为往往是盲目的，这需要科学的引导，以便提高他们的认知水平和认知能力，减少误入歧途的风险。

1806年，雄心勃勃的拿破仑强迫德意志各邦组成“莱茵联盟”，仿照法国进行自由主义改革，废除农奴制度。同年，黑格尔的《精神现象学》诞生了，他论述了理性的确定性与真理性，把绝对自由从现实王国引渡到精神王国，完成了新的哲学体系建构，奠定了他的哲学王位基础。在《精神现象学》这部书中，他深刻地论述了人的意识发展的几个阶段：意识、自我意识、理性、客观精神和绝对精神，他用整体观和宏大历史感的视角展现了人类意识的发展史，揭示了人的个体发展与人类社会发展这两个方面的历史辩证法。这对于探讨信息化社会的网络舆论引导这一复杂的精神现象而言，具有重要的指导作用。

在当前的互联网时代，“人人都有麦克风”，网络上众声喧哗，观点和价值观的冲突跨越了传统的时空界限，进行着短兵相接式的对垒与混战。人类文化与精神的网络移植尚处于初级阶段，传统媒体的过滤机制很难过滤掉网络中的瓦釜雷鸣，互联网上鼎沸着的噪声常常能掩盖住黄钟大吕的声音。网络上的真理性认知和价值观统一性问题复杂多样，探寻网络舆论中的因果关系和相关关系是一种非常复杂的精神现象，这种复杂的精神现象和混杂性的话语正在形成一种新的动力要素，催生出各种形态的网络舆论，逐渐形成了新的舆论结构和新的话语秩序，从不同层面改变了传统社会的认知结构和价值观念。表面上看，这是大数据信息技术创新力量使然，实际上是各种利益集团借助于信息技术力量在全世界范围内进行思想渗透的结果。

毋庸置疑，进入21世纪之后，信息和知识逐渐成为人类社会赖以生存与发展的重要资源。人们的生活方式、行为方式和价值观念逐渐呈现出与工业化社会迥然不同的新特征，新形态的社会组织结构、社会交往方式、心理认知方式、竞争格局、战争形式、生产力与生产关系等都在形成的过程之中。在人类从工业化社会转向信息化社会的过程之中，同原始社会向农业社会转换、农业社会向工业社会转换的过程一样，会伴随着一个旧格局被打破、新格局逐渐建立起来的过程。对于网络舆论引导而言，旧格局被逐渐瓦解，新格局在新旧冲突的过程中逐渐形成，并最终形成典型特征，引领着社会思潮和社会变革，这是一种必然趋势。“舆论是社会中相当数量的人对于一个特定话题所表达的个人观点、态度和信念的集合体。”① “舆论是显示社会整体知觉和集合意识、具有权威性的多数人共同意见。”② 这些基于传统媒介的概念的内涵和外延在网络化媒介的话语框架之下，会逐渐呈现崭新的特征。

历史经验表明：在每一个新社会形态形成的过程中，都会伴随着一个比较漫长的舆论混杂和舆论引导的博弈过程。苏格拉底开启了西方民主社会的舆论先河，却冤死于他所忠诚的“民意”。柏拉图、亚里士多德、亚历山大一脉相承地主导着西方舆论话语的建构，使得地中海周围地区彼此隔离的城邦社会摒弃了狭隘的思想偏见，走向包容，为这一地区农业社会的发展与繁荣奠定了基础，并促进了商业文明的发展。文艺复兴和启蒙运动时期卓越的舆论引导者们最终为欧洲资产阶级革命做足了思想上的准备，并确定了它的精神特质和它的政治合法性。这奠定了工业化社会的生产力和生产关系的舆论基础，为轰轰烈烈的、以资产阶级为主导的工业化社会的建设开启了舆论先河。

我国先秦时期的舆论经历了“重天敬鬼—敬德保民—重民轻天—民贵君轻”的四大发展阶段，所对应的朝代大致是“夏商—西周—春秋—战国”，开启了我国“民本”思想的舆论传统。“周公制礼作乐”奠定了华夏民族统一稳定的基业，形成了中华礼乐文化的底蕴。春秋战国时期是个“礼崩乐坏”的过程，孟子曾把这段乱世的原因归结为舆论的混乱无序：“圣王不作，诸侯放恣，处士横议。”③ 直到秦始皇武统六国、法治天下，开始建构“稳定”“统一”“强国”的话语体系，重塑了大国舆论的格局。《大学》是一篇具有舆论引导功能的论述儒家思想的经典散文，规制着历代中国人为人处事、治学治国的思想与行动。“大学之道，在明明德，在亲民，在止于至善。知止而后有定；定而后能静；静而后能安；安而后能虑；虑而后能得。物有本末，事有终始。知所先后，则近道矣。”④ “大学之道”把我国古代舆论的核心价值观定位于“天下平”，开阔了中国人的思想境界与认知格局，并且

① 美国不列颠百科全书公司：《不列颠百科全书（国际中文版）》第 14 卷，中国大百科全书出版社《不列颠百科全书》国际中文版编辑部编译，北京：中国大百科全书出版社，1999 年，第 2 页。

② 刘建明：《基础舆论学》，北京：中国人民大学出版社，1988 年，第 11 页。

③ 钱逊译：《孟子》，北京：中华书局，2018 年，第 230 页。

④ 沈淑华：《〈四书章句集注〉引文考证》，北京：中华书局，2019 年，第 2 页。

体现了行进路线的阶梯性特征。“古之欲明明德于天下者，先治其国；欲治其国者，先齐其家；欲齐其家者，先修其身；欲修其身者，先正其心；欲正其心者，先诚其意；欲诚其意者，先致其知；致知在格物。物格而后知至；知至而后意诚；意诚而后心正；心正而后身修；身修而后家齐；家齐而后国治；国治而后天下平。”① 这样就形成了中国人“修身”“齐家”“治国”“平天下”的舆论话语框架，体现了“天行健，君子以自强不息；地势坤，君子以厚德载物”的基本思想，塑造了华夏族群“江山一统”的疆土意识。

当前国际话语格局依然是“西强我弱”，这是近代以来延续下来的旧有格局。当前的信息化社会是西方信息化强国主导下的、通过深刻的社会变革和信息技术革新的手段建立起来的，信息化弱国依然面临着巨大的“信息鸿沟”，“强者愈强，弱者出局”的撕裂局面更加严峻。相关数据显示，2010 年以来的十年时间里，信息化社会处于加速发展期。“根据互联网世界统计（IWS）数据显示，2011—2020 年，全球互联网用户数量持续高速增长，截至 2020 年 6 月（5 月 31 日），全球互联网用户数量达到 46.48 亿人，占世界人口的比重达到 59.6%（图 1）……2000—2020 年，世界互联网用户数量增长了近 12 倍。”②

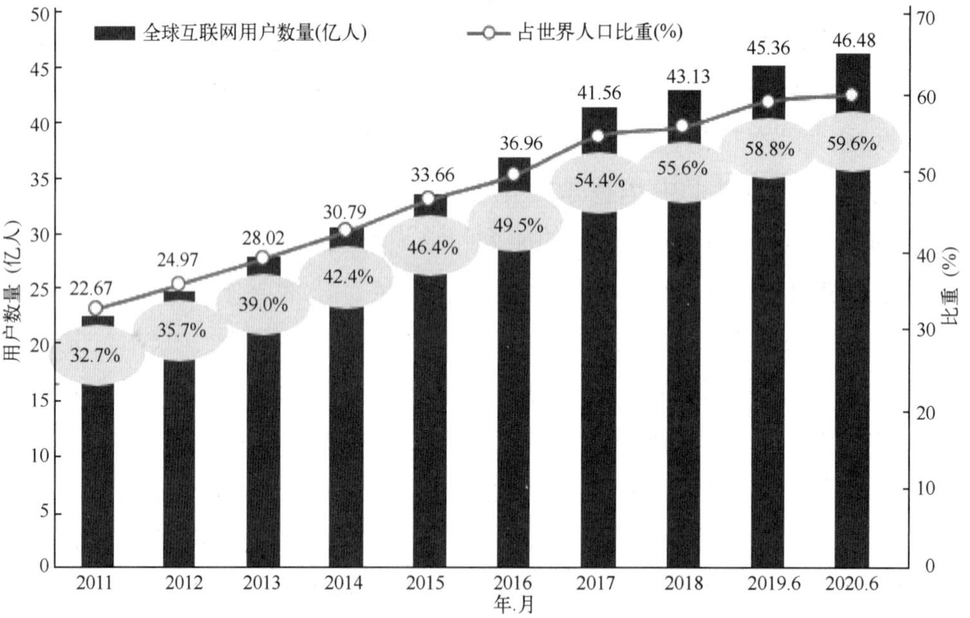

图 1　2011—2020 年全球互联网用户数量及占世界人口比重②

① 沈淑华：《〈四书章句集注〉引文考证》，北京：中华书局，2019 年，第 2 页。

② 前瞻产业研究院：《2020 年全球互联网行业市场现状与发展前景分析：全球互联网用户超 46 亿【组图】》，前瞻网，https://mp.ofweek.com/Internet/a645693827886，访问日期：2020 年 12 月 13 日。

然而，互联网用户数的分布却是不平衡的（图2），亚洲虽然拥有最多的互联网用户数量，有23.66亿网民，占世界网民的50.99%，但是亚洲人口最多，互联网渗透率只有55.1%；欧洲有7.28亿网民，虽然全球占比为15.7%，但是互联网渗透率达到了87.2%；非洲有5.27亿网民，互联网渗透率却只有39.3%（表1）。“从互联网渗透率来看，北美地区互联网渗透率最高，达到94.6%；其次为欧洲地区，互联网渗透率为87.2%……中国互联网渗透率为64.5%；印度互联网用户数量为5.6亿，互联网渗透率为40.9%；美国互联网用户数量为3.13亿，互联网渗透率为94.7%。”①

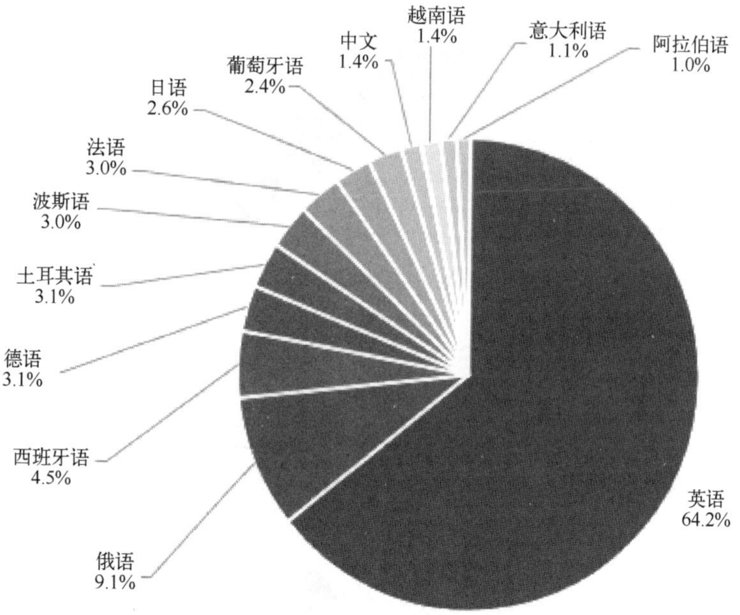

图2　截至2020年3月访问排名前1000万网站使用语言分布情况①

表1　2020年世界人口统计及互联网使用情况①

世界地区	人口（亿人，2020年估计）	互联网用户（亿人，2020年5月31日）	渗透率（%）	2000—2020年增长（%）	互联网用户数量占全球比重（%）
非洲	13.4	5.27	39.3	11 567	11.3
亚洲	42.94	23.66	55.1	1970	50.99
欧洲	8.35	7.28	87.2	592	15.7

① 前瞻产业研究院：《2020年全球互联网行业市场现状与发展前景分析：全球互联网用户超46亿【组图】》，前瞻网，https://mp.ofweek.com/Internet/a645693827886，访问日期：2020年12月13日。

续表

世界地区	人口（亿人，2020年估计）	互联网用户（亿人，2020年5月31日）	渗透率（%）	2000—2020年增长（%）	互联网用户数量占全球比重（%）
拉丁美洲/加勒比海	6.58	4.54	68.9	2411	10.0
中东	2.61	1.83	70.2	5477	3.3
北美	3.69	3.49	94.6	223	7.5
大洋洲/澳大利亚	0.43	0.29	67.7	279	0.6
世界统计	77.97	46.48	59.6	1187	100.0

从互联网上使用的语言种类来看，也存在着严重的不平衡现象(图3)，“截至2020年3月，访问排名前1000万的网站中，使用英语的比例为64.2%，使用俄语的比例为9.1%，使用西班牙语的比例为4.5%……互联网上使用英语的人数占比为25.9%，使用中文的人数占比为19.4%，使用西班牙语的人数占比为7.9%”。①

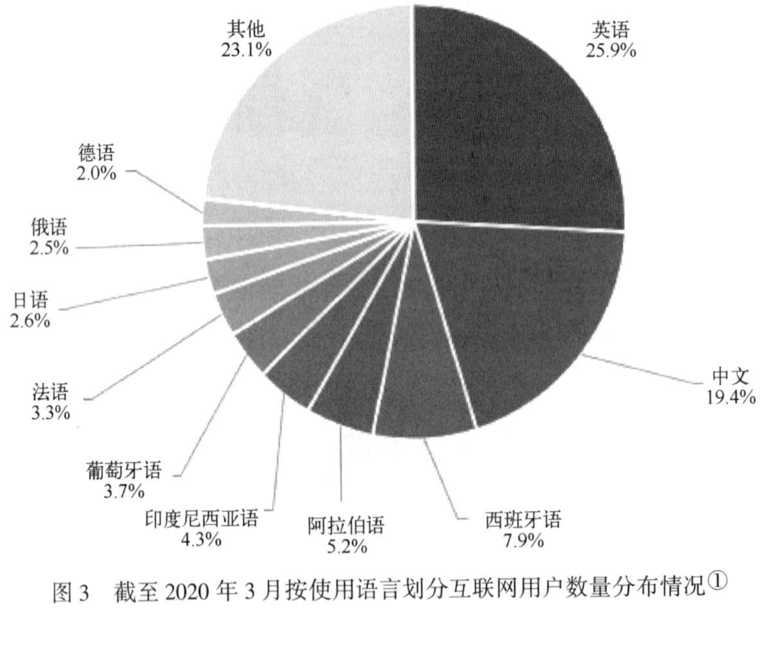

图3 截至2020年3月按使用语言划分互联网用户数量分布情况①

从东西方两个世界的互联网渗透率和语言种类使用人群的发展态势来

① 前瞻产业研究院：《2020年全球互联网行业市场现状与发展前景分析：全球互联网用户超46亿【组图】》，前瞻网，https://mp.ofweek.com/Internet/a645693827886，访问日期：2020年12月13日。

看，网络舆论“西强东弱”的局面非常明显。由此可以得出：信息化社会的到来并没有改变旧有的信息传播秩序，《麦克布莱德报告》所关注的“文化扩张主义”问题更加严重。在信息化社会里，发达国家的文化扩张不但以经济、资本实力为后盾，而且以网络技术为手段，逐渐蚕食网络空间里弱小文化的生存空间。文化帝国主义借助于单向度的网络舆论控制权，对人类文化的多元性和丰富性的威胁更加严重。在网络化时代，信息、舆论和国家主权的关系密不可分，“信息主权”“舆论主权”“网络安全”这些词汇逐渐在信息化社会背景下浮现出来，成为国家主权的重要组成部分。舆论弱国在其舆论主权得不到保障的情况下，不仅面临着政治压迫、经济压制和文化上的侵略，而且连维护一个国家或民族生存发展的舆论主权也将不复存在，人类社会整体面临着的政治、经济、文化、舆论单一性的风险越来越高。

除了全球性网络舆论格局的不平衡现象，与之相伴的诸如计算机病毒、信息污染、信息犯罪、网络安全、舆论安全、传统价值观安全等，正在成为网络弱国和地区不得不面临的严峻挑战。2015 年 12 月 16 日，习近平总书记在第二届世界互联网大会开幕式上的讲话中指出：“互联网领域发展不平衡、规则不健全、秩序不合理等问题日益凸显。不同国家和地区信息鸿沟不断拉大，现有网络空间治理规则难以反映大多数国家意愿和利益；世界范围内侵害个人隐私、侵犯知识产权、网络犯罪等时有发生，网络监听、网络攻击、网络恐怖主义活动等成为全球公害。”①“网络空间是亿万民众共同的精神家园。网络空间天朗气清、生态良好，符合人民利益。网络空间乌烟瘴气、生态恶化，不符合人民利益……利用网络鼓吹推翻国家政权，煽动宗教极端主义，宣扬民族分裂思想，教唆暴力恐怖活动，等等，这样的行为要坚决制止和打击，决不能任其大行其道。”②

事实上，网络舆论中始终伴随着各种各样的网络安全问题，它的主体常常表现出泛化现象，隐蔽性强，难以识别。网络安全的内容纷繁复杂、形式多样，难以进行准确的研判与管控。其表现形式主要包括：在网络上推销各种极端主义思潮，鼓吹美国化、西方中心论，以信仰自由为借口对他国进行宗教渗透，散布恐怖主义思想，推行强权政治和霸权主义，通过“颜色革命”的方式颠覆他国政权，通过“妖魔化”的方式排斥异己，用民粹主义、历史虚

① 《习近平在第二届世界互联网大会开幕式上的讲话(全文)》，新华网，http：//www.xinhuanet.com/politics/2015-12/16/c_1117481089.htm，访问日期：2020 年 4 月 20 日。

② 习近平：《习近平谈治国理政》(第二卷)，北京：外文出版社，2017 年，第 336 页。

无主义思想歪曲他国英雄人物，在网络上散布犬儒主义、拜金主义、享乐主义、利己主义的生活方式，推行拜物崇权、奢靡享乐的思想，误导他国青年价值观念，使他们误入歧途。

少数西方发达国家经常将传统社会中舆论斗争的角逐场转移至互联网上，在网络上进行意识形态渗透，加强其网络话语霸权。“《福布斯》杂志发表的一篇文章《网络战走在革命前面》称：‘突尼斯是第一个实现由公民，确切地说是网民推翻现政权的阿拉伯国家’，这得益于它‘现代化的通信基础设施，互联网的普及和完全数字化的移动电脑网络’……美国《华尔街日报》称，埃及激进分子‘以互联网为基地动员年轻人反对穆巴拉克政府’，掀起了一场‘年轻人的互联网革命’。”①以脸谱、推特为代表的社交网站，在多起“颜色革命”的酝酿、发生、发展过程中始终扮演着重要角色，由此而产生的动乱或颠覆性活动被称为“社交网络革命”或“脸谱革命”。这些由网络舆论动员而引发的街头政治，常常导致一国或多国政权的更迭，这是一种通过网络意识形态渗透的方式颠覆他国政权的新型模式，其组织策划的方式非常严密、隐蔽，其行为方式非常伪善、残酷。

从历史发展的规律来看，当前的信息化社会还处于初始阶段，但是网络舆论场上的混乱场景足以警示我们：给网民提供正确的舆论引导是一项责任重大的任务，这是为人类社会发展新阶段提供新思想、新思维、新路径的必要前提。信息化社会网络舆论引导的宗旨应该是传承人类社会积淀下来的优秀文化，“为天地立心，为生民立命，为往圣继绝学，为万世开太平”；不断开拓创新，建构起符合互联网精神的国际新话语，真正建立起自由平等、协作共享、开放包容的互联网话语秩序。在实践操作上，建立一种合适的舆论引导机制，将精神现象落实到实际行动，实现信息化社会内在规定性的发展目标。通过探究网络舆论产生、发展、运行的动力机制，洞察网络舆论运行规律，科学把握网民的认知心理，科学研判网络舆论未来发展趋势，科学从事网络舆论引导，为信息化社会的健康发展塑造科学的人文精神。

网络媒介是一种社会公器，对全球公众负有公共责任，网络上的信息交换和舆论市场不能任由少数资本家的经济实体、金融财团把持，不能任由他们危害全球公众利益、破坏全球民主政治的基础。1947 年出版的《自由而负责任的传媒》报告中已经提出警示：“新闻机构的自由应以推动民主政治、承

① 唐岚：《社交网络：“中东波”的有力“助推器”》，载《世界知识》，2011 年第 9 期，第 56-58 页。

担社会责任为目的，如果新闻机构逃避它的社会责任则意味着将丧失自由。报告呼吁新闻机构要从道德、民主和自律方面改进自己的工作。半个多世纪以来，报告提出的学术思想被传播学者不断地阐述和发扬，但对新闻界本身的改革却影响甚微。报告 50 年前提出的问题，在今天的新闻界仍然普遍存在。"①在信息化社会里，网络舆论的复杂程度远远大于传统新闻界，网络传播应该承担神圣的舆论引导职责。

1980 年联合国教科文组织发布一个调研报告《多种声音，一个世界》，报告提出建立一个公平、合理的"新世界信息与传播秩序"的主张，目的是改善发达国家和发展中国家信息传播资源不平等的现状。报告研究者密切关注了跨国媒介的高度垄断现象给社会带来的严重后果，批评了媒介过度维护垄断资本的经济利益、意识形态和统治权力，这种单一价值倾向性严重损害了大多数发展中国家在文化、经济、政治、意识形态等方面的利益。"发达国家的文化扩张主要是通过以经济、资本实力为后盾的信息产品的传播而得到实现的。文化帝国主义对人类文化多元性和丰富性的抹杀和威胁甚至引起了部分发达国家的警惕。"②

事实上，这两个报告的实际收效甚微，虽然学术界和业界一些富有良知的知识精英在实践过程中进行了顽强的抗争，但是由于发达国家的媒介资本垄断集团血腥扩展的本性，根本无法扭转意见市场越来越单一化、资本化的发展趋势。全球性舆论信息结构不平衡现象愈加猛烈，网络并没有改变南北双方信息鸿沟加大的事实，新技术的技术壁垒反而助长了世界资本财阀集团进一步掌控舆论信息的霸权行为，他们通过政治合谋的方式，结成了更加牢固的利益集团，信息弱国的舆论市场面临着更加艰难的发展境地。"多种声音，一个世界"是全球公众共同追求的目标，舆论引导已经成为信息化社会一种复杂的精神现象，在当今复杂多变的网络空间里，建构科学合理的网络舆论引导机制是"人类命运共同体"建设过程中的一个重要课题。

① 熊澄宇：《传播学十大经典解读》，载《清华大学学报(哲学社会科学版)》，2003 年第 5 期，第 30-31 页。

② 同①，第 36-37 页。

第一章　世界一体化背景下的网络舆论状况

虽然学界对“世界一体化”这个词语研究的内容很少，但是在媒体中出现的频率却越来越高，主要是因为随着互联网技术的快速发展，世界各国之间互相依存、共同发展的趋势越来越明显，虽然过程中仍然充满着各种矛盾和冲突，甚至存在着多种逆“一体化”的思潮和行动，但是，以互联网作为连接的网络世界，未来将无可选择地联结成一个不可分割的整体，共同发展，这既是世界发展史早已呈现出来的一种大趋势，也是互联网技术发展给人类带来的一种崭新的福祉。

形成世界一体化趋势的内在动力来自生产力快速发展和生产关系结构调整所产生的驱动力；外部动力主要来自互联网科技的快速发展和相关政府、组织为适应这一发展趋势而进行的战略调整和“一体化”实践。

第一节　世界一体化趋势的动力及其表现形式

目前对“世界一体化”这个术语进行解释的学者很少，媒体在使用的时候常常把它当成“全球化”的同义反复，其实“全球化”概念与“世界一体化”概念有着比较大的差别，“全球化”主要是指地理上的空间，强调经济的“全球化”；“世界一体化”主要是指文化上的空间，除了经济上的意义，还包括政治、文化、意识形态等多种含义。学者陶富源认为“世界一体化是指世界各民族、各国家在愈来愈广泛的联系和接触中，逐渐结成为一个不可分离的整体”①。这个解释主要体现为经济层面和文化层面，而没有表现出政治制度一体化和意识形态一体化的发展趋势。20 世纪 90 年代，互联网信息技术和人们在网络空间的交往程度还没有发展到今天这种水平，政治和意识形态方面的一体化现象还很不明显。笔者认为：当前世界一体化主要是指世界各地、

① 陶富源：《世界一体化与树立全球意识》，载《安徽省委党校学报》，1993 年第 4 期，第 26-30 页。

各个民族因为互联网的联结而逐渐形成的经济、文化、政治等方面所表现出来的一种既互相融合又彼此竞争的命运共同体。在一体化的过程中，经济和文化方面的一体化面临的阻力相对较小，而政治、意识形态方面的一体化面临的阻力很大。事实上，在世界一体化趋势的过程中，这四个要素是互相交织在一起的，只有快慢和明暗之间的差别，其主要趋势是既互相融合又彼此竞争的“和而不同”的命运共同整体。

纵观历史变迁，人类社会的发展早已呈现出逐步摆脱封闭与隔离，走向联结和共荣的特征，中国古代哲学以“和合”的思想概括了世界互通互联的基本价值观念，并且总结出了“分久必合、合久必分”的历史规律。其总体趋势是：逐渐摆脱狭隘的封闭与隔离状态，走向共和或联邦的共享共存状态，既有武力兼并，也有和平谈判，有血腥的征服镇压，也有和平的文明交往。“和合”的空间从漫长的陆地空间走向近现代的海洋战略，再到空间的联结。当地球的物理空间不足以实现人们日益增长的交往需求的时候，便诞生了互联网的虚拟空间，被称为“第五空间”。它是一个完全不同于陆地、海洋、天空和宇宙这四大空间的一个几乎透明的、但是又充满着各种玄机的迷人的时空场域，人们活跃其中，进行各种交易、发表不同观点，形成不同舆论场，讨论天下大事和蝇头小事，乐此不疲。

始于原始社会的集体部落这一社会组织出现之后，世界一体化的进程就显露出了端倪，各地社会组织彼此之间都处在互相兼并的一体化进程之中。这是世界一体化趋势的萌芽阶段，其动力之源便是寻找更加宽裕的生存与发展空间，基本特征是“弱肉强食”，主要通过野蛮和血腥的残杀等武力征服手段，抢占其他部落的生存资源，富裕本部落的生活资料和生存空间，出现了以血缘关系为纽带的家族式部落组织。为了维护家族之间的内部团结，他们制定了适用于家族生存与发展需要的内部合约，形成具有一定约束力的舆论、伦理和制度。为了维护部落组织外部发展的需要，他们制定了适用于部落成员发展需要的外部合约，用于约束彼此之间的言语和行为，这种血腥的兼并一直延续到奴隶社会，形成初始的国家形态。原始社会和奴隶社会阶段，家族式的社会组织是其基本形态，“家天下”的思想根深蒂固，并通过舆论、伦理和制度的形式进行约束，维护社会的基本秩序。

到了封建社会，社会组织扩大到了需要跨越家族进行协同治理的程度，出现了家族联盟式的统治结构，即以一个大家族为核心，多个家族联盟共治的“众星拱月式”的统治结构。在这个阶段，统治阶级逐渐意识到了维系组织内部和组织之间团结稳定的重要性，于是，家族之间的相互妥协和利用成为常态，出现了一系列旨在维系社会团结与稳定的政治、经济、文化制度，并形成了一定的舆论话语和模式进行有效维护，血腥与野蛮特征减弱，出现了专制制度和礼仪文明并存的一体化特征。国与国之间、家族与家族之间的竞争关系更加激烈，但是却表现出比较隐秘和文明的状态，通过舆论、制度与合约的形式进行竞争协调、维护合作关系，舆论之战和意识形态之战由此诞生，兵家常说的“不战而屈人之兵”正是对这种状态的描述，这是世界一体化进程中出现的比较高级的斗争形式。

在封建社会制度框架内，亚洲文化的主体中国出现了春秋战国时代的“百家争鸣”和南北朝时期的多民族大融合，欧洲则先后出现了文艺复兴和启蒙运动。在中国的“诸子百家”时代，儒家、法家、墨家、兵家、道家、农家等各显其能，各施其才，开启了中国的哲学范式和中国的科学精神。春秋时期的主要舆论思想是反井田制和反宗法制，井田制和宗法制是维系周王朝统治的基础，是阻碍当时社会进步的障碍；战国时期的主要舆论思想是颠覆传统的天神观念，推崇民本思潮。“诸子百家”进行各种各样的激烈论战，其基本动力是为当时的统治者提供治国安邦方略，舆论的核心是经世致用，这后来成为中国传统思想文化的核心，直接影响着具有中国古典特色的君主中央集权国家的形成。

南北朝时期的多民族大融合，大量少数民族进入华夏，带来了各种奇异的服饰、语言、风俗，为汉民族文化输入了新鲜血液。汉族的文化范式有机地糅合了少数民族的武力范式，重塑了中华民族的新精神，即形成了一个牢固的、始于隋唐时代的“提笔写文章，上马定乾坤”的士人集团，主导着中国的传统思想文化精神，它的动力基础是通过君主中央集权统治的方式，维护国家的统一和社会的和平稳定。

在众多学派中，经过历代思想家的不断糅合、改造与完善，形成了以儒家思想为主体、其他各家思想为辅助的“众星拱月式”的思想文化格局，形成了中国式的舆论格局。西汉以后的仁、义、礼、智、信、修身、齐家、治国、平天下等精神的实质是一个“众星拱月式”思想文化格局的有机整体，其舆论模式、思维模式和民族文化心理已经不同于春秋战国时代的儒家思想。

与中国“百家争鸣”和南北朝时期多民族大融合相对应的是欧洲的文艺复兴和启蒙运动，这种趋势的动力是反叛神权统治、追求“理性王国”，客观上为欧洲一体化思想奠定了“理性”的基础。文艺复兴的主题是在封建专制制度的框架内批判天主教神学世界观，重视人的价值，崇尚人性，高扬人文主义精神；启蒙运动则彻底扛起了反对封建专制的大旗，反对专制主义、教权主义和等级制度，提出了无神论思想，公开向天主教神学挑战，影响到了全世界，他们重视理性精神和科学主义，提倡思考和批判，着重解决现实问题。文艺复兴以复兴希腊罗马古典文化为外衣，虽然没有描绘出未来“理性王国”的蓝图，但是推动了近代自然科学的产生和发展；启蒙运动明确地提出了无神论的思想，公开向天主教神学挑战，比较明确地描绘出了未来“理性王国”的蓝图，为资本主义取得统治地位提供了坚实的思想理论和舆论动力基础。不断壮大的文艺复兴和启蒙运动的舆论不但直接导致了欧洲封建主义势力的倾覆，而且为资本主义势力的迅速扩张提供了精神动力。

无论是中国的“诸子百家”，还是欧洲的文艺复兴和启蒙运动，其思想一体化的扩张速度和影响范围远远大于政治和经济一体化的速度和范围。自此以后，以儒家思想为核心的中华文化逐渐构成了亚洲文化的基础，形成了幅员辽阔的中华文化圈；以圣经思想为核心的基督教文化逐渐构成了影响到欧洲、美洲和大洋洲三大洲的基督教文化圈；还有另一个以古兰经思想为主体的伊斯兰教文化逐渐构成了影响印度半岛、阿拉伯半岛、东南亚及非洲部分地区的伊斯兰教文化圈。舆论在这三大文化圈形成的过程中起到了凝聚、整合与建构的作用。

资产阶级生产关系形成的动力是追逐最大化利润和剥夺无产者的剩余价值，自从资产阶级生产关系形成之后，世界一体化的动力陡然加速，因为，资产阶级要在全世界范围内建立起他们的剥削体制以实现利润最大化的目的。于是，他们开始以枪炮为武器、以思想文化渗透为基石，迅速在世界范围内进行扩张，建立起资本主义社会制度，建构起维护资本主义社会制度的舆论管理制度，在地球上实行残酷的殖民统治。于是，传统的农业化社会逐渐变成了工业化社会，其经济制度、文化制度、政治制度、舆论制度逐渐形成了世界一体化的格局，在这个过程中，他们的舆论制度主要包括言论制度、新闻出版制度和议政制度。

在资本主义实行残酷的殖民统治的过程中，勇敢反抗殖民统治的运动也在全世界范围内风起云涌，并且逐渐结盟，先后建成了独立自主的国家，形成了社会主义国家政治制度和第三世界国家政治制度，与之相应的，也形成了社会主义和第三世界的经济制度、文化制度和舆论制度。中国的社会主义舆论制度的基础是马克思主义新闻舆论思想和中国传统文化，第三世界舆论制度的基础是国家发展和本民族的传统文化。

资本主义舆论主要由垄断资本用金钱进行操纵，进而控制其意识形态，谋求对其有利的舆论生态环境，个人利益至上是资产阶级舆论的核心价值观，他们主张绝对的个人主义和利己主义。在世界一体化的进程中，资本主义强国的基本原则是追求“国家利益”，他们在政治上打着“人权”的幌子推行霸权主义和强权政治；在经济上凭借其雄厚的资本和先进的技术，利用“全球化”的进程不断加深对广大发展中国家的剥削程度；在舆论上，利用其技术和经济上的优势，大肆宣传西方的自由主义思想，攻击社会主义制度，影响并渗透到第三世界国家。

综上所述，世界一体化趋势的主要动力来自生产力的发展以及由此带来的生产关系内部变革的需要，以及互联网技术飞速发展所形成的“倒逼机制”。到了 21 世纪，人类产生了各种各样交往的需求，包括经济、政治、文化和舆论的交往。在交往的过程中，产生了各种各样的碰撞和矛盾。解决这些碰撞和矛盾的方式多种多样，侵略与反侵略、殖民与反殖民、舆论渗透与反渗透、战争与兼并、分化与融合等，均以不同的方式进行着。这是一个由小到大、从局部到世界一体化的漫长过程，其间交织着各种社会矛盾和斗争。其中，在舆论伦理一体化的过程之中，同样经历了由众多的舆论类型逐渐变成了少数巨型舆论集团企图操纵世界舆论的过程，舆论伦理的表现形式变得越来越单一化，舆论斗争的形式变得越来越复杂化，舆论安全成为多数国家和地区非常关注的一个重要问题。

第二节　信息化加速了世界一体化的进程

人类历史经历了漫长的原始社会、农业化社会和工业化社会之后，开始进入了信息化社会。农业化社会的生产以体能为主要基础，农产品生产和消费是这一社会形态的基本特征；工业化社会的生产以机械能为主要基础，工业品生产和消费是这一社会形态的基本特征；而信息化社会的生产则以智能为主要基础，信息化是这一社会形态生产与消费的基本特征。

对于“信息化”这个词语，笔者采用 1997 年中国首届信息化工作会议上的定义：“信息化是指培育、发展以智能化工具为代表的新的生产力并使之造福于社会的历史过程。国家信息化就是在国家统一规划和组织下，在农业、工业、科学技术、国防及社会生活各个方面应用现代信息技术，深入开发广泛利用信息资源，加速实现国家现代化进程。”[①]信息化社会指的是以计算机信息处理技术和传输手段的广泛应用为基础和标志而形成的新型社会。在这样的社会里，信息资源充分应用到社会各个领域，信息技术成为生产力发展的重要组成部分并成为影响和改造社会生活方式与管理方式的重要工具。衡量一个社会是否进入信息化社会的重要标志是信息化技术和应用水平成为生产关系构成的决定性因素，并且越来越明显地改变着人们的生产方式、工作方式、学习方式、交往方式、生活方式和思维方式。

按照托夫勒的观点，人类社会的第三次浪潮是信息革命，大约从20世纪50年代中期开始，其代表性象征为“计算机”，主要以信息技术为主体，重点是创造和开发知识。信息类的“无形产业”成为关键性资源，拥有信息和知识的多少、强弱成为衡量个人、地区和国家竞争力的主要指标。信息化是推动全球一体化的重要源动力，能够打破当前以地理空间为主要形态的国家主权模式和封闭状态，瓦解人类在传统社会中构建起来的基于固定空间和固定思想的社会意识。信息化动力将使国家之间传统的国界概念变得逐步淡漠，全球化的信息和信息技术革命决定着社会变革的方向。信息和信息机器成了一切活动的积极参与者，甚至参与到了人类的知觉活动、概念活动和原创性活动中，信息成为社会的主要财富和社会发展的主要动力。当前，发达国家的产业结构正在经历着由制造经济向信息经济转化的过程，这引起了世界经济结构的快速调整和变革，在这个快速调整和变革的过程中，信息产业化正在逐渐成为时代主流。

20世纪90年代以来，信息化加速了世界一体化的进程。那时起，信息化成为全球经济社会发展的显著特征，并逐步演化成一场涉及全球乃至外太空的全方位的社会变革。在这10年里，信息技术不断创新，信息产业持续发展，信息网络广泛普及。进入21世纪之后，信息资源日益成为重要生产要素、无形资产和社会财富，信息网络更加普及并日趋融合。信息化与经济全球化相互交织、互为因果，推动着全球产业分工的深化、细化，迫使许多国家和地区不得不进行经济结构的调整和优化，重塑了全球经济竞争格局。在这个过程中，互联网加剧了各种思想文化的相互激荡，并成为信息传播和知识扩散的新载体，不同国家和地区在不同程度上都不由自主地经历着一场由

---

① 吕新奎：《把握大局大力协同积极推进国家信息化为国民经济持续、快速、健康发展和社会全面进步服务——邹家华同志在全国信息化工作会议上的讲话》，见《中国信息经济年鉴》编委会：《中国信息经济年鉴》，北京：中国财经出版社，2001年，第62-71页。

信息化带来的社会意识和社会心理的变革，并影响到了上层建筑。苏联的解体、北非及阿拉伯世界曾经发生过的一系列“颜色革命”就是这种变化带来的直接结果。其对人类社会所产生的潜在影响目前还难以准确评判，未来思想文化发展的方向和主体尚处于不确定状态之中，国家信息安全风险与日俱增，这已经成为各国政府和地区不得不面临的严峻挑战。

既然信息化进程对各个国家和地区形成了严峻挑战，这些国家和地区就不得不思考加速和改进信息化发展的速度和方式方法，以积极的态度主动迎接挑战。目前，发达国家和新崛起的发展中国家都在整合多方资源、利用既有条件，加快信息化发展的速度，改进发展方式，以便能够充分应对本国不得不面对的激烈竞争，中美贸易战中5G应用技术之争和其他信息化技术之争就是这种激烈竞争态势中的典型案例。

在信息化强国的带动下，信息化潜力比较大的发展中国家也在积极地未雨绸缪，开始制定本国的信息化发展战略。全球信息化正引发当今世界的深刻变革，重塑世界政治、经济、社会、文化和军事发展的新格局。信息化弱国，也就是一些欠发达国家和地区，虽然面临着巨大的“信息鸿沟”压力，但也开始觉醒，在各自寻找着适合本国或本地区信息化发展的最佳路径。表面上看，全球信息化发展失衡现象日趋严重，数字化鸿沟呈现出扩大趋势，仿佛遭遇到“强者愈强，弱者出局”的撕裂局面。实际上，以美洲、欧洲、亚洲几个信息化强国为中心的信息竞争格局已经形成，欠发达国家和地区会紧随其后，形成“台风效应”，被裹挟到全球信息化的潮流之中。基于政治或商业目的，信息化强国会扶持并带动这些落后国家一起前行，形成信息宗主国和依附国之间的新型关系框架。在这种关系框架之下，信息化联盟会依次出现，并形成具有明显传统文化特色和地域特色的信息化社会联合体，形成不同于以往的新形态的社会组合方式。这样，信息化就会成为重塑世界格局的原动力，也将影响世界几大文化圈在未来竞争过程中先进与落后、创新与保守、融合与分裂的发展状态。

在信息化加速世界一体化进程的过程中，一个全新的媒体智能化的“智媒时代”正在显现，智能媒体社交化、社交媒体主流化成为一种新趋势，它的基本特征是：智能技术被广泛运用到各类媒体之中，重塑传统社会信息传播的结构和传播方式，影响着未来人类社会的社会心理和思想意识。三维全息虚拟技术将大规模商用，人们可以通过VR、AR技术进行远程交流、网络购物，可以足不出户就能如同亲临现场一般观看演出和比赛，可以不去办公室就能如同在办公室里一样上班工作。未来，量子计算机将正式大规模商用和民用，其运行速度比传统模拟装置计算机芯片运行速度快 1 亿倍。

人的可穿戴设备、智能家电、智能汽车等与人类本身相关的现实环境系统会成为信息的主要来源和交流场所，人类可与外在的虚拟环境构成自动化的信息互动体系，进行数据交换与数据分析。人的行为、需求、状态，以及与人相关的物体等都将成为“可量化”“可跟踪”的数据分析报告，与人形成一种可以映射的互动、交换关系。人的现实环境和虚拟环境共同构成了“二度空间”，人类生活其中，可以实时进行数据信息交换，调节人的行为、情绪和需求。这种基于 VR/AR 的临场化环境的构建，将给人类带来全新的数据和信息交流体验。届时，从信息的采集到各个加工环节，参与主体不仅仅是人，也会包括机器和世间万物。这意味着，掌握着智能机器和传感数据的 IT 企业、物联网企业将成为信息生产系统中的主要成员，传统媒介的形态和生产方式完全被颠覆。

信息生产与信息传播两者之间会逐渐分离，成为两个独立的运作系统，不需要捆绑在一起。信息的存储、分析、加工系统也会脱离传统媒体而独立存在，信息传播平台不再为传统媒体所掌控，它们可以借助用户流量与黏性优势、技术优势而成为主流信息传播渠道。决定未来信息传播平台生存、发展状况的主要因素取决于提供给网络用户的信息的数量和质量，主要包括：用户规模、用户活跃度、用户质量、社群发展驱动力、内容生产者、最佳算法和优质环境体验等。在大数据、云计算等技术的推动下，这种趋势会越来越明显。

2015 年脸谱网(Facebook)发布的“即时新闻”系统、谷歌发布的“新闻实验室”系统、2016 年“今日头条”发布的“媒体实验室”、2017 年《南方都市报》建立的“智媒体实验室”等，都印证了上述发展趋势。它们都是新媒体平台提供的信息生产与传播平台，它们的实验展现了未来媒体发展的方向。

与个人相比，国家和地区组织更善于把现代化最新信息技术应用于国家和地区的发展与创新之中。所以，信息化社会能给现存的生产关系带来结构性的变化，对内可以调整其组织结构的形式和组织成员的利益分配，对外可以增加信息内容和信息技术的影响力。

未来社会，世界一体化的重要驱动力将来源于社会组织结构的巨大变化，即社会结构自觉地由当前的层序化结构转向分子化结构。

信息化手段可以促使当前层序化的社会结构转向分子化的社会结构。在国家内部，组织结构的“分子化”过程和信息国际化会形成亲密组合，信息资源是可以共享的重要资源，工业化为发达国家提供的财富已经足以使他们有更强的能力关注社会的更高级阶段，他们的文化价值观念正在转向更强调社会资源、知识资源、政治资源以及人力资源的阶段。民族国家也开始接受信息化概念的挑战，逐渐接受全球化范围内的区域组合，这是不可逆转的历史潮流。未来，发展中国家与发达国家会以不同的方式发展信息化产业，形成既分裂斗争，又交叉融合的复杂竞争局面，对全球社会的产业结构、组织机构、管理决策方式、生产活动方式等诸方面产生重要影响。国际性政治结构、文化思想结构、舆论结构会有一个全球化调整时期，新的舆论秩序和信息化发展中心会逐渐形成，发达国家一统世界舆论格局的局面正在分化并将逐步消解，以中国为代表的发展中国家的舆论力量正在崛起，成为一种新生力量，将重塑中华文化的世界影响力，其他被压迫的亚文化群体也将在世界一体化的过程中先后出现异军突起的现象，形成世界新景观。

在一个历史时期内，世界舆论格局出现了以互相依赖、分工合作、协同发展为主要格局的国际传播新秩序。欧洲和北美国家独霸天下的传播格局将逐渐被迫瓦解，亚洲、大洋洲、南美洲和非洲将会出现不同的区域性信息传播中心，成为推动世界一体化发展的重要动力。传播和电讯网的全球化、资产的全球化、信息技术和信息生产组织的全球化等必将引起国家之间、传媒集团之间经济关系和政治格局的变化。所以，伴随着信息技术产生的巨大冲击，世界性的依存关系正在影响和改变着国际政治过程、经济文化关系和舆论传播格局，并将引导着社会从工业化社会顺利走向全面的信息化社会。

第三节　世界一体化背景下的网络舆论状况

一、2018—2019 年互联网发展基本情况

互联网数据研究机构 We Are Social 和 Hootsuite 共同发布的《2018 全球数字报告》（以下简称《报告》）显示：2018 年全世界人口总数为 76 亿，网民总数约为 40.21 亿，全球网民的平均上网时间已经达到了每天 6 个小时，世界人均消费的流量是 2.9 GB/月，比 2017 年翻了一番。移动互联网的渗透率已经高达 68%，2017 年全球新增网民 2.5 亿，其中新增的移动网民约 2 亿。

2018 年全球网虫们在网上消耗的时间大约相当于 10 亿年。在互联网普及方面：北欧的互联网普及率最高，渗透率高达 94%，西欧地区也达到了 90%；而在互联网基础设施还比较薄弱的中非，互联网渗透率仅为 12%，近几年被视为淘金热土的东南亚地区也仅达到 36%。截至 2018 年年底，中国社交媒体月活跃用户量最多的是微信(10 亿人)，海外社交媒体 APP 月活跃用户量最多的是脸谱网(22 亿人)。据统计，微信在 2017 年平均每天处理消息数量达 380 亿条，瓦次普(WhatsApp)平均每天处理消息数量达 650 亿条；结合二者用户数量来看，使用瓦次普的国外网民对社交媒体的依赖稍大①。

有“互联网女皇”之称的玛丽·米克尔(Mary Meeker)发布的《2019 年互联网趋势报告》(Internet Trends 2019)显示，“互联网将变得越来越像一个‘污水池’，原因是从很大程度上来说，摆脱有问题的内容变得更加困难，而互联网通信的本质使得这种内容比以前扩大了很多。其中一些问题包括：42%的美国青少年在网上遭到过无礼辱骂，恐怖分子在 YouTube 等网站上变得激进化，社交媒体催生了更加严重的政治两极分化”②。

“报告公布了几大区域的互联网人口渗透率：亚太地区为 48%，欧洲地区为 78%，非洲和中东地区为 32%，拉美和加勒比海地区为 62%，北美地区为 89%。这意味着，非洲和中东地区的互联网覆盖，还有很大的提升空间……报告表示，如今有 43%的人通过 Facebook 来获取新闻，21%的人通过 YouTube，12%的人通过 Twitter。所以互联网女皇认为，社交媒体可以放大热门话题。”③“25 年来，互联网对中国最大的价值和意义，就是将中国从过去一个弱联结的社会变成了一个强联结的社会，从根本上改变了中国的社会结构、运行方式和动力机制，由此带来了社会、经济、文化、生活和政治等各个层面的变化。”④“过去 25 年，是互联网发展中正面效应全面超越负面效应的历程。但是，很多形势正发生变化。无论是网络安全、假新闻、网络恐怖主义、数据滥用等，还有超级平台垄断的权力滥用，使得很多对社会的负面

① 前瞻经济研究院：《十张图看懂 2018 年互联网女皇报告　世界互联网只剩中美之争!》，前瞻经济学人，https：//www. qianzhan. com/analyst/detail/220/180607-8538e400. html，访问日期：2020 年 11 月 22 日。

② 玛丽·米克尔(Mary Meeker)：《2019 年互联网趋势报告》(Internet Trends 2019)，新浪科技网，http：//tech. sina. com. cn/i/2019-06-12/doc-ihvhiqay5023579. shtml，访问日期：2020 年 11 月 22 日。

③ 白鑫、臧金明、孙实、关皓、罗曼：《最新发布：2019 互联网女皇报告中文完整版》，网易号，https：//dy. 163. com/article/EHQBHQM9051183JS. html，访问日期：2020 年 11 月 22 日。

④ 方兴东、陈帅：《中国互联网 25 年》，载《现代传播》，2019 年第 4 期，第 1-9 页。

影响有失控的危险。尤其是迄今缺乏有效的全球网络治理机制。”①

二、网络舆情世界一体化趋势明显

世界一体化背景下，很多网络舆情不再是一国之国内的事务，而常常在国际化背景下产生国际性的影响力，人们的视野跨过了国家和地区间物理场的界限，把目光投向了全球，以便在更为宏观的背景下思考组织和个人的网络舆情问题。网络舆情呈现世界一体化的趋势，其具有以下特征：影响范围广，暴发频率高，分裂性强，意见分歧大，容易群体极化，意见领袖的作用明显。因此，树立国际网络舆情意识往往是一个国家、地区和组织合理应对网络舆情的基本素养之一。

国际性的网络舆情是一个涉及政治、经济、科技、军事、文化与传媒等诸多领域的宏大话题。大国事务无边界，大国国内的发展和变化常常会引起国际社会的普遍关注，形成国际性的网络舆情。中国已经处在世界舆论的焦点位置，既是引领世界发展方向的重要力量，也具有普遍的国际影响力，同时还面临着来自世界各地的各种新挑战。目前，西方发达国家主导着国际舆论，拥有很强的国际话语权，在很多重要网络舆情事件中，给我国造成了一些不利影响，尤其是一些涉及中国的重大政治、经济、文化方面的议题，以及一些与中国相关的国际话题。他们习惯性地使用有偏见性的、带有明显意识形态色彩的，甚至是“双重标准”的态度来评判我们的网络舆情事件，在国际传播上使我们被动，从而影响了中国良好的国际形象。

现代传播技术的发展推动了网络舆情世界一体化的发展速度，这有助于传播中国故事，廓清舆论视听，形成中国网络舆情在世界范围内的心理认同，提高中国舆论的国际话语权。

三、网络舆情理论研究普遍不足

网络舆情是目前世界上共有的一种网络舆论现象，几乎集合了世界上所有网民的观点和信息，对现实影响很大。中国人口众多，互联网发展速度快，目前网民规模达到 8.6 亿多人，网民的活跃度高。自 20 世纪 80 年代以来，成就巨大，思想活跃，舆论生态环境相对宽松，网络舆情也形成了独有的中国特色。目前，国外没有“舆情”这个术语，对应“舆情”的词语一般都是

① 方兴东、陈帅：《中国互联网 25 年》，载《现代传播》，2019 年第 4 期，第 1-9 页。

“舆论”“民意”“公众舆论”“大众舆论”“公众意见”和“民情”等，都用“Public Opinion”表述。与“网络舆情”相对应的词语一般是“Network Public Opinion”“Internet Public Opinion”“Online Public Opinion”或“Cyberspace Public Opinion”。

国外网络媒体在反映社情民意方面的功能不及我国强大，研究内容相对较少，研究方法主要是实证研究、比较研究、理论研究和技术手段研究；研究的内容主要集中在对网络舆情状况进行微观分析、公众关注度分析、网络动机分析、地区间差异分析、网络平台互动性分析等。他们关注的主要热点是民意调查和具体事件的关注度。另外，他们较多关注的是网络社交媒体的内容生产与编辑、网络跟帖与评论、网络舆论监测分析和网络内容传播演化的特征四个方面。

经核知网，国内舆情研究始于2003年，2004年中共十六届四中全会公报把“网络舆情治理”提高到了“党的执政能力建设”的高度，网络舆情研究成果慢慢地多了起来，研究的主要内容包括出版年度网络舆情研究报告、舆情热点事件分析、网络舆情监测与分析方法、网络舆情演化规律总结、网络口碑调查等。这些研究多数是应用型研究，经常借助其他学科的理论框架对当前突发的网络舆情事件进行阐释和解读，缺乏理论总结。其主要表现如下。

1. 有广泛影响的权威理论尚未形成

网络舆情研究涉及新闻学、传播学、社会学、心理学、管理学、政治学、计算机技术等多种学科，以齐忠祥为代表的学者试图建立舆情学这门学科，但是网络舆情出现的历史很短、缺乏理论成果，光有丰富的实践难以支撑起一个学科的骨架。网络舆情是多学科交叉的新的研究对象，实际应用价值很高，但是对于网络舆情理论分析与概括的研究却不温不火，不同学者分别从不同角度对网络舆情进行了现状分析、特点概括和策略应对研究，也借鉴了其他学科较为成熟的研究体系、研究范式和理论成果，但是权威理论尚未形成。

2. 研究的主要立足点是帮助政府实施更好的网络社会治理

网络舆情研究的出发点是进行舆情“救火”“事先警戒”“事后规劝”和网络社会治理等方面的实用研究，类似于工作指南或工作纲领，目前多数研究忽略了网络舆情产生的动力机制和网络舆情整体治理思维方式的研究。研究者习惯于站在政府和企事业单位的立场进行导向性研究、预测性研究和大数据信息技术应用的研究。具体的举措研究、方案研究和案例研究较多，系统的理论研究较少。

3. 多数研究停留于文本信息的语义分析

多数研究忽略了网络舆情产生的宏观背景研究，缺乏政治的、经济的、文化的、传播的宏大视野，微观研究多、宏观研究少，静态研究多、动态研究少，国内事件研究多、国际事件研究少，对文字和图片内容研究多、流媒体视频和音频模式研究少，对图表分析和词频分析的研究多、哲学思辨研究少。研究对象、手段和方法需要进一步完善。

4. 对监测及预测体系的理论研究思路不够清晰

对监测与预测系统的框架研究多，对框架思路的分析比较少，信度和效度略显不足。研究内容主要涉及微博、微信等移动终端的监测监控，也有对网站、论坛的监测监控。在网络舆情监测工具研究方面，不同分析系统各自为政，互相竞争，难以融通。统一多个监测平台以建立起规范化的监测监控研究体系，并形成模型化的监测平台的研究尚未出现。

第四节　网络舆论生态环境复杂

牛津词典 2016 年度的英文关键词为“Post-truth”（后真相），牛津大学出版社给出的解释是：“后真相”是指“情绪和个人理念影响公众意见，而事实真相反而无足轻重的氛围”。网络舆论中，人们在意的往往不是“事实”与“真相”，而是“观点”与“态度”。在世界舆论场中，由于政治、经济、文化以及传统风俗习惯的影响，在大部分事件的国际舆论中，事实与真相抵不过根深蒂固的观点与态度，尤其是大国博弈的过程中，霸权主义和强权政治思维模式深深地渗透在各种网络舆论场中，“网络舆论战”成为继政治、经济、文化冲突之后的一种显性的重要冲突形式。人工智能、大数据、5G 等新型技术的加快应用，促进了智能媒体飞速发展，正在重塑着网络舆论的格局，使得网络舆论生态环境十分复杂。

一、网络舆情中的意识形态渗透现象明显

意识形态源于社会存在，受人的思维能力、信息环境、价值取向和认知水平等因素影响，本是一个哲学词汇，反映着人们对事物的理解和认知方

式，是观念、概念、思想和价值观综合而成的思想体系。“意识形态是代表统治阶级根本利益的情感、表象和观念的总和，其根本的特征是用幻想的联系取代并掩蔽现实的联系。”[①]它“是集中反映着人们实践活动和发展状况的思想体系，是由一定生产方式所决定并与一定的政治结构相适应的观念上层建筑，是一定阶级政治理想、价值标准和行为规范的思想理论基础”[②]。恩格斯则认为：“意识形态是由所谓的思想家有意识地、但是以虚假的意识完成的过程。”[③]由此可见，意识形态是社会观念、思想学说和政治理论的综合表现形态，在阶级社会里，意识形态代表着统治阶级根本利益，它是统治阶级的情感、观念和价值观的总和，具有一定的虚拟性。

在世界一体化过程之中，网络舆论始终伴随着各种各样的意识形态渗透现象，它的主体隐蔽性强，常常表现出泛化现象，难以识别。意识形态渗透的内容纷繁复杂、形式多样，难以进行准确的研判与管控。少数西方发达国家把舆论斗争的角逐场转移至互联网，其目的就是为了在网络上进行意识形态渗透，维护其传统的话语霸权。“美国前国务卿奥尔布赖特曾说：‘有了互联网，对付中国就有了办法。’”[④]“2005 年，美国《纽约时报》曾作出预言：‘过去百战百胜的中国，将在未来网络大战中败北。’”[⑤]基于对网络舆论中意识形态斗争复杂性的清醒认识，习近平总书记指出：“互联网已经成为舆论斗争的主战场。在互联网这个战场上，我们能否顶得住、打得赢，直接关系我国意识形态安全和政权安全。”[⑥]网络空间意识形态斗争是现实社会意识形态斗争的基本反映和延伸，影响巨大，难以预测。随着信息化社会的加速发展，网民数量不断增加，线上线下的衔接与转换已经轻而易举。因此，网络空间意识形态斗争必将由虚拟空间的“坐而论”转向现实社会的“起而行”，给现实社会的稳定带来冲击，甚至直接影响到政权的更迭。

---

① 俞吾金：《意识形态论》，上海：上海人民出版社，1993 年，第 129 页。

② 任志锋、郑永廷：《马克思主义意识形态概念的理解和运用》，载《东北师范大学学报(哲学社会科学版)》，2013 年第 4 期，第 26-30 页。

③ 马克思、恩格斯：《马克思恩格斯选集》第 4 卷，北京：人民出版社，1972 年，第 501 页。

④ 崔耀中：《论互联网与“舆论引导新格局”》，中国文明网，http：//wmf. fjsen. com/2008-10/16/content_1631692_2. htm，访问日期：2020 年 11 月 24 日。

⑤ 倪思洁：《未来网络：没有硝烟的战争大国博弈新赛场》，人民网，http：//scitech. people. com. cn/n/2014/0620/c1057-25175285-3. html，访问日期：2020 年 11 月 24 日。

⑥ 顾一娴：《读懂总书记的“互联网情结”》，中国共产党新闻网，http：//cpc. people. com. cn/pinglun/n/2015/0810/c241220-27438253. html，访问日期：2020 年 11 月 24 日。

二、"网络水军"制造舆情现象严重

英国《卫报》2011年3月17日报道称：美军中央司令部投入276万美元与洛杉矶市的Ntrepid公司签订合同，共同开发一款"在线虚拟身份管理"软件(俗称"马甲")，一个士兵可以使用这款软件创建并管理10个"马甲"，使其在同一地址登录时产生与美国军方毫无关联的假IP地址，从而轻易扮演世界各地不同身份的人，在网络上聊天、发帖，制造美化美国的言论而不被"对手"察觉①。美军中央司令部还要求每个"马甲"必须拥有"高度可信"的背景资料，用来以假乱真、掩人耳目。美方持续投入2亿美元对这一项目进行深度研发，旨在利用网络打击基地组织的支持者以及其他与美国作对的组织。这种战法不仅可以有力削弱不利于自己的网络宣传，还能以"真实可信的声音"赢得有利的反响。"美军中央司令部司令詹姆斯·马蒂斯向参议院军事委员会汇报工作时说'诚实之声行动'可以有效干扰暴力极端组织的意识形态宣传，让可靠的声音在这一地区传播"②。

2018年1月26日，美国《纽约时报》刊发了一组调查报道，揭秘美国的"网络水军"(也被称作"组织化社交媒体操纵")通过在社交媒体上"造粉"和"卖粉"，盗用网民信息并发布虚假信息误导网民。"网络水军"的传播形式主要包括计算机辅助人工宣传、自动账户传播、虚假线上身份以及网络算法操纵等。报道称，2017年，全球至少有18个国家在选举中遭遇了线上操纵和虚假信息策略③。从全球范围来看，"网络水军"在政治领域的作用越来越大，其主要特点是：行动主体多样化、传播方式程序化、组织机构复杂化、识别难度高、隐蔽性强、见效快、价值观渗透明显。"2013年乌克兰危机中社交媒体上的假新闻运动、2016年英国公投期间力挺'脱欧'的政治僵尸网络等，都是'网络水军'的'杰作'。过去一年中，至少有18个国家在选举中遭遇了线上操纵和虚假信息策略，包括德国联邦总统选举期间社交机器人活跃和垃圾新闻频出等……政党政客竞选团队、私人承包商、网络志愿者和'付费水军'等几乎同时运作，传播的内容主要是故意制作的虚假新闻。这种传播追求快速、连续、重复，无视真实性与一致性，无论是人身攻击、情感评论，还是正面支持等，目的都是操纵用户意见……在印度，'网络水军'可以

① 章鲁生：《美军欲建"网上水军"引导舆论》，载《青年参考》，2011年3月22日。
② 陈庆宝：《对美军"网络水军"的分析及对策研究》，载《军事记者》，2016年11期，第55页。
③ 方师师：《警惕"网络水军"的操纵》，载《人民日报》，2018年4月3日。

贩卖自动机器人账户，服务包括将各大社交平台上的内容与水军关注、分发、转推的内容结合起来，精准推送；在中东，‘网络水军’既可以用真人账户也可以用机器人账户来‘刷粉丝’，25 美元就可以保证至少有 500 名真人账户。”①

研究发现，美国将“网络水军”的地位合法化是为了操纵舆论，打开了一个混淆视听的“潘多拉魔盒”，为世界树立了一个坏榜样。美国习惯于借“自由”之名，通过“网络水军”的力量完成操纵舆论的目的。这种借“网络水军”的力量“操纵民意”的做法得到了其他国家和组织机构的效仿。他们伪造网络舆情，让真实的网络民意陷入“雾里看花”的境地，导致世界舆论失真现象越来越严重，既侵害了网民知晓真相的权利，也误导了他们的价值判断。在“群体性压力”的作用之下，很多人不愿意逆势而上，成为网络上的“众矢之的”。因此，一些居心叵测的政客或政治团体会利用“网络水军”来误导世界舆论场的视听，将时下的新闻热点和网民情绪结合起来，通过“借势”和“造势”，将广大网民囚禁在“信息茧房”里，因得不到真相而产生“群羊效应”。

在国际传播中，通过雇佣媒介专业人士和兼职的“造势者”，在媒体上发布有利于自己的、诋毁对手的单方面信息已经是一个公开的秘密，尤其是发生区域性战争或冲突的时候。一条简单的信息只要借助“网络水军”之手，都有可能在发达的互联网上演变成一场轩然大波，形成强大的虚假信息流。美国约翰·霍普金斯大学研究员托马斯·里德和法国国际关系研究所研究员马克·埃克合著的《战争 2.0：信息时代的非常规战》一书中，详细分析了网络舆论战相对于传统战争的诸多优势。通过对比的手法，比较了战争双方利用“网络水军”进行舆论战的情况。一方面是军事力量和舆论影响力都很强大的美军、英军和以色列国防军；另一方面是军事力量和舆论影响力相对较弱的基地组织、塔利班和黎巴嫩真主党。他们都擅长利用网络推销自己的政治议程进而影响公众舆论，并最终达到服务于战争的目的。② 可以说，现实世界的全部信息都能在网络虚拟世界得到反映，虚拟世界的“一颦一笑”也会深刻地影响现实世界。2010 年始于突尼斯的“茉莉花革命”，从中东和北非动荡的局势可以看出一个类似于拷贝的抗争路线图：街头小贩自焚—维基解密揭露

① 方师师：《警惕“网络水军”的操纵》，载《人民日报》，2018 年 4 月 3 日。

② 托马斯·里德、马克·埃克：《战争 2.0：信息时代的非常规战》，金苗译，北京：中国人民解放军出版社，2011 年，第 56 页。

总统贪腐—社会舆论发酵—网络“社交平台”舆情扩散—民众走向街头—安全局势失控—向周边国家辐射—西方大国插手—多米诺骨牌效应—剑指利比亚—颠覆卡扎菲政权—控制阿拉伯世界。

根据信息扩散理论（information diffusion theory），当舆论领袖认为某种信息是真实的，或者认同某种价值观的时候，跟随者就会接受它。每个舆论领袖的背后隐藏着一个庞大的粉丝群，信息就是按照层级结构的模式，从意见领袖到“吃瓜群众”，一级接着一级地扩散开来。一旦这些舆论领袖成为“网络水军”的头领，信息的客观公正性和真实性就会受到极大的威胁，网民就会在不知不觉中变成真正的“盲众”，整个网络舆论场类似于柏拉图“洞穴理论”里的囚徒，是非颠倒，把错误当成真理，把真理当成谬误。

三、算法舆情的“潘多拉魔盒效应”

人工智能、区块链、云计算、5G 新技术的力量越来越深入地推动了网络传播的发展，一方面为网络舆情的快速生成和传播创造了无限的丰富性和可能性；另一方面也为快速、精准地检测和分析统计网络舆情提供了很多便利，这样，就形成了当今互联网上蔚为大观的算法舆情。大数据信息技术既为网络舆情工作增加了便捷性和精准性，也催生出了以前不曾有过的新舆情，产生了“道魔相生”的舆情困境。从网络舆情工作的角度看，大数据信息技术是一把“双刃剑”，它既是“善果”，也是“恶因”。一方面，它是网络舆情工作的“降魔利剑”；另一方面，它是制造网络舆情乱象的“潘多拉魔盒”。对于世界一体化过程中出现的各种复杂局面，算法舆情能够在国际化复杂的话语场中突破传统舆情管理的狭窄视域，建立网络舆情大数据库，实时记录日常网络平台数据，全面分析舆情传播动态，从瞬息万变的舆情数据中找准舆情管理重点，发现网民的普遍关切，预测舆情走向，提高舆情处置的效率和能力。在仔细考察网络舆情动力机制的过程中发现：我们利用大数据信息技术处理的网络舆情恰好正是另外一个势力集团通过大数据信息技术制造出来的。美国擅于使用大数据信息技术搜集相关资料，实时监控相关舆情发展的态势，并设计应对变化的各种预案，为他国制造一个又一个对方难以处置的网络新舆情。

目前而言，虽然以移动互联网、大数据、超级计算、传感网、脑科学等为基础的算法舆情开始推动网络舆情行业由先前的数字化、网络化走向自动化、智能化，但是，有几个问题依然难以解决。首先，算法舆情需要应对的是由算法新闻公司自动创建和发布的新闻报道，它可以针对不同类型新闻的特点进行对象化研发，生产出多类型、多领域的新闻产品和其他传播产品，形成变幻莫测的各种新闻快速样式，算法舆情即使使用预先设计好的程序进行网络舆情预测并生产出舆情报告，也满足不了复杂多变的网络舆情多样化的需求。其次，算法舆情难以准确监测到价值理念、理论规范和法律法规等存在着人文情感和价值判断的网络舆情，使得网络舆论的引导机制难以有效发挥。所以，算法舆情在小微舆情和不含价值观判断的舆情处置方面，确实有得天独厚的效果；而面对重大而复杂的舆情议题的时候，常常会力不从心。第三，算法舆情产生的“信息窄化”“隐私保护”问题难以解决，主要原因是：目前算法舆情的自身纠偏能力不强，存在着大量的“劣币驱逐良币”的现象。另外，算法舆情在搜集个人信息的时候常常会遇到隐私权保护的壁垒。

四、视听舆情的隐喻难以精准判断

人工智能、大数据信息技术一方面为视听传播提供了强大的技术支持，另一方面也产生了数量巨大的视听传播内容，极大地推动了可视化传播的应用水平，使得视听舆情的影响力越来越大。与文字符号相比，视听符号接收性的低门槛使得视听媒介的产品具有更为广泛的影响力，传播的物理空间广泛，信息更易直观煽情，不仅具有更强大的物质空间穿透力，也具有更强大的心灵冲击力，对监测与引导的时效性要求很高。

视听产品的隐喻性复杂多样，其背后隐含着的真善美或假丑恶的价值判断在不同文化背景、不同场域里会造成解读的多样性和歧义性。信息传播者可以在完全不出现敏感词的前提下，在视听产品里进行价值观植入，如果不能准确理解其中的含义、不能准确理解视听产品的目标受众的社会心理和文化习惯，就很难破解其蕴含着的价值观密码，也就难以进行舆情预测和有效引导。

另外，视听产品解码的情境性因素对是否能够准确解码的影响很大，一旦脱离了具体的情景，同一个视听产品的含义就会变得模糊或者截然相反。例如，自然灾害网络舆情中的一些惊慌失措人群的现场图片，如果传播者没有交代清楚图片的背景，就很难理解这些图片的真实含义，虽然我们眼睛看见的图片是真实的，可是并没有反映彼时现场的真实面貌。另外，被剪辑后的视频和图片往往都被赋予了制作者的价值观，断章取义地理解会产生与视频或图片整体完全不同的含义，信息流失或信息转义的情况经常出现。这些，也会给视听舆情的准确理解和判断带来严峻挑战。

五、网络短视频舆情的混杂性难以监管

中国互联网络信息中心于2020年9月发布的《第46次中国互联网络发展状况统计报告》显示：截至2020年6月，中国网民规模为9.4亿，互联网普及率达67.0%。其中，网络视频(含短视频)用户规模达8.88亿，较2018年3月增长3777万，占网民整体的94.5%；而短视频用户规模为8.18亿，占网民整体的87%。[①] 2019年8月，中国传媒大学中国网络视频研究中心与抖音短视频共同发布的国内首份《短视频与社会创新研究报告》显示："短视频不仅记录了社会之情绪、世界之细节、时瞬之轨迹，最重要的是，它让每一个人可以被看见，让那些日常的、个体的点滴创意，在拍摄同款的集体模仿中、在民间智慧的草根挑战里，汇聚成生生不息的创新源泉……未来，'短视频+'成为常态，多元主体协同参与，跨界融合愈发显著，随着相关政策规范体系更加完善，大数据、人工智能、区块链等技术逐渐被广泛应用，基于短视频的共享共创继续向跨界化、场景化、协同化、专业化等方向迭代演进。"[②]

在全民参与协作、共享共创的短视频生态中，每个人的微小创见都可以被看见，从分享到共享，从独创到共创，从传播的可见到创新的可见。短视频生产者、传播者、使用者延展出全新的交互传播轨迹，映射出社会的变革，展现了社会进步与国家发展的社会创新动能、文化开拓路径与数字素养能力。短视频影像以更为丰富的、更具分享精神的文化语言、知识系统与信息方式重塑了文化传播力与社会创新力。移动互联网技术的持续升级为短视频的迅速发展提供了全新的展示空间，网络传播也迅速进入视频化表达和智能化引领的新阶段。它们的主要特点是：视听兼备、声画并茂、信息接收的门槛低、感染力强、传播速度快、用户群体大。

研究发现，网络短视频舆情的混杂性非常明显，它浓缩性地展示了网络社交的基本情境，展现了多样化的视觉场景和背景音乐，点赞、留言、转

① 中国互联网络信息中心：《第46次中国互联网络发展状况统计报告》，http：//www.cnnic.cn/gywm/xwzx/rdxw/202009/W020200929343125745019.pdf，访问日期：2020年10月3日。

② 中国传媒大学中国网络视频研究中心、抖音短视频：《短视频与社会创新研究报告》，腾讯网，https：//xw.qq.com/cmsid/20190806A0SH6400，访问日期：2020年8月9日。

发、私信、直播等无门槛的技术应用重塑了人们的交流情境，重新塑造了人们的情感连接模式、群体智能的集聚模式，让更多平凡的大众因话题、分享、知识、兴趣等聚合在一起，不断衍生出丰富而多元的内容，建构起紧密的关系，进而形成新的价值观和新的社会规则并拥有强大的社会穿透力和情绪感染力。

从舆论引导的立场来看，网络短视频的“广场式传播”带来的“广场效应”容易造成虚假网络舆情。社会心理学中的“广场效应”认为：“在人群聚集的公共场所，人们经常表现出与日常生活不尽相同甚至完全相反的言行，它是一种无意识统治下的大众心理现象。”①短视频平台的匿名化特点使得一些不负责任或耸人听闻的言论、消息肆意传播，形成虚假网络舆情，影响社会的稳定。

网络短视频言论的混杂性极易造成舆情价值体系链的紊乱。“它产量丰富却又良莠不齐，很难进行有效的舆论引导，伴随着社会生活节奏的加快，网民逐渐失去了对于语言文字解读的耐心，便捷化、简单化、肤浅性的信息交流方式成为感官接受外在信息的平台。”②网络短视频使用者的低龄化、低学历、低收入的结构特征决定了网民对事物认识的表面性和浅层性。简短直观的话语方式、图像化的虚拟现实虽然更符合现代社会的快节奏和公众的速成心理，但是，多数受众满足于从中获取感官乐趣，会逐渐放弃对于复杂事物和舆论的理性思考。

另外，短视频内容的机器性生产特征极易误导网民的价值观，过度的美颜美容现象容易对低龄网民的心理形成欺骗，影响社会整体性的“诚信”心理的有效建构，降低网民的审美认知能力。

六、中国的网络舆论安全值得重视

目前而言，中国在世界一体化进程中第一次步入世界舞台的中心位置，这种新来者的身份常常会引起一些国家和国际组织心理上的不适应。作为一个拥有宏大理想和长远战略目标的世界性大国，中国需要拥有强大的文化软实力和国际话语权，需要从战略角度寻找新的路径和策略来优化国际传播布局，打造具有国际影响力的传播平台。我国舆论管理政策不再适应信息

① 聂智、曾长秋：《论虚拟社会治理中自媒体舆情引导》，载《学术论坛》，2011 年第 12 期，第 196-200 页。

② 李鹏、王帅：《视觉传播环境下的网络舆论构建分析》，载《新闻知识》，2011 年第 4 期，第 65-67 页。

化社会的现实需求，在舆论引导方面，难以有效应对更趋复杂的舆论斗争环境，国际舆论“西强我弱”的格局给我国的网络舆论带来了巨大的安全风险。

在网络社会背景下，社交媒体、移动互联网带来了个人空间的释放和扩大，各种新旧媒体之间不断出现的重组和融合，正成为国际传播的新亮点和增长点。社会主体的多元互动性催生出了新的文化形态和社会共同体，原本存在于不同文化和地域之间的空间和信息隔阂，在新媒体环境中正在发生变化。历史毫无悬念地把中国推到了国际东西方博弈的前沿位置，我们需要重视国际关系变动中的舆论因素，特别是一些具有国际影响力的网络社交媒体。把传统被动的舆论模式转变成积极主动的舆论模式，消除西方社会的偏见和敌对意识、优化发展中国家的良好形象。越是在国际舆论不利于我国发展的困难时期，越是需要改进沟通的方式方法，实现消除误解、廓清视听的目的。此时，需要走出“东”“西”二元思维模式，形成以中国为主导的“构建人类命运共同体”的新理念。

就目前的中美贸易战而言，这方面的网络舆情在国际舆论场上此起彼伏，迷雾重重。但是其舆情的核心焦点是：美国要遏制中国的崛起，中国要大国复兴。这个焦点主要是由四种次生舆情构成的，它们分别是：美国企图通过修改世界一体化的规则而继续保住其单边主义的世界主导性地位，中国则坚持维护现存的规则体系、坚持多边共赢主义；美国担心中国挑战他的金融话语权，中国则积极开拓海外市场扩大自己的金融话语权；美国担心中国挑战他的技术话语权，中国在努力发展自己的尖端科学技术；美国担心中国模式挑战华盛顿模式，中国在努力计划并构建中国特色的发展模式。通过对中美贸易战舆情的认真梳理分析可以看出：网络舆情争论的焦点早已不是简单的贸易战，而是贸易战、金融战、技术战、舆情战和话语权之争的合体。从网络舆情的内容分析，双方角力各有优势，美国有技术和军事方面的优势，中国则有制造和市场方面的优势。美国开始在其国内和传统势力范围内发展制造业并通过政治和军事手段极力维护现有的主体市场；中国正在布局“制造业强国”的发展战略，并对外和平开放中国的市场。当然，舆情中的美国不仅仅指美国一个国家，而是包含着其传统势力范围内的跟随者，虽然他们偶尔会出现一些分化现象，但整体上还是一个利益共同体，中国则需要增加舆情应对能力与引导的科学性，并保持充分的韧性。

近几年，中国开始重视国际网络舆论，通过传播中国故事、中国文章和中国书籍的方式开展对外传播的变革行动，虽然遇到很多阻力，但是一直在寻求着各种创新与突破。在应对美国挑起的贸易战舆情过程中，既有官方的鲜明表态，也有学界和企业家的沉着应对，在国际上取得了不少舆论主动权，廓清了一些国际基本视听，有效地维护了国家形象。在华为事件中，任正非广泛接触各种主流媒体，以坦诚开放的态度，讲述华为创业心路的历程和奉献世界的胸怀，塑造了中国企业良好的国际形象。

第二章　网络舆论的动力要素

网络舆论动力有其独特的内容和形式，但从整体上看，它与网络传播的整体动力特征基本一致，即互联网平等开放的本性充分满足了几十亿网民的知情权、表达权、参与权和监督权，极大地释放了他们表达情感、态度和意见的潜能，使得网络舆论成为一种史无前例的社会现象，深刻地影响着人们的思想意识，以及各国政治、经济、文化、生态活动的动向。本章从考察网络舆论动力的概念开始，分析网络舆论的内部动力要素和外部动力要素。经过笔者认真考察后发现，网络舆论的内部动力要素主要包括网民表达的愿望、公共事务的受关注程度、民意的敏感性、网络平台的影响力、舆论本身包含的价值元素；外部动力要素主要包括社会心理、意识形态的基本状况、政治斗争形势、全球化的碰撞、大数据信息技术的驱动力等。

第一节　网络舆论动力概念的考察

一、关于群体动力的研究

舆论的定义很多，很难达成一致的意见。但是，不管有多少种定义，它的一些基本属性是一致的：舆论反映的是社会知觉的合意，是集合意识的反映，属于多数人群体的共同意见，具有特定的时间和空间属性，舆论的客体是社会公共事务的公开表达。考察舆论的动力必须首先考察群体动力这个概念，而网络舆论动力主要来自网民群体的合力，所以，考察网络舆论动力也必须首先考察群体动力。

美籍德国心理学家库尔特·勒温(Kurt Lewin)提出的“群体动力理论”可以作为网络舆论动力研究的基础。勒温认为：“个体行为取决于个体的心理状态和个体所处的环境作用，个体行为可以用 B(behavior)表示，个体的心理状态可以用 P(person)表示，个体环境的压力可以用 E(environment)表示，它们之间的函数关系是 $B=f(P, E)$，即处于群体中的个人行为是人与环境交互作用所形成的‘场’的函数。”[①]群体动力理论是研究群体中的个体如何在群体的影响下形成行为机制的理论，这对于网络舆论动力机制的分析与研究而言，具有重要的指导性意义。笔者认为，网络舆论动力的形成和扩散，不但取决于个体心理的需求和其所处的外部环境的影响，也取决于参与网络舆论的群体的集合心理和当时所处的环境压力。后来，勒温提出了“力场”这个概念，勒温的“力场”概念中的“场”具有动力性和交互性的特性，只要个人内在的“心理场”存在某种需求，就会产生由内而外的张力，形成一个“压力系统”，压力系统源源不断地强迫“心理场”释放出与环境需求相适应的能量。在这里，“力场”是指个人的“心理场”在压力系统的压迫下形成的动力场，一个人的“心理场”需求强度越大，力场的强度就越大，其内在潜藏着的能量就越大，所以，一个人的行为动机是由其“心理场”决定的。人的“心理场”包括人的信念、态度、意志、情感和目的性等。

“力场”这个概念对于考察网络舆论的动力而言，非常适用，可以很好地用来解释个体意见如何在群体压力的交互影响之下逐渐汇聚起来，最终形成大范围网络舆论现象的动力机制。

勒温和他的后继者们通过实验研究，发现了群体动力对个体意见形成的几个决定性因素，它们分别是：群体领导方式、群体组织方式、群体结构性质、群体公约动力、群体性压力。第一，群体领导方式主要表现为专制型、民主型、自由放任型。专制型群体成员的主要行为特征表现为：攻击性言行多、给领导看的言行多、出风头的言行多，言语中喜欢使用“我”而不是“我们”，以此来引起领导和所在群体的注意，这是一种强调个体存在价值的惯性行为，但是，这样群体里的个体遇到问题时喜欢推卸责任，对群体活动缺乏满足感，私下抱怨的现象比较多；而民主型群体成员的表现正好相反，当同一个成员从专制型群体调入民主型群体之后，其言行就会产生明显的变化。自由放任型领导方式则不必赘述，结果往往是群体绩效低下、管理混乱，不良的亚文化盛行，既定目标无法完成。第二，勒温和另外一位心理学家薛恩(E. Schein)在1956年对比在欧洲战场和朝鲜战场被俘虏的美国士兵的情绪和逃跑行为时发现：在欧洲战场上被德国俘虏的美国士兵的反抗情绪和逃跑率都很高，而在朝鲜战场中被中国俘虏的美国士兵的反抗情绪和逃跑率都很低。他们一致认为：这种行为反差是由群体组织的形式造成的。在中国

---

① 库尔特·勒温：《拓扑心理学原理》，高觉敷译，北京：商务印书馆，2003年，第13-14页。

战俘营中，看守人员与战俘的伙食、医疗条件平等，战俘经常被调动而组成新的战俘营，并且还有意识地让被俘士兵管理被俘军官，战俘一旦被提审后就被调到其他战俘营；德国的战俘组织管理方法与中国的恰好相反。第三，心理学家威尔逊等人通过对比试验发现，群体中的个体行为主要取决于个人需要类型和群体领导方式的交互搭配方式，个体类型和群体领导方式交互搭配时就形成了不同的群体结构，群体结构的性质对群体和群体里的个体行为的影响起着关键性作用。犯罪学家凯琳的“破窗效应”和威尔逊的“护花原理”从案例分析的角度印证了群体结构性质对于群体动力的影响。第四，勒温在20世纪40年代对“群体公约”改变人们行为态度的有效性这个研究项目做过一系列试验，试验结果表明：群体的公约规则比一般性的宣传说服更能改变群体成员的行为。第五，群体性压力原理主要来源于社会心理学家谢里夫（Muzafer Sherif）、所罗门·阿希（Solomon Asch）和阿奇（S. E. Asch）对比试验所得出的结论：群体压力和群体规范对人们的认知行为拥有巨大影响力，有些人情愿追随群体的意见，即使这种意见违背了他们当初独立的判断；群体压力可以导致明显的趋同行为，即使在人们从未彼此见过的偶然群体中，也同样存在。在模糊情境下，群体依赖、群体压力和群体规范依然对人们具有重大影响力，而且这种影响力或者说压力能够超越本群体，影响陌生的群体环境。在政治态度、舆论观点的形成及传播活动中，这种影响力的作用非常明显。微妙的群体性压力主要指的是个人所在的群体对其个人成员所产生的约束力与影响力，主要由信息压力和规范压力起着决定性作用。

群体动力论主要从内因的角度去考察和研究群体行为的产生和发展规律，从群体成员间的关系以及整个群体氛围中去把握群体行为的变化过程。这样就把个体、群体和社会这三个影响人行为的主要因素结合了起来，形成了“三位一体”的研究视角，为网络舆论动力机制的研究提供了很好的范式借鉴。

二、关于舆论动力研究的考察

舆论的定义非常多，莫衷一是，舆论学对舆论的定义决定了舆论学的发展。李良荣认为：“舆论是在特定的时间和空间里，公众对特定的社会公共事务进行公开表达的、基本一致的意见或态度。”[①]《不列颠百科全书》的定义

① 李良荣：《新闻学概论》，上海：复旦大学出版社，2001年，第49页。

是：“社会中相当数量的人对于一个特定话题所表达的个人观点、态度和信念的集合体。”①

不管怎么定义，最关键的是舆论所包含的几个要素：议题、公众和共同意见，其核心要素是“意见”，意见通常是通过态度、信念和价值表现出来的，“态度”是意见的核心概念，态度是一种直接的、直观的心理定向，从“态度”到“意见”需要经历一段心理调适期，完成从感性到理性的升华过程。

关于舆论动力的考察，李普曼认为：“任何时候，人们怎么设想这个世界，就决定了他们在某个特定的时刻要做什么，而不是取决于他们要达到什么目的。他们对于世界的设想决定了他们的努力、他们的感觉、他们的希望，而不是他们的成就和结果。”②这里，李普曼表达了两层意思，第一，舆论动力源自人们对现实社会的构想，人的行动力源自人的内心世界，这是动力源的根本问题；第二，人们对于世界的设想决定了他们行动的方式方法。前者解释了人们做什么的问题，它决定了舆论的议题；后者解释了怎么做的问题，它决定了舆论产生的方式、方向，以及舆论的强烈程度。

刘建明教授提出了“舆论场”的概念，这个“舆论场”就是舆论产生的社会环境。他认为：“舆论产生的社会环境包括了公众环境、意识环境以及产生意见的‘场’，舆论的动力来源于舆论场‘三个要素’相互作用的结果。”③刘海龙认为：“舆论场包含若干相互刺激因素，是许多人形成共同意见的具体时空环境，表现为公众和环境相互作用的函数，包含多数人的体验、现实需要及彼此呼应。”④郭庆光认为，舆论场形成的三个要素指的是“同一空间的人群密度与交往频率、舆论场的开放度、舆论场的渲染物或渲染气氛。一定空间内人员集结密度越大、环境越开放、渲染力或诱惑力越强，这一空间内的舆论场就越容易形成”⑤。余秀才结合考夫卡的“心物场”、勒温的场论以及布尔迪厄的场域理论，提出网络舆论场实际上是由“新媒介场”“心理场”与“社会场”三部分交汇而成的观点。他认为：“网络舆论因不同的政治、经济、文化、心理、媒介等因素形成交互、多元、多变的舆论气候，它的形成存在一个有着诸多共生效应的‘场’。新兴的网络舆论场是‘社会场’‘新媒介场’‘心

---

① 美国不列颠百科全书公司：《不列颠百科全书(国际中文版)》第 14 卷，中国大百科全书出版社《不列颠百科全书》国际中文版编辑部编译，北京：中国大百科全书出版社，2007 年，第 9 页。

② 李普曼：《舆论学》，林珊译，北京：中国人民大学出版社，1989 年，第 16 页。

③ 刘建明：《舆论学概论》，北京：中国传媒大学出版社，2009 年，第 50 页。

④ 刘海龙：《大众传播理论：范式与流派》，北京：中国人民大学出版社，2008 年，第 171 页。

⑤ 郭庆光：《传播学教程》，北京：中国人民大学出版社，2011 年，第 212 页。

理场’三‘场’的交融，它既影响网络舆论传播的主体与客体的心理活动，也影响具体的网络舆论传播行为。”①(图 2-1)

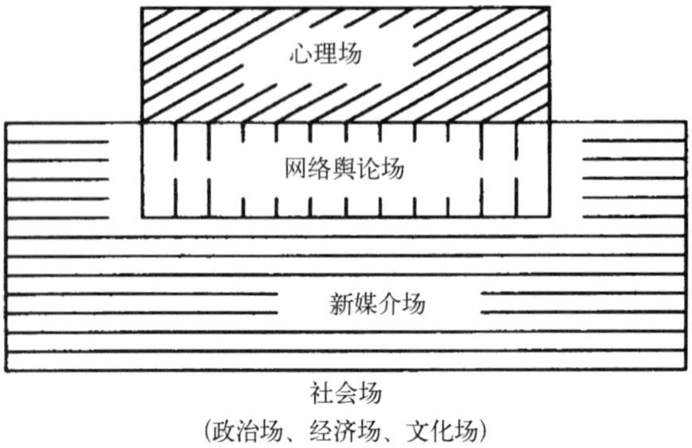

图 2-1　网络舆论场的构成

(网络舆论传播的主体与客体、网络)

基于这几位学者研究的结论，笔者认为，舆论动力主要是指能够激发普通民众普遍关心的并且愿意积极参与某种公共事件的讨论，希望公共事件得到公平合理解决的驱动力，包括外在动力和内在动力。外在动力主要有群体压力、个体所处的舆论环境、公共事件的性质和普遍存在的社会心理状态；内在动力主要有个体的心理状态、现实的心理愿望、个体的性格特征和群体的心理状态。舆论动力的程度取决于人们表达态度、追求理想状态时所付出的各种努力。

“1939 年，美国学者奥德加德(Peter H. Odegard)第一次使用社会动力学的概念研究舆论学的动力问题。上世纪 70 年代，美国学者芬克豪瑟(G. Ray Funkhouser)提出了‘舆论动力学’(dynamics of public opinion)的概念，并且给出了定义：舆论动力学指的是公众舆论与媒介内容以及实际生活之间的互动关系。”②

动力学的概念来自物理学，主要用于研究物体所受的力与运动之间的关系。法国社会学家孔德把它引入社会科学研究领域，并且进一步分为“社会静力学”和“社会动力学”，社会静力学主要研究社会秩序和社会结构，社会动力学主要研究社会变迁和社会发展规律。国内学者纪忠慧对舆论动力的概

① 余秀才：《网络舆论场的构成及其研究方法探析——试述西方学者的“场”论对中国网络舆论场研究带来的启示》，载《现代传播》，2010 年第 5 期，第 120-123 页。

② 纪忠慧：《美国舆论管理研究》，北京：新华出版社，2016 年，第 199 页。

念进行了简要解释，他认为："舆论动力存在两个方向上的理解。其一，把社会上业已存在的舆论作为推动社会问题解决的一种机制，考察公共决策、公民参与以及舆论制度与权力合法性等范畴。在这一向度上，舆论自然成为社会力的支点，并时常扮演着动力源的角色，其理论来源包括社会学、管理学、政治学和传播学等学科。其二，把舆论作为多变量相互作用的结果，考察舆论的形成与演变的内外动因。在这一向度上，个人信仰、心理需要、突发事件的刺激、现实利益与矛盾纠葛以及发表意见的环境与氛围等，相互作用而合成为同一个力，推动舆论的最终形成，其理论来源包括社会心理学、社会学、现代心理学和传播学等学科。"①

三、关于网络舆情传播力研究的考察

舆情与舆论的含义密切交叉，两者都强调公众意见，"舆情研究的视角看重舆情作为受中介性社会事项刺激而产生的社会政治态度这一基本特征，舆论研究的视角则看重它作为被传播起来的公众意见这一点"②。所以，"舆情是指来自民众的社会政治态度，是民众的'心声'。而舆论既包含各类公众的'声音'，也包含国家或政府的'声音'。显然，国家或政府的'声音'和民众的'声音'之间不能划(画)等号"②。因此，舆情传播力研究是舆论传播力研究的前置，是舆论研究的重要基础，它更强调对于群体心理活动的分析，考察群体的社会心理结构和变化过程是基本前提条件。舆论研究更多地关注这些意见在传播过程中的流程构造和传播效果，所以，研究舆论必须首先考察舆情。网络舆情主要是受网络传播的中介性社会事项信息刺激而随时产生的网民的态度、情感和意见。它也考察网络外社会事项刺激产生的民众社会政治态度被带到了网络上的行为。一旦在网络上形成传播现象，就形成了网络舆论，在这一点上，二者之间很难进行精确区分。

曾倬颖、李睿深两位学者研究了几种网络舆情生成和演化机制的模型，梳理了网络舆情信息传播演化的机理和信息传播的模型，使用社会网络分析的基本理论来研究网络拓扑结构、影响力模型。他们认为："关于信息传播模型的研究主要聚焦影响力模型的演化，多利用数理方程来描述影响力的扩张、消退、抑制，实验所用的算例有的是理想条件下物理仿真，有的是通过

① 纪忠慧：《美国舆论管理研究》，北京：新华出版社，2016 年，第 200 页。

② 王来华：《论网络舆情与舆论的转换及其影响》，载《天津社会科学》，2008 年第 4 期，第 67-69 页。

微博获取的内容数据进行网络拓扑仿真，以实际发生的网络舆情事件作为案例进行模型验证的研究比较少见。”①“对网络舆情的生成及演化机制的研究主要是就既发生的网络舆情事件进行宏观机制的描述，通过分类分析对演化特征进行定性归纳或者定量分析，形成了一系列演化特征及效应的理论描述，但是在对微观行为的观测、描述以及对未来趋势的预测方面还有所欠缺。”②

学者李彪研究了“网络舆情传播的内源性动力，通过对网络舆情的主要议题研究，归纳出了网络舆情传播的几个外源性动力：传统大众媒体、网络意见领袖、网络信息搬运工、网络水军与网络公关”③。张硕对基于复杂网络的舆情信息传播机制进行了研究，“通过数学建模以及相关理论，从宏观和微观两个层面揭示舆情信息传播的机制和规律，主要以线上社交网络多信息之间的合作竞争传播现象为切入点，构建基于种群动力学的多信息传播模型和基于耦合网络的舆情信息协同演化模型，将网络特性纳入用户微观行为的研究中，构建用户影响力度量模型，寻找最具影响力的用户节点”④。

曾润喜和陈创对网络舆情信息传播的内部动力和外部动力进行了聚类分析，并对系统要素和技术模型展开对比分析，构建了网络舆情信息传播动力机制的完整框架。他们通过分析网络舆情各要素之间的互动博弈过程，总结出网络舆情信息传播的动力机制建模流程，发现网络舆情存在抑制型、沉默型、转折型和暴发型四种演变类型。⑤

朱晓宇使用系统结构决定系统功能的理论，研究了系统功能的发生机制，揭示舆论信息在社会网络中的形成、传播及演化规律。通过模拟发现：“连通网络在一定的交互作用机制下都能达到观点一致状态，但根据左右阈值的不同，达到稳定状态的时间、方式及结果都体现出了一定的差异性。他提出了有界离散动力学观点模型，并做了马尔科夫理论分析，指出在一定交互作用机制下，连通网络达到系统吸收状态是必然结果，最终状态与所建立

① 曾倬颖、李睿深：《网络舆情的传播模型研究综述》，载《中国电子科学研究院学报》，2016 年第 11 卷第 6 期，第 589-592 页。

② 纪忠慧：《美国舆论管理研究》，北京：新华出版社，2016 年，第 200 页。

③ 李彪：《谁在网络中呼风唤雨》，北京：人民日报出版社，2011 年，第 45 页。

④ 张硕：《基于复杂网络的舆情信息传播机制研究》，硕士学位论文，北京：首都经济贸易大学，2018 年，第1-2 页。

⑤ 曾润喜、陈创：《网络舆情信息传播动力机制的比较研究》，载《图书情报工作》，2018 年第 7 期，第 9 页。

的马尔科夫矩阵参数有很大相关性。”①

从这些研究中可以看出：网络舆情传播力的研究尚处于初始阶段，还没有引起学界足够的重视，但是，它在网络舆情发生发展的过程中起着至关重要的作用。需要借助心理学、社会学和文化学等学科的相关理论进行深度研究。

四、网络舆论及网络舆论动力概念的分析

考察网络舆情动力这一概念，必须先考察舆论和舆论动力这两个概念。舆论(public opinion)的定义很多，不同学派很难达成一致的意见，笔者倾向于这种简单点的、更具有抽象概括性的定义，即：“舆论是社会中相当数量的人对于一个特定话题所表达的个人观点、态度和信念的集合体。”②舆论的形成有固定的人群、时间、地点、事件，参与的人群对某种事件和行为形成了基本一致的情感、信念、意见和态度。它是一种社会评价、一种社会心理的反映。

“舆论”一词在我国古代早已有之，其含义非常接近现在普遍认同的含义。《晋书・王沈传》载“自古圣贤，乐闻诽谤之言，听舆人之论”，其中“舆人”指众人。而“舆论”作为一个词组，最早见于《三国志・魏・王朗传》：“没其傲狠，殊无入志，惧彼舆论之未畅者，并怀伊邑”。其后见于《梁书・武帝纪》：“行能臧否，或素定怀抱，或得之舆论”。其中“舆论”即公众的言论，或公众的意见。卢梭在《社会契约论》一书中使用了“舆论”这个概念，他认为“在全世界一切民族中，决定人民爱憎取舍的绝不是天性而是舆论”③。

邓峰超研究了“复杂网络舆论动力学在社区网络中的演化情况、异质置信界限下的多层次舆论动力学问题和舆论动力学在复杂网络中的一致性和收敛问题”④。程洁研究了网络空间的结构因素和动力学因素是如何影响舆论形成并且推动舆论形成的问题，她从局域作用、社团结构以及空间距离无标度性质等方面对舆论形成进行了深入细致的研究，通过探讨舆论形成机制和舆论传播时间等动力学行为，证明了局域作用、社团结构以及空间性质在舆论

① 朱晓宇：《基于复杂网络的舆论传播建模及演化研究》，硕士学位论文，济南：山东师范大学，2013年，第9-15页。

② 美国不列颠百科全书公司：《不列颠百科全书(国际中文版)》第14卷，中国大百科全书出版社《不列颠百科全书》国际中文版编辑部编译，北京：中国大百科全书出版社，2007年，第9页。

③ 任贤良：《舆论引导艺术：领导干部如何面对媒体》，北京：新华出版社，2010年，第78页。

④ 邓峰超：《复杂网络舆论动力学》，硕士学位论文，西安：西安电子科技大学，2015年，第5页。

形成过程中的巨大作用，并且发现“社团结构越清晰，舆论传播时间越长”①。

学界对于网络舆情的定义各不相同，主要原因是其形成概念的角度不同，大致有以下几个角度：国家治理的角度、民意的角度、意识形态的角度、民众的政治态度、个人心理和社会心理等。虽然角度不一样，但是内容是共同的：“网络舆情是发生在网络空间的，与社会现实紧密相关的、有其产生中介的事项，是一种公众情绪或意见的集合而不是个人情绪的单个表达，网络舆情都是与某些有影响的热点问题相联系的。”②

基于以上分析，笔者认为：网络舆论动力指的是促成网络舆情生成的各种力量之和，包括内在动力和外在动力，内在动力置于传播学的范围进行研究，指网络舆论的几大要素，包括网民表达的愿望、公共事务的受关注程度、民意的敏感性、网络平台的传播力、网络舆论的价值元素；外在动力置于传播学范围之外的其他学科进行研究，主要指促使网络舆论生成的各种外部因素，包括社会心理、意识形态趋势、政治斗争的驱动力、大数据信息技术发展的驱动力、世界一体化过程中价值观的互相碰撞等。既要考察公共决策、公民参与以及舆论管理制度等因素的影响，也要考察影响网络舆论生成与演变趋势的各种变量。这些变量包括人口结构性因素、社会价值观因素、网民的心理需求、突发事件的刺激性因素、发表意见的环境性因素等。

第二节　网络舆论动力的内部要素

“动力”一词的本意是指作用于事物发展变化的各种内外作用力，它的基本功能是促进或阻碍事物的发展，多用于物理学、社会学、管理学、心理学和传播学等学科领域，其构成比较复杂，既有内部构成要素，也有外部构成要素。对于网络舆论而言，其动力的内部构成要素主要包括：网民表达的愿望、公共事务的受关注程度、民意的敏感性、网络平台的传播力、网络舆论的价值元素。

一、网民表达的愿望

参加社会交往、发表意见和思想，以及表达自己对相关事件的态度和看

① 程洁：《复杂网络框架下的舆论动力学》，博士学位论文，北京：北京师范大学，2010 年，第 17-23 页。

② 周蔚华、徐发波：《网络舆情概论》，北京：中国人民大学出版社，2016 年，第 9 页。

法是人类生存的必要条件之一，也是人的一项基本权利。网民是互联网的主体，参与社交和表达观点是他们上网的首要驱动力。著名学者方兴东带领的团队研究了互联网50年的演进历程，总结出其中蕴含的基本规律和核心趋势的第一条就是："互联网带给人类最大的价值与意义在于网络社会新的内在价值观和文明观，就是崇尚自由、平等、开放、创新、共享等内核的互联网精神。更具体地说，就是自下而上赋予每一个普通人以更多的力量：获取信息的力量，参政议政的力量，发表和传播的力量，交流和沟通的力量，社会交往的力量，创造与创业的力量等。全球史视野下的互联网史论，同样也是一部互联网精神发展史。"①

学者毕宏音曾经系统地总结了我国网民的九大心理特征："第一，渴求新知；第二，猎奇探究；第三，彰显个性；第四，娱乐时尚；第五，减压宣泄；第六，跟风从众；第七，追求平等；第八，渴望创新；第九，自我实现。"②喻国明则仔细研究了网民中年轻群体心理场域的特征，他认为，网民中年轻群体上网时首要的心理特征是："话语表达和社会参与需求强烈、观点上标新立异。"其他心理特征则是从属于第一特征的次要特征，主要包括："从'维护正义'到参与监督，从'清议'到'实地调查'；观点重于事实本身，'有主张，少论据'；言论感性化、情绪化；群体极化效应明显，群体感染性强。"③

网民表达的愿望是网络舆论内部动力的主体，决定这个动力强度的主要因素包括：网民主体的知名度、影响力、公信力和价值观。这四个因素决定了网民在网络空间中的地位，是衡量他们在网络空间话语权大小的重要标志。知名度主要由个人声望、个人成就、支持率和粉丝数量决定。影响力主要是指其所发内容对他人产生影响的程度，主要内容包括其所发布的事实、阐述的道理、传达的情感、体现出来的审美能力等，影响力的大小主要由其所发布内容的重要程度、转发量、阅读量、点赞数、被评论的程度等决定。目前，清博大数据专门开设了一个"榜单"栏目来区分不同账号的影响力，"每天更新前一日的网络账号排名，比如微博榜单、微信榜单、政务百家号榜单等，根据不同平台账号设置的特殊性来选取考核指标，已经形成了一套

① 方兴东、钟祥铭、彭筱军：《全球互联网50年：发展阶段与演进逻辑》，载《新闻记者》，2019年第7期，第24-25页。

② 毕宏音：《网民心理特征分析》，载《社科纵横》，2006年第9期，第38-39页。

③ 喻国明：《网民年轻群体心理场域的若干特征分析》，载《新闻与写作》，2013年第11期，第79-80页。

完备的传播指数评价体系”[①]。公信力在《现代汉语词典》第五版中的解释为“使公众信任的力量”，公信力的基础是“信任”，信任是指“在一个社团之中，成员对彼此常态、诚实、合作行为的期待，基础是社团成员共同拥有的规范，以及个体隶属于那个社团的角色”[②]。笔者认为，公信力在这里指的是网民在网络上公开表达的言论中所体现出来的、能够在公平、正义、效率、人道、民主、责任等方面获得其他人充分信任的力量，其核心要素是社会责任意识。价值观是指网民在网络上公开表达的言论中所体现出来的人生观和世界观，这些人生观和世界观反映了他们对于世界认知的程度，能够对他人产生重要的导向作用。

网络舆论是网民群体集体行为的结果，每一个参与网络舆论事件讨论和传播的个体都做出了不同程度的贡献。根据网民个体知识能力的不同、表达观点意愿的不同，网民可以分为五种不同层次的群体：极度活跃群体、比较活跃群体、一般活跃群体、观望群体和惰性群体。前三类群体是指网络上俗称的“网络大V”“网络中V”“网络小V”，观望群体和惰性群体就是网络上俗称的“吃瓜群众”和“沉默的螺旋”。这里的“群体”指的是参与某一网络舆论事件讨论和传播的网民群体，也指在网络空间里的“群”成员，可以是QQ群、微信群、抖音群等社交媒体平台里有比较固定成员的群，也可以是经常参与其他实体机构所建网站的活动的一群人。

联合国《公民权利和政治权利国际公约》明确规定“人人有自由发表意见的权利”，这条规定的基础是：人的思想是不能被强制的，说话的权利是不能被压制的。但是，表达权并不是绝对的权利，对表达予以适度限制也是必要的。《中华人民共和国宪法》第五十一条规定：“中华人民共和国公民在行使自由和权利的时候，不得损害国家的、社会的、集体的利益和其他公民的合法的自由和权利”，这就是对表达权的法定限制，限制也是有标准的：尊重他人的表达权，而又不滥用自身的表达权，“己所不欲，勿施于人”，尊重他人的表达权就是尊重自己的表达权。

截至2020年6月，我国网民规模达9.4亿，互联网普及率达67%，约高于全球平均水平5个百分点；我国移动互联网用户数达到13.19亿，占全球

① 周晶晶：《网络意见领袖的分类、形成与反思》，http://media.people.com.cn/n1/2019/0619/c427924-31167412-2.html，访问日期：2019年12月3日。

② 弗兰西斯·福山：《信任——社会道德与繁荣的创造》，李宛蓉译，北京：远方出版社，1998年，第35页。

网民总数比例的 32.17%。网络视频用户规模达 8.88 亿，占网民整体的 94.5%；网络新闻用户规模为 7.25 亿，占网民整体的 77.1%，网络社交媒体，尤其是网络短视频平台成为新闻传播的主要平台，可视化新闻作品的传播效能明显高于文字作品。从年龄结构上看，20~29 岁和 30~39 岁网民占比分别为 19.9% 和 20.4%，高于其他年龄群体；40~49 岁网民群体占比为 18.7%；50 岁及以上网民群体占比由 2020 年 3 月的 16.9% 提升至 22.8%。从学历结构上看，初中和高中/中专/技校学历的网民群体占比分别为 40.5% 和 21.5%；受过大学专科及以上教育的网民群体占比为 18.8%。从职业结构上看，我国网民群体中，学生最多，占比为 23.7%；其次是个体户/自由职业者，占比为 17.4%；农林牧渔劳动人员占比为 15.3%。从收入结构上看，月收入在 2001~5000 元的网民群体占比为 32.6%；月收入在 5000 元以上的网民群体占比为 24.2%；有收入但月收入在 1000 元及以下的网民群体占比为 21.0%。①

由此可见，我国网民结构存在着“四低现象”，即年龄较低、文化层次较低、收入较低、社会阅历较低。基于此可以推定：我国网民在表达意见和思想的时候，感性多于理性，态度和情绪易于走向群体极端化，行为和言语易于走向集体无意识。

古斯塔夫·勒庞认为“受众群体”在智力上总是弱于“孤立的个人”，“所有的群体无疑总是急躁而冲动的”，个人意见在群体中“易受暗示和轻信”，在情绪上会更“夸张”和“单纯”，在行为上会更趋于“偏执、专横和保守”。②郑杭生认为：“集合行为是人们情绪感染的结果，群众的特征表现为有意识的人格已经消失，无意识的人格占据主导地位，情绪和观念的感染、暗示的影响使群众心理朝着某一方向发展并将具有暗示的观念立即转变为行动的倾向。”③关于群体极化现象，凯斯·桑斯坦在《网络共和国》一书中认为，“群体极化的定义极其简单：团体成员一开始既有某些偏向，在商议后，人们朝偏向的方向继续移动，最后形成极端的观点……在网络和新的传播技术的领域里，志同道合的团体会彼此进行沟通讨论，到最后他们的想法和原先一样，只是形式上变得更极端了”④。“有证据显示，在网上发生群体极化倾向

① 中国互联网络信息中心：《第 46 次中国互联网络发展状况统计报告》，http://www.cnnic.cn/gywm/xwzx/rdxw/202009/W020200929343125745019.pdf，访问日期：2020 年 10 月 3 日。

② 古斯塔夫·勒庞：《乌合之众》，冯克利译，北京：中央编译出版社，2005 年，第 19-33 页。

③ 郑杭生：《社会学概论新修(修订本)》，北京：中国人民大学出版社，1994 年，第 185 页。

④ 凯斯·桑斯坦：《网络共和国》，黄维明译，上海：上海人民出版社，2003 年，第 47 页。

的比例，是现实生活中面对面时的两倍多。”①当前网络环境感性多于理性、整个社会处于转型期的双重背景下，“公众的狂欢是上瘾的、孤独的；愤怒是有名义的、少证据的；情感是脆弱的、善变的、幼儿化的”②。

在网络表达愿望实现的过程中，托马斯定理常常起着一定的作用。社会学家托马斯认为，“如果人们把某种情境定义为真实的，那么这种情境就会造成真实的影响”③。也就是说，社会情境会影响个体的行为，最终又形成集体效应，改变个体的行为。因为人们的行动不光是受客观环境的影响，而且更多地受到主观判断的影响。如果人们把某种情境定义为真实的，那么这种情境就会造成真实的影响。所以，知道人们实际上怎样想，要比知道他们所想的内容是什么更重要。

这一点与罗伯特·默顿(Robert K. Merton)提出的“自我实现预言”非常相似。“自我实现预言”指的是人们先入为主的判断，无论其正确与否，都将影响人们后来的行为，以至于这个判断最后能够真正实现。换句话说，一个其实是错误的预言，当它被宣称为正确的时候，它可以影响人们的判断，或者出于担心害怕或者出于不明真相，人们的行为会促使这个原本错误的预言变成“正确”的。“自我实现预言”往往对好的预言的实现缺乏效力，但是对于坏的预言的实现则后患无穷。

在网民表达愿望的动力考察中我们发现，托马斯定理和“自我实现预言”动力的主要机制是：当网民渴望好事情发生时，会倾向于找寻符合该期望的正面网络讯息，而那些正面讯息又诱发网民找寻更多的正面讯息，这会让网民变得越来越乐观和充满自信，行为上也变得更积极。相反，如果网民越担心坏事情的发生，越会留意负面的网络讯息，负面讯息越多，网民心情越加焦虑不安，表现出行动消极、被动或过度保护自己等行为特征，结果导致网络舆情负面事件越来越多。

二、公共事务的受关注程度

公共事务是一个与“私人事务”相对的概念，主要包括公共事业、公共物品和公共服务，指的是为大多数社会成员的共同利益提供服务的、各种事务的集合体，体现了公众的共同受益的特征。它具有社会普遍性、公益性、共

① 凯斯·桑斯坦：《网络共和国》，黄维明译，上海：上海人民出版社，2003年，第51页。

② 胡百精：《中国危机管理报告(2008—2009)》，北京：中国人民大学出版社，2009年，第7页。

③ 同①，第73页。

享性、多样性、层次性五个特点。公共事务涉及政治、经济、文化、科技及其他各项社会活动，主要目的是满足社会公众的利益，使社会群体成员普遍受益，它不以营利为目的，具有强烈的公益属性。由于社会公众对公共事务的需求存在着一定的差异性，这就决定了公共事务的质与量存在着一定的差异性；由于社会公众的兴趣与偏好千差万别，这就决定了公共事务形式是丰富多彩的。就内容而言，公共事务种类繁多、内容广泛，易受人群关注并引爆网络舆论，比如政党政治、军事冲突、经济兴衰、文化思潮、教育卫生、社会保障、环保交通等部门事务一旦发生变化，就会在网络上传播开来，被网民普遍关注、讨论，如果具体事件受关注的程度高，就会形成高热度的网络舆论。就地区而言，公共事务可分为全球性公共事务、全国性公共事务和地方性公共事务等，根据信息接收的接近性原则，不同范围的公共事务受关注的程度有一定的区域性差异。从网络舆论的角度来讲，全球性公共事务主要是指引起全球普遍关注的网络舆论事件，同理，引起全国普遍关注或区域性关注的就是全国性或地方性的公共事务。例如：中美贸易战网络舆论受到全世界的关注，舆情的浓度和撕裂程度与事件本身的矛盾性相一致，是一种全球性的高关注度的网络舆论；而2015年“8·12天津滨海新区爆炸事故”的舆论关注群体主要是全国性的，2019年10月10日的“无锡高架桥侧翻事故”舆论的关注群体主要是地区性的。当然，因为网络舆论的互联网特性，不能简单以现实空间的区域划分模式进行全国性或地区性的归类，而主要是看这个网络舆论事件的影响范围。

网络舆论重点研究的是网民在网络空间所表达出来的态度问题，可以使用李克特量表进行测量公共事务的受关注程度，可以分为非常高、很高、高、一般、不高五个层次。影响其评价指标的主要因素有：事件本身的敏感度、媒体报道的力度、网民的关注度、阅读量、跟帖量、转发量、对社会影响的程度等。网络舆论的动力研究很难进行精确量化，所以，其主要目标不是为了量化而量化，而是为了衡量公共事件受到网民关注的程度、有效引导网络舆论的良性发展、减少不良事件对社会的影响，从而达到维护社会稳定、进行人文关怀、促进人类社会和平发展的目的。

三、民意的敏感性

民意一词历史渊源悠久，在中国古代是“民心”的同义词，意指“民众的意愿”，主要是在政治治理的语境下使用，主观上为当政者的政治目的服务，客观上缓解了阶级之间的矛盾冲突，减轻了被统治阶级的政治压力，如《庄子·说剑》：“中和民意以安四乡。”《汉书·杜周传》：“宜修孝文时政，示以俭约宽和，顺天心，说民意。”

西方的“民意”概念与中国有一定的区别。“西方的 Public Opinion（民意）一词出现在欧洲的启蒙运动时期，其含义对应于我国的‘舆论、舆情、群意’等词的意义。现代民意的研究发端于 20 世纪 30 年代现代调查技术出现的时期，它是在统计学、心理学、社会学等诸多学科的滋养下，得以逐步成长和发展起来的”。[①] 当时，西方民意的含义主要在政治学、经济学和社会学的语境下使用，客观上促进了西方民主政治、自由经济体制和社会学人文关怀的发展，也成就了新闻传播学客观主义原则的兴起。后来的研究传统变得多样化，主要有五种代表。第一，以哈贝马斯的著作为代表的政治学传统，主要目的是增进民众的智慧，对政治现象作出理性的判断。第二，以李普曼和麦克卢汉为代表的实用主义传统，帮助人们理性应对复杂社会系统中的复杂现象，客观看待新闻舆论的本质，客观应对政治议程中的诸多议题和条文政策。第三，社会学传统，主要研究社会制度对个体所施加的影响，研究目的是促进社会整体的和谐发展。第四，调查研究传统，将民意作为一种测量对象，通过有代表性的样本测量人们对于某些问题的看法。第五，社会心理学传统，主要研究人们对有争议性议题的意见分布。

民意的敏感性主要有两层含义：其一是指网民迅速、准确地识别网络舆论事实真伪和价值的感觉程度；其二是指网络迅速、准确地反映现实社会民意的能力。民意的敏感度同样很难量化，它是网民在网络舆论实践过程中积累起来的一种独特的能力和经验，是一种顿悟式的思维活动，对于网络舆论工作者来说，这是一种特殊的职业敏感，这种敏感度的强弱直接来自网络舆论烈度的强弱和浓度的高低，是网络舆情处置成败的关键性因素。从第一层含义上理解，民意的敏感性决定了网民参与网络舆论讨论的可能性的大小，以及参与程度的高低；从第二层含义上理解，敏感性能让网络舆论工作者迅速判断某一网络舆论的社会影响力，考验网络舆论工作者的决策能力。从网民的角度出发，其关键性要素主要有三个指标：快捷性、准确性、灵活性。即：能否十分迅速地捕捉现实世界正在发生或者即将发生的最新变化；能否从纷繁复杂、变化着的事件中准确判断出其发展规律和价值含义；

① 方建移：《民意研究：理论、方法与应用》，北京：中国社会科学出版社，2015 年，第 2 页。

在作出判断和应对的过程中能否不拘泥于“固定成见”式的思维模式和刻板印象。

四、网络平台的传播力

在网络平台的研究过程中，传播力和影响力是一对司空见惯的孪生兄弟，这里的传播力包括传播的能力和传播的效果，是网络平台所拥有的、比较固定的、能够使之所承载的信息向外传播并且产生一定影响的传播能力；影响力指的是网络平台所拥有的、比较固定的、能够对网民和其他传播平台产生一定影响的能力。传播力的核心要素是内容，影响力的核心要素是价值，传播力决定着影响力，影响力反作用于传播力。

与传统媒体不同，网络平台是一种平等化的传播平台，传播是在一种相对“平等”的基础上所建立起来的点对点传播或点对面传播，经过了传统传播领域中“阶层”的过滤，使不同代际、不同性别、不同地区、不同人群之间的传播在结构化的网络空间自由传递；网络结构的联通性、博弈性和动态性减少了传播过程中的传统障碍，形成了彼此靠拢、差距缩短的全局性建构。网络平台之间、网络平台与管理者之间的多种“协商”机制能够公开、透明地解决传播过程中遇到的一些棘手问题，超越了传统社会结构中的诸如政策法规、“条块分割”的固化板块结构，使得网络平台传播的内容超越“熟人社会”的限制，进入一种全新的、以信息化为基础的“网络社会”空间，焕发出了新的能量，形成了“既熟悉、又陌生”的信息传播与互动模式，解决了信息传播与接受渠道中的物质隔阂问题。

网络平台的传播力和影响力的基本要素主要有：平台公信力、平台属性、平台制度、平台技术水平、平台价值量、平台凝聚力等。平台公信力指的是值得网民信任的能力，主要包括诚信、公平、正直、不偏不私；平台属性指的是网络平台的归属和性质，一般而言，公共性平台的威信高于商业性平台、政府平台的威信高于个人平台和一般单位平台、口碑好的平台威信高于口碑差的平台。很显然，高质量属性的网络平台的传播力和影响力要高于低质量属性的网络平台；制度完善合规、科技水平高的网络平台的传播力和影响力高于制度不完善、技术水平低的网络平台；价值量高的平台的传播力和影响力高于价值量低的平台，追求高附加值是大多数网民的自然愿望之一；凝聚力是作用于平台所有用户的，并且能够促使其自愿参与平台活动的力量，这种力量能够促进平台成员愿意分享平台共同的目标、分担各自的责任，形成友好的合作氛围，所以，凝聚力的高低也是衡量网络平台传播力和影响力的一个重要因素。

五、网络舆论的价值元素

网络舆论价值是指网络舆论本身所蕴含着的能够引起网民普遍关注的价值，以及其传递主流价值观的能力。它是激发网民价值感、选择传播内容的主要依据。它的基本属性主要包括网络舆论传播的时效性、重要性、显著性、接近性、真实性和趣味性等，这些属性属于客观属性。网络舆论所蕴含着的价值属性越多，其传播的动力就越强。

除了上面这六大客观要素外，网络舆论信息本身所蕴含着的满足公众的利益诉求也是其要素之一，属于主观因素，包括经济利益、安全需求、伦理道德、公正性、审美性和荣誉感等。

勒温早期的动力心理学研究了人与环境之间的关系，他认为："关于成功与失败，欲求水准、智力、挫折等实验，愈来愈使人信服地证明，一个人为他自己所设立的目标，深受他所属或希望所属团体的社会标准的影响。"①在网络舆论研究的过程中发现：关注某一网络舆论的网民之所以乐于受其蕴含着的价值的影响，主要原因是，这些舆论能够为他塑造一种足以引起他参与兴趣的认知环境，并且在这种认知环境中受到影响，寻找到个人的目标和价值归属感。所以，网络舆论的价值也就自然而然地成为网络舆论动力的要素之一。

第三节　网络舆论动力的外部要素

网络舆论动力的外部要素需要放置在传播学范围之外的其他学科进行研究，外部要素没有内部要素那么具体、集中，它具有范围广、宏观性强、情况复杂的特点，但是，这些要素往往是催生网络舆论的重要动力，研究它可以使用更宏观的视野，高屋建瓴地处理我们在现实工作中所遇到的具体问题，尤其是在当前世界一体化进程加速的背景下，外部动力往往会起着催化剂的作用。在当前社会形式下，网络舆论动力的外部要素是网络舆

① 王娜：《基于团体动力学理论的远程教育学习小组研究》，载《湖北大学成人教育学院学报》，2011 年第 4 期，第 36-37 页。.

论生成的必要条件，主要包括社会心理、意识形态趋势、政治斗争的驱动力、大数据信息技术发展的驱动力和世界一体化过程中价值观的互相碰撞等。

一、社会心理

社会心理主要是指在一个特定的时期内，社会及其群体中普遍流行的一种社会心理状态，这种心理状态构成了整个社会的情绪基调、心理共识和价值取向。社会心理是一种低水平的社会意识，具有不定型性、不系统性和自发性的特征，它的反映形式主要表现为情绪、风俗、观念、冲动、成见等。社会心理是社会存在的一种集体性的心理现象，它是在主体内部经历一个完整的过程之后表现出来的社会现象。当这种社会现象以语言的形式表现出来的时候，就是一种社会舆论，反映着社会舆论的指向。网络具有聚集效应，当大多数网民通过网络平台进行语言表达的时候，就成了网络舆论，形成了网络社会心理。一定社会心理的形成是一种主观的、循着一定的思维定式的、潜移默化演进的过程，在这个过程中，传播的互动和舆论生态环境会产生重要影响。例如：人们对异国他乡的印象和想象，对某种社会思潮的普遍感受和理解方式等，都会不同程度地受到传播互动和舆论生态环境的影响。一般情况下，社会心理普遍存在于人们的生活情绪、心理感受、处事态度和诸多的言语习惯之中。它的主要特点是：看似自发的、零乱的、在不经意过程中形成的，实质上是在社会中的每个成员在交流互动的过程中逐渐形成的，需要一定时期的累积，形成之后会继续处于变化的过程之中。社会心理一定程度上反映着社会的精神风貌，表现出比较固定的情感倾向性，它以情绪、意愿、习惯、风俗等多种形式存在，具有广泛性和群众性。社会心理一经形成，就具有一定的相对独立性、稳定性和广泛的群众基础，对于政治、经济、文化和科技的发展具有一定影响力。

社会生活实际决定着人们的社会心理状况，现实生活的种种迹象不断刺激着人们的理解力与感受力，逐渐促成一定的社会风气，产生相应的社会心理。社会心理是对社会生活的一种初级的、直觉性的反映，它的高级形式就是社会意识。社会意识比社会心理稳定，同样存在于人们的感情、风俗、习惯和文化之中，但是，它已经脱离了直觉性的、初级的形式，并且上升为意识形态，如道德、宗教、思潮、艺术等。意识形态的高级形式就是思想体系，思想体系深受政治体系的影响，政治体系又深受经济体系的影响，它们之间的关系如图 2-2 所示。

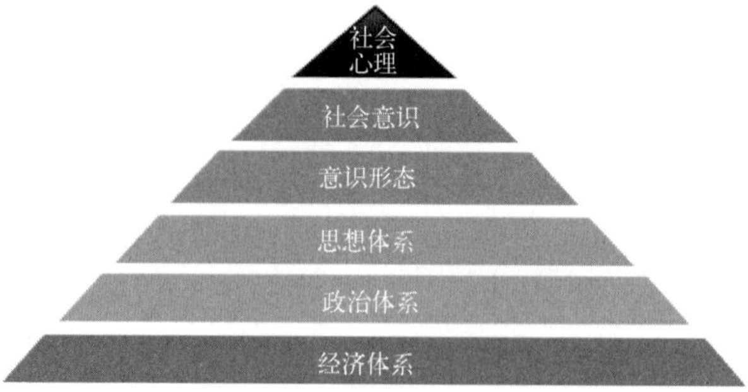

图 2-2　意识形态、思想体系、政治体系的关系

社会心理是形成网络舆论动力的一个重要源泉。从社会心理产生的源头来看，它源于社会现实，又是形成社会意识的基础，并且能够通过社会意识影响思想体系。社会心理主要有从众心理、求真心理、同一性心理、羊群效应、皮格马利翁效应、刻板印象、心理的群体极化现象等。社会心理是网络舆论的一种速度快、灵敏度高的催化剂，一旦某一事件触碰到了人们的某种社会心理，就会立刻被广大网民迅速关注并进行讨论，形成飓风效应，把舆论推向高潮。主要原因是社会心理所涉及的人群非常庞大，人数众多。社会心理的认知门槛很低，不需要太高的文化和认知能力，基本上属于大众文化的范畴之内，处于认知金字塔的底层，具有直观性、普遍性、易接受性的特点，容易形成“群盲现象”，比如追求享乐心理、恐惧心理、仇富心理等。

通常情况下，人们在讨论的过程中很容易情绪激动，并且互相感染，产生情感叠加，把网络舆论推升到空前爆裂的程度。社会心理也是网络谣言和网络流言很容易诞生的场域，“谣言止于智者”而不止于“盲众”的主要原因有两个，其一是多数人的识别能力差或者不愿意付出努力去识别，宁愿相信“大多数人”的态度和观点；其二是因为社会心理的复杂性和非系统性，一般人很难从中抽象出基本规律或基本原理，这样就增加了识别的难度。所以，网络谣言往往就是利用人们的某种社会心理在网络上肆意传播，只有通过法律手段，从源头惩罚造谣者才能得到有效治理，而流言的产生常常是因为在信息传播的过程中出现了信息损毁、信息冗余或信息扭曲，很难根治。

二、意识形态趋势

意识形态(ideology)是社会意识中非常重要的一种观察、理解现实世界的集合性观念形式。社会意识是社会存在的总体性的观念汇聚，它建立在一定社会的经济基础和社会心理状态之上，对现实社会的政治、经济、文化、科技等产生重大影响。意识形态是社会意识中最集中、最有鲜明特征的观念、意见、情绪、思维和概念的总和，对政治法律、思想道德、文学艺术、宗教、哲学和其他社会科学等具有重大影响。在世界一体化加速的时代，在“扁平化”传播模式的网络空间，意识形态方面的网络舆论越来越显示出非同寻常的能量。在网络舆论演进的过程中，社会心理争论的最终形式就是其背后的意识形态的斗争，在国际网络舆论传播的过程中，我们能够或明或暗地发现不同意识形态斗争的影子。网络上意识形态斗争反映的是隐藏在意识形态背后的社会经济形态、政治制度、思想价值观念体系的冲突。以往现实社会的意识形态斗争的表现形式都星散于诸如政治、经济、文化、科技等各个领域、各种物理空间中，很难在短时间里聚集在一起激发出巨大能量而形成质变；网络空间里，传统社会物理空间障碍的影响几乎不复存在，以网络信息(尤其是网络舆论)为载体的意识形态斗争可以快速集结起巨大能量而迅速形成“短兵相接”式的面对面斗争，受不同意识形态影响的网民也纷纷在各自的“群”空间、各自利用的网络平台发表看法，形成蔚为大观的区域性的或者世界性的网络舆情，进而形成区域性的、世界性的网络舆论。基于这些现象，可以说，意识形态的发展趋势是激发网络舆论的内核性动力之一，尤其是具有世界性影响力的大规模网络舆论，比如美国的种族歧视舆论、美国大选舆论、孟晚舟事件舆情等，事件的主要动力均起源于其背后隐藏着的网络意识形态之争；在世界范围内考察，网络舆论激烈的地方往往是意识形态斗争趋势复杂多变的地方，比如中东问题、“颜色革命”问题。网络空间的意识形态斗争往往是跨越国界的，其表现形式就是网络舆论高发，网络舆论背后有组织严密的“推手们”在精心预谋、策划、指挥，直至收场。基于这一点，我们可以得出一个结论，网络空间的安全不仅仅靠技术领域，也包括思想领域；不仅仅要靠网络空间物理形式的安全，也包括思想意识形态的安全。

网络意识形态趋势反映了这种意识形态所依存的生产关系结构，以及由于这种结构所形成的各种社会矛盾和社会冲突。矛盾和冲突是非常重要的社会动力源，这种动力源的重要源头就是：现存社会框架里不断孕育出具有创新性和革命性社会因素，新的社会因素会产生变革旧社会结构模式的力量，推动社会向前发展，建立起新的经济制度、政治制度和文化制度，在这个过程中，会产生新意识形态的萌芽，并逐渐强大起来，为建立新的经济制度、政治制度和文化制度提供新思维、新模式，然后成为维护新制度的意识形态的重要力量。所以，归纳起来，网络空间的舆论斗争其实就是新与旧、先进与落后、健康与腐朽、科学与愚昧之间的较量。

三、政治斗争的驱动力

政治斗争(political struggle)历史悠久，它是权力主体之间为了获取和维护自身利益而发生的、各种不同性质和不同程度的矛盾与冲突的综合形式。"政治斗争是政治冲突的一种形式。它是指各政治主体之间基于自身的利益要求，为实现特定的权利而围绕公共政治权力所产生的冲突性甚至对抗性的互动行为。"①它是人类政治生活中普遍存在的现象，是阶级利益矛盾和冲突的必然反映，主要表现为政治罢工、游行示威、议会斗争和武装斗争等，其中以武装斗争为最高形式，它的中心问题是国家政权问题。政治斗争的根本属性是为了维护权力主体的多种利益，主要包括经济权利、社会权益、文化和意识形态方面的权益等。

政治是权力的主体，政治斗争是获得支配权和反支配权的主要形式，具有强制性、支配性和互动依存性。政治是以经济为基础的上层建筑，是以政治权利为核心的各种社会活动和社会关系的总和。与古代政治截然不同的是：现代政治是以近现代国家的现实情况为基础发展起来的，具有浓厚的市民社会特色，民主政治理念得到一定程度上的普及。经济生活对现代政治生活产生了重要影响，现代政治斗争的根本目的是维护政治集团的经济利益，因为政治斗争的主体需要从经济中寻求合法性支持，并且需要在思想上建立自己的主导地位。因此，政治斗争通常和经济斗争、思想斗争紧密结合在一起，其主要表现形式为：舆论斗争、经济制裁、政治罢工、游行示威、议会斗争、武装冲突等。有公开的，也有秘密的；有合法的，也有非法的。政治斗争也包含了国际事务的矛盾和冲突，主要形式包括反对帝国主义、霸权主义、殖民主义、种族主义、强权政治、意识形态渗透，以及防御外国势力颠覆活动等方面的斗争。

---

① 王浦劬等：《政治学基础》(第四版)，北京：北京大学出版社，2018年，第133-134页。

在全球化浪潮和互联网的影响下，世界变成了“地球村”和“网络共同体”。由于互联网信息储存量超级大、信息处理快速高效、互动性强、使用成本低廉、使用者众多、个性化程度高，以及信息传播几乎不受空间限制、信息的价值能够多次整合利用、信息交换能以多种形式存在，传统政治斗争形式被运用到网络空间，政治斗争的驱动力除包括经济斗争和思想斗争，还增加了技术斗争。政治斗争成为当前网络空间安全的重要议题之一。网络空间安全不仅包括数据安全和黑客病毒之类的技术问题，也包括内容生产和思想渗透的问题。一些政治势力为了实现政治目的，不择手段地把传统社会政治斗争的手段复制到互联网上，其主要表现形式就是掀起网络舆论，进行意识形态渗透和网络社会运动，沿着“从线上到线下”的路径，实现政治斗争的目的。所以，政治斗争的驱动力成为网络舆论的主要动力之一。

网络政治斗争集中在网络舆论事件中，主要有三种形式：网络集体动员、网络社会运动和网络革命。网络集体动员，就是利用网络，组织多人参与网上行动的对抗性政治活动。这种斗争的形式多种多样，有短暂的也有持久的，有制度化的也有临时性的，有和平性的也有破坏性的，有组织内部成员发起的也有利用外部成员发起的，有专业成员的也有临时征募的，有利用公共网络公开的也有利用暗网暗中组织的。这种网络集体动员的基本套路就是通过暗中操控和网络动员，把一些正常的集体事件诱导成一场线下和线上互相呼应的网络社会运动或者网络革命。一场正常的游行示威活动或者一场普通的球赛都可以演变成一场革命。当前流行于发展中国家和欠发达地区的、在各国各地区持续不断发生的各种“颜色革命”就是典型案例。

网络社会运动是在网络集体行动的基础上发展起来的，这种具有明显对抗色彩的政治活动在时间上比较持久，组织化和制度化程度高，积累到了一定程度，就顺理成章地演化成网络社会运动。正如西德尼·塔罗所说：“持续地开展集体行动以与强大的对手相互作用，这是社会运动与早期的斗争形式不同的标志。”①

网络革命是一种有大规模网民参与的，以图谋某些国家政权或社会形态发生根本性变革为目的的网络极端活动，它以网络集体行动为基础、以网络

① 西德尼·塔罗：《运动中的力量》，吴庆宏译，北京：译林出版社，2005年，第122页。

社会运动为主要形式，当网络舆情事件的主体在舆情应对过程中出现严重失误时，网络社会运动就会迅速升温，继而演变成网络革命。曾经发生在突尼斯、埃及、乌克兰、格鲁吉亚、利比亚等国家政权的颠覆事件就是经过了这样的三个阶段。

随着世界一体化进程的加速和互联网全球化的快速发展，一些发达国家的政治野心也在不断膨胀的过程之中，他们试图把对自己国家的控制力和对传统敌对国的控制行为转移到全世界的范围。借助于互联网信息技术的帮助，他们的国家权力的控制范围与膨胀程度已经超越了传统地理空间的限制，通过网络文化和网络意识形态渗透等非传统的控制方式延展到其他发展中国家和组织；与之相应的是，发展中国家和组织的政治对抗形式和规模也在不断变化和提高的过程中。这些网络对抗或斗争的现象在全世界对抗性网络舆论发展的过程中都留有鲜明的印记。

四、大数据信息技术发展的驱动力

大数据(big data)信息技术已经无处不在，不仅给人类社会带来了技术变革、商业变革、管理变革，还带来了思维方式的巨大变革。它的主要特征是：数据容量超级庞大(volume)、运行速度超级快(velocity)、种类繁多(variety)、低成本创造高价值(value)、数据的真实性强(veracity)、数据结构复杂(complexity)，这六大特征被应用于生活的各个方面，可以预测犯罪、疾病、选举结果、城市规划、商品价格、地区冲突、舆情发展趋势等。这六大特征决定了大数据信息技术具有更强的决策力、洞察力和流程优化能力，可以精准地适应全球一体化时代带来的海量的、高增长率的、多样化的信息资产处理的需求。

大数据信息技术给网络舆论所带来的驱动力主要表现在以下几个方面。

1. 大数据信息技术本身强大的驱动力加快了舆论生产和治理的速度

大数据信息技术不仅仅是一种工具，它还是一把“双刃剑”，既是麻烦的制造者，也是麻烦的消除者，关键看这项技术掌握在谁的手中。大数据是当代商业发展、政治治理、社会发展的一种重要战略资源，已成为全球争相抢夺的新焦点，建设信息化强国的核心技术、核心资源成为各国争相追求的新目标，特朗普政府2020年发起的以国家安全为由的驱逐或封杀 TikTok 事件就是一个典型案例。大数据信息技术与云计算技术、物联网、移动互联网等新兴计算形态的紧密结合，给世界带来了革命性变化，包括随之而起的数据挖掘、数据管理、机器学习和人工智能等相关技术，会改变数据世界里的很多算法和基础理论。数据科学成为一门专门的学科，将带来科学理论的重大突破。这种变化会对很多科学研究、政治发展、社会治理、思想意识、经济发展等产生深远影响，相伴而生的各种激烈话题会成为网络舆论的热点，推动网络舆情事件和网络舆论研究的发展。

2. 大数据信息技术改变了人类思维方式，也催生出前所未有的网络舆论形式

大数据时代“一切皆可量化”和数据价值“取之不尽、用之不竭”的理念给人类思维方式带来颠覆性变化。“因为不受限于传统思维模式和特定领域里隐含的固有偏见，大数据才能为我们提供如此多新的深刻洞见。”①“大数据时代将要释放出的巨大价值使得我们选择大数据的理念和方法不再是一种权衡，而是通往未来的必然改变。”①其中，大数据信息技术给我们带来的一种改变就是：网络世界普遍存在着的相关关系代替了传统社会的因果关系，事件之间的联系不再是以因果关系为主，而是以相关关系为主。“相关关系是客观现象存在的一种非确定的相互依存关系，即自变量的每一个取值，因变量由于受随机因素影响，与其所对应的数值是非确定性的。相关分析中的自变量和因变量没有严格的区别，可以互换。”②相关关系不等同于传统思维过程中的因果关系，因果关系是客观存在的、不以人们主观愿望为转移的，各种具有相关性的客观现象之间的关系，是引起与被引起的关系。它重点考察时间的序列性，原因必定在先，结果只能在后，二者的时间顺序不能颠倒，客观事物之间联系的多样性决定了因果联系的复杂性。因果关系必定是相关关系，而相关关系不一定是因果关系。“相关关系可以同时存在于两者以上之间，其中每一个自变量的改变都可能影响对应的唯一函数。因果关系只存在于两者之间，其一为因、其二为果。相关关系可以提供可能性并用于推测因果关系，但不能证明。”③这种关系的转变打开了各种奇葩的网络舆论大门，形成了各种各样的网络舆论奇观，不断改变着人们的认知方式和思维方式。在传统社会里，很难想象得到，一些北非国家、中东国家、苏联加盟共和国

① 维克托·迈尔-舍恩伯格、肯尼思·库克耶：《大数据时代》，盛杨燕、周涛译，杭州：浙江人民出版社，2013年，第94页。

② 王云峰：《统计学原理——理论与方法》，上海：复旦大学出版社，2013年，第96页。

③ 同②，第97页。

国家和南美洲国家先后发生的一些“颜色革命”问题之间会有什么因果关系。但是，在大数据信息技术的推动下，网络舆论和网络意识形态的渗透在上述国家产生了重要影响，给这些国家的舆论安全和意识形态安全带来严重风险，他们之间的相关关系特性就显现了出来，而他们的统治阶级却并没有意识到问题的严重性，依然沿用传统的惯性思维方式治理网络舆论。这样导致的结果是，一国“颜色革命”的成功就会如法复制到另外一个国家，“多米诺骨牌”效应和“示范效应”起到严重的推波助澜作用。

3. 大数据信息技术成为各种网络舆论奇观的催化剂

目前，大数据信息技术越来越多地被用于新闻内容生产、传播、接受的过程之中，原有新闻传播法规与伦理道德观念受到各种挑战，形成了很多种网络舆论奇观，网民传统的接受心理和接受习惯也受到冲击。

首先是用户的个人隐私被侵犯的问题。当前互联网上数据泄露泛滥成灾，数据的安全保障面临重大挑战，数据管理成为核心竞争力的一个难题。其次是数据入侵问题，威胁全世界网络安全的黑客问题、暗网问题，以及数据管理权限的问题已经成为国家之间、组织之间相互争论不休的话题。第三，大数据信息技术带来的一些伦理道德问题，除了隐私泄露、数据安全的问题，还有数据的删除权、存储权、使用权、知情权的问题，数据泄露、伪造、失真、失范、误导的问题。第四，数据鸿沟的问题，一部分人能够较好占有并利用大数据资源，而另一部分人则难以占有和利用大数据资源，造成数据鸿沟。数据鸿沟会产生信息红利分配不公问题，加剧群体性差异和社会矛盾。第五，面对几十亿网民浩如烟海的网络言论，网络舆情的监测和分析越来越依赖舆情大数据分析技术与平台，由此产生数据依赖的问题。网络舆论引导不应止于发布信息、引导舆论，更要重视大数据舆情的“加工能力”，通过“加工”实现数据的增值，提高人文关怀。

目前，网络舆论信息的发展空前繁荣，人们利用各种新媒体工具在网络空间发表意见，阐述观点，使很多社会话题在一段时间内成为街谈巷议的焦点。突发事件话语体系在以大数据为基础的社会化媒体中呈现出迥异于传统舆论的一些特征，难以控制。舆论主体的匿名性与参与渠道的广泛性、传播空间的无界性与意见汇聚的实时性、议题生成的自发性，以及舆论发展的不确定性等，导致了谣言和恐怖性言论的难以抑制。所有这些，都是大数据信息技术催生网络舆论动力的主要原因。

五、世界一体化过程中价值观的互相碰撞

当前世界一体化的进程主要表现在以下几个方面：互联网技术推动的世界交往的一体化、国际网络舆论催生的价值观念的一体化、知识经济带来的全球文化一体化，以及由于资本扩张本性而产生的经济全球化。一体化指的是逐渐趋于整体性、系统性和融合性，而不是消除差异性和独特性，差异性和独特性是整体性、系统性和融合性的基础。一体化的最终结果是无论在物理空间里还是网络空间，全世界都会联结成一个具有整体性、系统性和融合性的共同体，具有全球共治意义的命运共同体终将形成，这就像始于近代的资本主义社会运动所导致的资本全球化现象一样，成为一种大趋势。届时，消除暴力和战争，走向“和而不同”范式的和平话题将成为舆论主流。

世界著名未来学家阿尔文·托夫勒在他的《未来的冲击》《第三次浪潮》和《权力的转移》“三部曲”中提出了“文明的冲突”的概念，他把文明看成是一种作用于我们头脑、影响我们行为的一种特殊知识。所以，他把文明的冲突描述为文明的力量在人类头脑空间中形成的积累效应。他把世界权力的转移归结为三大因素：暴力、财力和脑力，预测了未来的信息战和网络的权力之争，提出了“信息权术”和“均衡权力”的概念。他用文明冲突的理论解释“我是谁”、用地缘政治的理论说明“我在哪”、用均势理论分析“我该怎么办”，为未来的网络价值观之争做了很好的铺垫。

1996 年，美国哈佛大学的塞缪尔·亨廷顿教授在《文明的冲突与世界秩序的重建》一书中重点分析了“文明的冲突”对“世界秩序的重建”的重要影响。他预测，文明冲突是未来世界和平的最大威胁，文明间的断裂带将成为未来的战线，全球政治格局正在以文化和文明为界限重新形成，并呈现出多种复杂趋势。他把世界文明分为八大主要文明，分别是：西方文明、中华文明、伊斯兰文明、东正教文明、印度文明、日本文明、拉美文明、非洲文明。他认为，在人类发展的历史上，不同文明主体之间经历了遭遇、冲击和相互作用三个阶段。亨廷顿提出了避免文明主体之间发生战争的三条原则：避免原则、共同协调原则和求同原则，提出了各文明的核心国家之间要避免干涉其他文明，可以通过相互谈判方式遏制国家间或集团间的战争，寻求和扩大与其他文明共有的价值观、制度和实践。

托夫勒和亨廷顿都认识到世界一体化的过程中必然伴随着的文明的冲突

性问题，未来世界在文明冲突的过程中必然产生世界性的权力转移和世界性的秩序重建的问题。就近代史而言，先后出现的西班牙、荷兰、英国、美国等先后掌控了世界性的权力，重建了世界秩序，把西方价值观传播到世界各地，引发了一系列西方文明主体价值观与其他文明主体价值观之间的剧烈冲突。其间所发生的各种政治危机和军事战争无不体现出严峻的价值观冲突问题，世界一体化的过程加剧了各个文明主体之间的剧烈撞击，与自然界现象一样，撞击会形成各种各样的动力体系，产生各种各样的新能量和新组合。对于各个文明主体的价值观而言，其冲突性的强度和裂度并不亚于地理空间上撕裂与重组的强度和裂度。

价值观是人对于外在世界的一种认知、理解、判断和选择，它是人认定事物真假、辨定观念是非的一种思维方式和价值取向，具有稳定性、民族性、历史性、选择性和主观性五大特点。价值观对人类的行为和动机具有重要的导向作用，反映人们对于现实社会的认知和需求状况，决定人类的自我认识，直接影响和决定一个人的理想、信念、生活态度和价值追求。

从当今网络社会的现状来看，互联网技术推动了世界交往的一体化，不同文明主体之间或同一文明主体内部之间的交往日益频繁，在相互融合的过程中产生的各种文化冲突和价值观冲突也如影随形。网络空间价值的冲突与地理空间的冲突一样，既剧烈又难以调和，“文化霸权”“价值观渗透”“普世价值”“价值观外交”“为价值观而战”“文化边界”“文明冲突”“意识形态安全”等用语在网络话语和政治话语中越来越被广泛地使用。这说明：人类侵略扩张的本性并没有消失，只不过是用价值观渗透和文化侵略的方式代替了传统的金钱利诱和武力争夺的形式而已。

文明的核心是它的价值观念，文明的深层结构是存在于其中的核心价值体系，价值体系主要是指人类在改造自然、塑造社会过程中所形成的、具有一系列规范体系的、体现独特精神特质的观念系统。价值观是文明社会的灵魂和精髓，而价值体系是文明社会的深层结构，价值观和价值体系具有强烈的民族性、历史性、稳定性，在社会生活中的地位和意义越来越受到人们的重视。

在基于互联网技术推动的世界交往一体化、全球文化一体化、经济全球化的过程中，网络空间的影响力相较于地理空间的影响力越来越大，借助网络空间的影响力，价值观的冲突与碰撞越来越激烈、多变。有宏观的冲突，如个人主义与集体主义、自由主义与共和主义、二元对立与二元统一思想等；也有微观的冲突，如存在于能源问题、粮食问题、环境气候问题、贫富分化问题、可持续发展问题、和平与安全问题等各种现象背后的各种价值诉求。

同以上分析的全球文明主体之间的价值观冲突一样，存在于同一文明体系内部的各种价值观也存在着复杂多变的冲突，如权力和利益的分配问题、法律和伦理道德问题、创新和保守问题、公权与私权问题、隐私保护问题、社会福利问题等，也是催生网络舆论的动力要素之一。价值观不但具有鲜明的民族性、历史性和稳定性的特性，还有层次性、保守性和冲突性的特质。这些问题都会集中表现在互联网上，在网络舆论的冲突中呈现出复杂多变的基本特性。

网络是人类社会一种新形态的联结方式，改变了传统社会的板块结构形式，取而代之的是立体的多维空间的组合形式。借助于各种崭新的网络信息技术而不断地呈现出多姿多彩的特征，形成各种奇异的、崭新的组合，这些奇异的、崭新的组合都会给传统的价值观念造成不同程度的冲击，引发网络舆论热点，形成众人关注的话题，催生出各种各样的网络舆情。尤其是一些具有负面影响力的网络舆论，在网络空间能迅速形成“雪崩效应”或“飓风效应”，要么导致原有价值体系的崩溃，要么给本已良善的价值观带来巨大的破坏。网络舆论里价值观的冲突，既存在着巨大的破坏力，也存在着顽强的修复能力，网络社会的价值观就是这样在不断攻击和防卫过程中，进行创新与整合，然后影响现实社会的稳定和发展。

第四节 网络舆论的传播动力

网络舆论产生的背景非常复杂，这些复杂性主要表现在以下几个方面。第一，舆论的主体构成数量庞大，结构复杂，全球40多亿网民都是这个主体的组成部分，他们是地球上70亿人群中的意见活跃群体，其中一部分属于不断创造意见、发表意见、拥有众多粉丝群体的意见领袖。第二，舆论的客体具有复杂多变性和不可预测性，人类社会的任何信息和任何活动都有成为网络舆论的可能性。第三，网络平台数量庞大、背景复杂、属性多样，具有各种各样的价值观，分别属于不同的价值体系，极易在网络上产生价值冲突。第四，网络社会的复杂多样性决定了网络舆论产生的复杂多样性，现实社会的一颦一笑都会在网络世界里显现出来，在世界走向一体化的过程中，各种矛盾和各种意见都会反复出现并叠加在网络舆论里。

尽管舆论生成的背景复杂多样，但网络舆论还是可以进行有效引导的。借助于大数据信息技术，掌握网络舆论产生、发展、变化的基本规律，进行恰当引导，使之符合人类社会发展的基本规律、服务并服从于人与社会和平发展的需要。

研究者和工作人员需要掌握多种跨学科知识、拥有宏观视野、认真积累工作经验，深刻理解并掌握网络舆论的传播动力。

一、公信力效应

《现代汉语词典》给予公信力的解释是："使公众信任的力量。"在网络舆论应对的过程中，公信力主要表现在面对网络舆论中的各种情绪、意见和态度时，涉事主体表现出来的一种责任感、正义感、公平心和处理事件的效率、人文关怀等方面的信任力。网络舆论的公信力是社会信任系统中一种新形式的基本公信力，它的实事求是、勇于负责、诚实可信的基本精神是在处置和应对网络舆情事件的过程中表现出来的。

公信力的关键在于一个"信"字，《礼记·礼运》较早地出现了"信"的叙述："大道之行也，天下为公，选贤与能，讲信修睦。"笔者考证："信"字在《尚书》中出现了 7 次，在《论语》中出现了 38 次。如《论语》中的论述："君子义以为质，礼以行之，孙以出之，信以成之""老者安之，朋友信之，少者怀之""与朋友交，言而有信""人而无信，不知其可也。大车无輗，小车无軏，其何以行之哉""千乘之国，敬事而信，节用而爱人，使民以时"。《论语》中记载：子贡向孔子请教治国之道，子曰："足食，足兵，民信之矣。"子贡曰："必不得已而去，于斯三者何先？"曰："去兵。"子贡曰："必不得已而去，于斯二者何先？"曰："去食。自古皆有死，民无信不立。"

孔子还最早论述了"公信力"的基本功能，他认为，"上好礼，则民莫敢不敬；上好义，则民莫敢不服；上好信，则民莫敢不用情"。在古代儒家的精神世界里，"信"是"进德修业之本""立人立政之本"，"信"是安身立命的"五常"之一：仁、义、礼、智、信。"信"对中国古代政治组织和其他社会组织产生了深远的影响，要求他们要以诚信为本，取信于民，"得民心者得天下"。商鞅的"徙木树信"和周幽王的"烽火戏诸侯"分别是"取信"和"失信"正反两面的经典例证。

霍布斯、洛克、马克斯·韦伯、菲兰格利、罗素、弗朗西斯·福山等人分别论述了西方社会中诚信的价值标准、政治功能、社会功能、经济功能和群体整合功能等。

网络舆论的公信力主要由硬实力和软实力两部分构成，前者包括组织的合法性、组织能力、动员能力和执行能力，后者包括组织的诚信能力、分析预测能力、公共关系能力、形象塑造能力和权威性。

公信力在网络舆论传播中的基本规律主要表现在以下几个方面。

第一，组织的公信力越高，爆发负面网络舆论的概率越低，产生正面网络舆论的概率越高。这里的“负面网络舆论”指的是由负面事件产生的具有对社会现实和网络舆论生态均构成伤害和消极影响的舆论；而“正面网络舆论”指的是由积极的、正面的事件产生的对社会现实和网络舆论生态带来进步和积极影响的舆论。

第二，公信力越高的组织处置网络舆论时，网络舆论消解的速度就越快，处置和应对的效果就越好。只要处置主体一公布真实信息并及时进行线下处理、诚恳接受舆论监督，网络舆论很快就会停止，其处置的结果能给社会和网络带来积极的正面影响。组织公信力的高低与网络舆论消解的速度成正比例。

第三，组织的公信力越高，网络舆论的热度和裂度越低，两者之间呈反比例关系。这里的“热度”指的是网络舆论参与的人数、跟帖量、转发量、评论量、情感、意见、态度聚集的质量和数量的大小、范围等。这里的“裂度”指的是网络舆论里包含的情感、意见、态度等差异性的大小，差异性越大、裂度越高，差异性越小，裂度越低。

在 2017 年的于欢案、李文星案中，由于网络舆论处置主体的权威性高，权威效应明显，网络舆论处置和应对的效果较好。在处置于欢案时，山东省公安厅、检察院、法院、公安部、最高检察院、最高法院等相继介入，各部门相互联动、各司其职，最后不但真相大白，而且处置结果合情合理，给社会和网络带来了很好的示范效应。在李文星案中，天津市政法委、公安局既针对个案进行了严密调查，又对非法传销组织进行了综合治理，对犯罪分子给予了相应的法律制裁，网民们的满意度很高，产生了良好的社会效应。

这些高层级政法机关的介入主要起到两方面作用：一是平复公众情绪，为事件后续处置奠定了群众信任的基础；二是积极调动资源、有效协调各部门积极进行舆论事件的处置，在信息公开、问题解释、事件处置的过程之中体现了实事求是、公正守信的精神。公众之所以对高层介入表示认可，其主要原因是：处置部门的级别越高，权威效应越强，公信力越高。

对于2020年的美国总统选举而言，不同媒体在不同时期公布的民调数据差距太大，民调数据失去了公信力。究其根源，在于媒体失去了独立性，沦落为美国各政党党争的工具和附庸。一些曾经值得信赖的主流媒体为了各自阵营的利益，不惜造假，制造“Fake News”；一些网络平台经常遭遇政治团体的封杀。美国宪法规定的新闻与言论自由的条款，形同虚设。

基于各种党派阵营利益的舆论，不再具有公信力，也失去了宪法赋予的崇高地位。

二、蝴蝶效应

“蝴蝶效应”在我国古代文献里很早就有类似的表述，《易经》说：“君子慎始，差若毫厘，谬以千里。”《魏书·乐志》说：“但气有盈虚，黍有巨细，差之毫厘，失之千里。”

“蝴蝶效应”本意是指在一个动力系统中，初始条件下微小的变化能带动整个系统长期的巨大的连锁反应。网络舆情传播过程中所表现出来的“蝴蝶效应”指的是，在网络舆情动力系统中，一个偶然发生的很小事件常常会导致社会上已经存在着的某些情绪、社会心理、意识形态等现象迅速引发网民的关注和讨论，从而产生连锁反应，引发一连串与之相关事件的连锁反应，直到后来迅速变成重大事件，在网络上掀起大规模的网络舆论，影响到与小事件本身并不相干的其他类型大事件的产生，对社会现实和网络舆论生态环境产生重大影响。

2010年爆发于突尼斯的“茉莉花革命”就是网络舆论传播过程中形成“蝴蝶效应”的经典案例。2010年12月17日，一名街头青年小贩在遭到城市警察的粗暴对待后自焚身亡，触发了境内大规模街头示威游行和一系列争取民主权利的活动。事件的第29天，时任总统本·阿里政权倒台，国内政治和社会处于长期动荡不安之中，形成了突尼斯革命的“蝴蝶效应”。事实上，这种“蝴蝶效应”远不止于此，突尼斯无意间成为阿拉伯国家中第一场因网民社会革命而导致现政权被推翻的国家，在阿拉伯世界形成了“涟漪效应”，埃及、约旦、苏丹、摩洛哥、也门、安曼、利比亚等多个国家的民众接着纷纷走上街头，抗议政府独裁、官员贪腐，要求民主和政经改革，不但直接导致了埃及、约旦、摩洛哥、也门和利比亚几国政府的权力更迭，也导致了这些国家和地区长期处于动乱状态、国外势力乘机渗透并进行武力干预的恶劣后果，形成了更大的“蝴蝶效应”。

对于重大网络舆论信息传播的动力而言，“蝴蝶效应”是一种比喻，一只南美洲亚马孙河流域热带雨林中的蝴蝶，偶尔扇动几下翅膀，可以在两周以后引起美国得克萨斯州的一场龙卷风。[①]这种现象产生的主要原因是蝴蝶扇动翅膀的运动引起其周边空气系统发生变化，先产生微弱的气流，在一定条件下，微弱的气流可能会引起周围空气或其他系统产生相应的变化，然后产生一个连锁反应，最后致使其他系统发生极大的变化。

当前，网络舆论动力系统中“蝴蝶效应”基本遵循以下规律：传统媒体报道或网民爆料(主要是通过微博、微信、微视频和各种客户端)—网民讨论(新闻跟帖、论坛发帖等)—形成网络舆论压力(“意见领袖”作用突出)—媒体跟进呼应、挖掘新的事实(新老媒体互动)—有关部门应对—再掀波澜(假如应对不当)—再次应对—问题得到解决—网民注意力转移—网络舆论消解。网络舆论消解之后，网络流行语、视频等娱乐化的尾巴会继续流传一段时间，形成网络舆情中的“长尾效应”。

许多网络舆论事件表面看来似乎是一种突发与偶然，其实背后往往潜藏着种种蛛丝马迹，一旦这种蛛丝马迹与现实社会中普遍存在的矛盾产生共鸣，就会形成“蝴蝶效应”，酿成重大的舆情事件，形成舆论沸点，给社会稳定带来严重困扰。

“蝴蝶效应”动力的主要形式有：“第一，传统媒体与网络媒体信息传播的互动配合；第二，网上力量和网下力量的相互呼应；第三，本地力量与异地力量、境内力量与境外力量的相互传导；第四，专家、网络意见领袖、公民记者与普通网民的意见融合。”[①]

三、网络群体极化

群体极化(group polarization)的概念最早由美国麻省理工学院的教授斯通纳·詹姆斯·芬奇(Stoner James Arthur Finch)于1961年提出，在实验过程中，他发现：“在群体决策情境中，个体的意见或决定，往往会因为群体间彼此相互讨论的影响，而产生群体一致性的结果。”[②]在社会学研究领域，“群

① 张厚远：《网络舆情传播规律研究》，见张金海、强月新：《中国媒体发展研究报告》，武汉：武汉大学出版社，2014年，第301页。

② Stoner J A F: A comparison of individual and group decisions involving risk, Master’s Thesis, Massachusetts Institute of Technology, 1961.

体极化”与心理学中的从众行为以及金融市场上常见的“羊群效应”有着极大的相似性。哈佛商学院金融系教授大卫·沙尔夫斯坦(David Scharfstein)在1990年发表的文章中认为：“金融投资者常常违反贝叶斯理性的后验分布法则，模仿其他人都做的事情，而忽略了自己的私有信息。”①他把这种现象称为“羊群效应”，现在广泛应用于金融分析学领域，它描述了一种忽略自身信息而选择从众的金融投资心理。“羊群效应”强调了个体在群体中容易迷失自我，倾向于选择相信群体其他成员普遍持有的理念，从而丧失了独立判断信息价值的能力。

在信息学中，加利福尼亚大学教授苏希尔·比赫昌达尼(Sushil Bikhchandani)把这种现象称为“信息级联”(information cascade)，是指“当人们观察到他人，并采取与他人同样的、不经过自身私人信息标记的行为。在很多情形下人们可能受到他人的影响，例如观点、产品购买、政治立场、参加的活动或者使用的技术等”②。信息级联强调的是信息在传递过程中会经过多个层级，受到多数个体的影响而形成一定的权威性，当个体接收到来自群体中的其他个体的行为信息时，会倾向于隐藏个人的信息，作出跟随的行为反应。

在社会比较理论这里，美国社会心理学家利昂·费斯廷格(Leon Festinger)认为：“当每个个体在缺乏客观评判的情况下，会利用他人作为比较的尺度，来进行自我评价，最终导致群体内的趋同行为。”③社会比较理论很好地解释了人们为什么习惯于模仿媒介中的典范行为的主要原因：为了提高个体的自信心，并以此作为个体自我完善的合理基础。美国加州大学心理学教授黛安·M. 麦基(Diane M. Mackie)后来在这一方面进行研究时发现：利昂·费斯廷格的研究角度存在着一定偏差，这种偏差就是，行为人主要和自己类似的他人相比较，这种研究得出的结论是不全面的。黛安·M. 麦基认为：“在人际交往中，人们所进行的社会比较，一方面以类似的他人为比较对象，用以确认自己与他人相类似的属性；另一方面还与不同的他人相比较，从对立面确认自己的属性，以提高自我评价的可信度，同时有利于自己的社会行为的发展，这是一种辅助性的社会比较，明智的人善于把这两方面

① David Scharfstein D S, Stein J C: Herd behavior and investment, The American Economic Review, 1990: 465-479.

② Bikhchandani S, Hirshleifer D, Welch I: A theory of fads, fashion, custom, and cultural change as informational cascades, Journal of political Economy, 1992: 992-1026.

③ Festinger L: A theory of social comparison processes, Human relations, 1954, 7(2): 117-140.

的社会比较结合起来，以完善自我评价。”[①]在利昂·费斯廷格和黛安·M. 麦基研究的基础上，社会心理学家亨利·泰弗尔(Henri Tajfel)与约翰·特纳(John Turner)在1979年提出了“三阶段演化”的社会比较理论，并以此评估信息认知和传递过程中的“自我”与“他我”的身份认同，这种社会比较理论分为三个阶段：自我分类、社会认证和社会比较。

所谓自我分类就是“指个体将自己与某一类别群组建立心理联系的过程，经过这一过程，个体就会在心理上成为这一类别的一员，并与其他同类属成员形成心理群体的关系”[②]。自我分类理论认知过程的核心是去人格化，其目的就是想方设法使自己与不属于自己的群体保持距离，或者采取冷漠与敌视的态度。

社会认证阶段是“为个体通过主观感知将自己判定为某一特定群体中成员的过程，以形成内群组与外群组”[③]。这一阶段过程的实质是：通过一系列事件的经验，逐渐强化自己先前的自我分类，坚定自己所归属的群体属性的价值观和一系列理念，并且形成模式化的行为方式来应对自己所遇到的一些事件。

最后的阶段为社会比较阶段，也是群体极化最终形成并模式化阶段。美国威斯康星大学社会学教授林恩·范·斯沃尔(Lyn Van Swol)认为：这个阶段“所形成的两个群体各自同质性加强，小团体开始形成，即群体观念极端性加剧，最终导致群体极化的形成”[④]。

当代美国哲学家凯斯·桑斯坦在解释“群体极化”效应时说：“团体成员一开始即有某些偏向，在商议后，人们朝偏向的方向继续移动，最后形成极端的观点。”[⑤]

网络群体极化的规律主要有两个。其一是信息影响规律，主要是指在群体讨论过程中，成员所提供的绝大多数信息都是支持自己观点的，因此，群体成员逐渐相信了自己观点的正确性，当意见倾向于某一个方向时，大多数论据都用来论证该观点的正确性，于是最初占优势的意见渐渐获得越来越多

① Diane M. Mackie：Social identification effects in group polarization，Journal of Personality and Social Psychology，1986，50(4)：720.

② Tajfel H：Experiments in intergroup discrimination，Scientific American，1970，223(5)：96-102.

③ Tajfel H，Billig M G，Bundy R P：Social categorization and intergroup behaviour，European journal of social psychology，1971，1(2)：149-178.

④ Lyn Van Swol：Extreme members and group polarization，Social Influence，2009，4(3)：185-199.

⑤ 凯斯·桑斯坦：《网络共和国：网络社会中的民主问题》，黄维明译，上海：上海人民出版社，2003年，第47页。

的支持。其二是社会比较规律，指的是在群体讨论过程中，不可能每一个参与者的观点都超过所有成员的平均水平，使得原来认为自己的意见比其他人更好更合理的许多成员开始放弃自己的观点，顺应了群体中业已形成的意见，产生了极端化现象，这种规律一般发生在群体成员了解了群体的一致意见时。在网络舆论动力传播的实践过程中，信息影响力和社会比较心理常常一起出现，并且是相辅相成的。

大量的研究发现，群体决策比个体决策更容易走极端。“群体讨论使群体成员所持观点变得更加极端，即原来保守的趋向于更加保守，原来冒险的趋向于更加冒险。”①群体极化具有双重意义，“从积极的一面来看，群体极化能促进群体意见一致，提高群体内聚力和群体行为的一致性。从消极的一面看，它能使错误的判断和决定更趋激化、极端”②。

在网络舆论传播的过程中，群体成员往往缺乏面对面的现场讨论和交流的直接感知过程，加上网上信息更新和交流的频繁性，他们往往没有机会去深入思考，便根据舆论领袖或群体多数人的意见进行决策。舆论的群体极化效应常常会产生非理性、过度极端的行为，严重者会演变为网络群体性事件，进而给正常的社会秩序造成干扰和破坏，例如：北非和中亚地区的“颜色革命”、国际极端势力的网络极端主义传播等。从另一方面看，舆论的群体极化也有其积极的一面，如果观点是正确的，它就能够促进群体取得一致意见，增强群体内聚力，给社会带来进步的、正面的积极影响。如果引导得当，“群体极化”效应可以提高政府等社会管理部门的应急能力，推动舆论事件的顺利解决，提高社会管理效率，例如：很多国家通过网络动员公民外出时“戴口罩”“保持社交距离”的方法有效控制住了本国疫情的蔓延趋势，世界各国的节日或纪念日的网络舆论引导活动等可以更好地促进国民认知并尊崇本国的核心价值观念。

在网络群体极化动力的传播过程中，责任分散效应、群体性压力、群体性隔膜、文化环境和群体领导者的秉性等多种因素不可忽视。

四、反“沉默的螺旋”

“沉默的螺旋”规律是指人们如果发现自己的观点与大多数人的优势意见

---

① 俞国良：《社会心理学》，北京：北京师范大学出版社，2006 年，第 136 页。

② 吴江霖、戴健林：《社会心理学》，广州：广东高等教育出版社，2002 年，第 87 页。

一致，就会积极地将它表达出来；而当他们发现自己的观点属于少数人的劣势意见时，就会保持沉默，以免被孤立甚至受到来自群体的舆论压力。其结果是，劣势意见的沉默使优势意见显得愈加强大，这又迫使更多的少数意见持有者转向沉默，或者采取从众行为。如此循环往复，便在网络舆论中形成了一方的意见愈来愈强势，而另一方愈来愈沉默下去的“螺旋”式传播过程。这里的“沉默的螺旋”研究包括“反沉默的螺旋”现象，网络上经常出现的“舆论逆转”现象就是典型的网络舆论的“反沉默的螺旋”。事实上，网络舆论的沉默现象始终伴随着反沉默的动力因素，这符合矛盾的对立统一规律，只要舆论发展到一定阶段或者某一时机成熟，反沉默螺旋的动力就会产生作用。

参与网络舆论的成员由于网络资历、知识层次以及影响力的差异，会出现话语权和意见表达能力的差异。那些拥有话语权、意见表达能力强的网络成员，便成为网络意见领袖。他们常常是优势意见的代表，对普通群体成员产生较强的号召力和影响力，在网络舆论的传播中，容易造成优势意见和劣势意见双方势力的强烈反差，网络舆论传播者往往习惯于营造这种不对称的“意见环境”来影响舆论，实现自己掌控网络舆论的目的。在网络环境中，舆论的最终形成常常不是网民们理性讨论的结果，而是由于意见环境的压力，少数成员存在着担心被孤立的心理，被迫在非理性的情况下采取趋同行为，屈从优势意见，成为“沉默的大多数”。

当然，在网络舆论传播的过程中，大多数人的优势意见并不一定就是富于理性和建设性的。当网民中少数人的意见处于劣势时，他们会暂时屈从于优势意见的压力，或者沉默，或者表面上与强势舆论保持一致，但实际上他们仍然没有放弃自己原来的观点。所以，网络舆论有时并不能代表真实的民意，其原因就在这里。

当然，“沉默的螺旋”一般不会一直沉默下去，大多数情况下会出现“反沉默螺旋”现象，这是当前网络舆论传播中经常出现的“逆转现象”，是一种很重要的舆论动力。“成都女司机被打”舆情事件可以很好地展现这种规律的过程。2015 年 5 月 3 日下午，一段拍摄于第三方行车记录仪的视频在网上疯传：男司机张某将女司机卢某拖出车外，进行残忍地踢打。腾讯视频《成都一男司机疑因刮擦把女司机拉下车后痛殴》播放量当天就突破 1000 万，网易新闻《成都一名男司机把女司机拉下车后痛殴》的跟帖评论当天超过 7 万条。

大多数网友都表示了愤怒的情绪，并严厉声讨男司机①。微博某大V针对这种现象也爆粗口："打女人的男人，直接碰死得了！"著名解说员韩乔生则写道："这种人应该终身禁止开车。"此时，理性质疑者的声音很少，部分网友发帖"想知道为啥""请小编告知真相，坐等真相"等言论被淹没在群体极化的汪洋大海之中，不少质疑者采取了"吃瓜群众"的态度，默不作声地等候警方的真相调查结果①。5月4日下午，成都成龙路派出所公布了男司机张某的行车视频。视频中张某两次被女司机卢某别车，并险些酿成交通事故。网易新闻《行车记录仪拍下成都女司机被暴打前情：连续变车道》①，这个时候，舆论发生了一些改变，部分网民继续激烈地辱骂男司机，部分网民开始客观地分析问题，还有一部分网民认为即便如此男司机张某也不至于下如此狠手。天涯论坛发帖《关于成都女司机被打一事的几个看法》中称"如果她做错了，应该会有交警来惩罚她。该扣分扣分，该罚款罚款"①。但是，随着更多事件细节的公布，网民开始转向中立，谩骂的多数派逐渐减少，冷静思考的少数派阵营开始壮大，质疑女司机卢某行为的网民开始出现、集聚。女司机之前接受采访时撒谎、隐瞒实情的行为，增强了少数派的信心，他们开始搜寻对女司机卢某不利的资料，网络舆论反转开始出现。5月5日，一篇《疑似涉事女司机4年前不文明驾驶行为曝光》的帖子开始疯狂流传，帖子中提及开车乱扔物品的女司机正是此次事件的卢某。紧接着，微信公众号"新闻马赛克"曝光了女司机卢某多次违章。①网民们认为自己被卢某欺骗，开始群情激奋，对女司机展开人肉搜索，并曝光了女司机的开房记录。事件发生到此刻，网络舆论彻底被反转，女司机卢某不断遭受社会道德谴责，"打得轻了""打到她不能开车""被打后希望她乖点"等愤怒恶毒的话语充斥网络，掀起了第二波再生舆情。这种"反沉默的螺旋"出现之后的舆论具有很强的反弹力，其强度和烈度往往大于出现"沉默的螺旋"现象的网络舆论。

五、议程设置

议程设置理论认为，大众传播一般不能决定人们对某一事件或意见的具体看法，但可以通过信息供给和相关议题安排的方式来左右人们关注哪些事实和哪些意见，以及他们讨论什么样的问题，议程设置可以决定人们想什

① 周圆：《浅析网络舆情传播中的"反沉默螺旋"现象——以"成都女司机被打"事件为例》，载《今传媒》，2016年第5期，第54-55页。

么、怎么想。

在这一点上，网络舆论继承了传统舆论的形成、发展和引导范式，但又有改进，它的议程设置的基本路径一般是：问题事件产生—设置网络议题—网民发表意见—引发网络舆论—意见领袖参与—形成公众合意—传统媒体跟进—形成社会舆论—影响问题事件的解决。

网络的聚合效应使得网络舆论不再是传统意义上的“乌合之众”，意见领袖在网络平台中进行“议程设置”和“议程引导”，形成“公共问题”与“社会热点”。网络议程设置的话题一旦得到社会的认可，便会触动网络社会心理，形成社会议题，传统大众媒体的跟进报道则会引发更大范围的关注与讨论，让议题的公信力更高，进而形成社会舆论。

在议程设置和引导的过程中，意见领袖起着举足轻重的作用。因此，他们必须具有高尚的道德感、强烈的责任心、充足的智慧和善于合作的精神，这样，才不会将群体带入歧途。而作为群体里的个人，需要具有足够的见识、准确的判断力、相当的知识和协商合作的精神，这样，才不会因为盲从而误入歧途。掌握了这一传播动力现象之后，就可以根据实际情况，主动设置或参与积极健康的议题，引导舆论，从而避免舆论混乱、“噪声”过多的现象。

从英国“脱离欧盟”网络舆论的研究中可以看出“议程设置”的动力作用。2016年“6月23日，英国举行的全民公投，英国民众以51.9%的比率，选择了脱离欧盟，这个结果非常出人意料”①。事实上，卡梅伦在2010年执政的时候，就开始着手布局“脱欧”行动，自此之后，英国脱欧议题始终是英国媒体的重要话题之一，这为英国的极端保守势力提供了足够操作的空间和时间，也最终导致了英国社会价值观的分化，反过来又为极端保守主义政党动员民粹主义势力提供了机会。“在2014年欧洲议会选举中，疑欧的英国独立党获得了超过20%的选票。2016年的公投，疑欧和脱欧力量正是抓住了民众在一体化面前的不安全感，承诺控制边境、减少移民、保护英国民众的就业机会，争取支持。”①可以这么说，英国“脱离欧盟”的行动是极端右翼的英国独立党充分利用网络媒体进行议程设置，煽动了民众不安全心理的一个必然结果。产生这种结果的主要原因是英国右翼势力在欧盟发展问题上一贯宣扬“例外主义”欧洲观的直接影响，次要原因是欧盟十多年来面临一系列现实问

① 金玲：《英国脱欧：原因、影响及走向》，载《国际问题研究》，2016年第7期，第26-28页。

题和舆论危机的间接影响。

六、网络层级间的群体性隔膜

隔膜原本是个生物学术语，用来指“无脊椎动物体腔内或者贝壳内的较硬分隔”[①]，后来常被用来指人与人之间，个人与群体之间，或者群体与群体之间在感情、认知和道德方面存在的隔阂，缺少牵连，没有亲密感或亲切感。鲁迅先生作品里就曾经几次使用过这个词语，“谈了一些天，我对于她终于很隔膜，我疑心她有点罗曼谛克，急于事功”(《为了忘却的记念》)；“自然，人类最好是彼此不隔膜，相关心”(《且介亭杂文末编·〈呐喊〉捷克译本序言》)。明末清初文学家周亮工《书戚三郎事》中记载：“我耄矣，无嗣，诚子我，我不奴视子，不隔膜视子也。”

网络舆论中的群体性隔膜是指网络社会群体之间普遍存在的情感、认知、价值观的隔阂。由于隔阂，不同的网络社会群体之间彼此陌生，难以获得一致的认同感，从而导致协同性很弱，社会分裂程度高。隔膜的形式主要有族群之间的隔膜、阶层之间的隔膜、文化之间的隔膜，以及由此衍生出来的年龄、职业、习俗、社会地位等之间存在的隔阂。

网络舆论传播过程中群体性隔膜的主要表现是，当不同群体面对同一网络舆论时，他们对舆论的解读和认知会出现很大的偏差，有时甚至会截然相反。当一个群体说“是”的时候，另外一个群体一定会说“不”，而且，说“是”的力量与说“不”的力量成反向比例，一方力量增强，另一方也一定会据理力争。他们的传播行为也多出现在各自交往的圈层里，外人很难进去，即使进去了，也很难理解，更难以融入。当前，网络舆论里的群体性隔膜所涉及的主要群体非常复杂，除了顽固的群体之外，也会有“你中有我，我中有你”的现象，成员的观点和立场时常处于不断变动的状态之中。

舆论里的群体性隔膜是现实生活中阶层之间的群体隔膜的镜像。主要原因有以下几种：第一，多年以来，由于部分组织诚信的缺失，做事的理念出现了偏差，被网络舆论放大之后，导致了公信力的整体下降。第二，由于社会的重大变革所带来的人的高强度流动性，利益格局出现了多元化趋势，社会整体诚信度降低，人们很难相信他人，也不愿意付出个人的诚信。第三，

---

① 360国学：隔膜，https：//guoxue. baike. so. com/query/view? id = d60a11ff4742c5a5a9948f70630aed34&type=phrase，访问日期：2020年8月10日。

长期以来，各种群体之间一直自说自话、缺乏交流，久而久之就陷入了沟通困难的境地。国际上也是这样，由于利益的差别和价值观的不同，国与国之间，族群与族群之间的群体性隔膜现象非常严重，都不同程度地映射到网络舆论场域之中。

这样导致的结果是，不同群体在传递信息、发表言论的时候，习惯从自己的群体利益出发，按照自己群体的话语模式表达，使用自己群体的价值观理解网络舆情事件，习惯性地盲从个人所属的集体，不加思考地排斥外来的意见，以致共识度很低，这常常成为推升网络舆论热度的重要动力因素之一。2020 年美国在新冠肺炎疫情期间爆发的多种动乱就是典型例子，其动乱的主要根源在于传统的种族歧视、种族压迫、政府不作为和不断加大的贫富差距，以及由此而产生的价值观念的严重冲突。

七、“羊群效应”

“羊群效应”是一条常见的社会学原理，通俗地讲，就是头羊往哪里走，后面的羊就跟着往哪里走，也就是传播学上的“从众效应”或“从众心理”。在传播过程中，人们不愿意付出时间和精力去辨别事件的真伪，或者根本就无法辨别真伪，习惯于跟从意见领袖或多数人的意见，接受大众的思想或行为，个体选择沉默，甘做“沉默的羔羊”。

羊群是一种很散乱的组织，平时在一起就很盲目，没有头羊的时候，它们要么左冲右撞，要么安静地卧着或站着，无所适从。但是，一旦有一只头羊行动起来，其他的羊就会不假思索地一哄而上，全然不顾前面的状况。“羊群效应”的结果是：遇见明智而负责任的头羊，羊群就会获得好的回报；而一旦遇到糊涂或不负责任的头羊，羊群则会陷入骗局或遭到失败。

鉴于此，在网络舆论传播的过程中，意见领袖处于十分重要的核心地位。不同的网民群体会有不同的意见领袖，不同的意见领袖背后会跟随着相当数量的个体。聚集起来的群体会有各自的个体，当他们的情绪和观念选择了同一个方向时，他们的自觉人格和自我意识就消失了，个性也会被湮没，群体的思想便会占据绝对的统治地位；而与此同时，群体的行为也会表现出排斥异议的现象，出现极端化、情绪化及低智商化的缺点，进而对社会产生破坏性的影响。

“羊群效应”是把双刃剑，既能让真相得以快速传播，也能让谣言迅速地满天飞。所以政府在遇到不良的网络舆论时，一定要善于抢占先机，第一时间进行信息公开、公布真相，并进行合理的舆论引导，发挥“头羊”的作用，为网民解疑释惑，从而让网络空间清朗干净，避免产生“羊群效应”。

当然，政府利用好这条规律的一个先决条件是：政府必须具有公信力。有公信力才能让人信服，否则就会收到相反的效果。

八、“破窗原理”

“破窗原理”是一个哲学性的比喻：一个房子如果窗户破了却没有人及时修补，过不了多久，其他的窗户也会莫名其妙地被人打破；一面墙，如果出现了一些没有被及时清洗掉的涂鸦，墙上很快就会继续被人涂上乱七八糟甚至不堪入目的东西；一个很干净的地方，人们都不好意思乱丢垃圾，因此，能长期保持干净，而一旦地上有了垃圾没有被及时清理，路过的人就会心安理得地继续抛掷垃圾，丝毫不会觉得羞愧，如此，垃圾就会越来越多，甚至演变成垃圾场。

网络舆论与此情况类似，出现正面的网络舆论时，大家都会认为是好的，谁也不会轻易地去污蔑，即使有人污蔑，影响力也会很小。相反，如果出现负面网络舆论时，网民会跟着爆料相应的负面信息，或者发表负面的意见，致使情况变得难以收拾。

一旦出现负面舆论时，舆论主体一定要及时进行舆论修复，减少负面舆论带来的影响，重塑良好形象，有效避开网民习惯性的思维定式。否则，出现这种情况时，就会感到百口莫辩。

所以，保持组织和个人的“清洁度”非常重要。以“推特治国”著称的美国前总统特朗普因为应对美国疫情不力而面临严重的网络舆论压力，屡屡引发国内国际媒体的质疑和严重批评。2020 年 8 月 6 日，他发布行政命令，要求 45 天之内禁止一切与 TikTok 有关的交易，再次引发网络上的轩然大波与广泛指责，虽然他的行政命令引用了美国联邦的《国际经济紧急权力法》(IEEPA)，但是很多学者认为该行政命令违反了美国宪法第一修正案的“言论自由”。美国最高法院在 2017 年的一个案件中就认为，完全禁止接入社交平台是违反言论自由的。违反“言论自由”在美国社会是个致命的缺点。特朗普也因为个人舆论“清洁度”的问题导致国内选民的普遍不满，致使美国政府及美国形象受损。

九、“手表定律”

当一个人只有一只表时，他可以准确地知道时间；而当他同时拥有两只时间有偏差的手表时，他就无法确定哪个时间是对的，继而感到无所适从。两只表并不能告诉一个人更准确的时间现象在网络舆论传播过程中会经常出现。

当一个网络舆论爆发时，不同的人、不同的利益群体会发出不同的声音，一旦不同的声音旗鼓相当的时候，网民就会感到无所适从，甚至产生严重的焦虑感，难以辨别哪个是对的。这时候，迫切需要一个权威的声音出现来打消他们的疑虑，如果权威的声音缺失了，网民不但会对争论的双方失去信心，而且也会对本该发言却没有发言的权威声音失去信心。

所以，不同利益群体的人都会竭力在网络上源源不断地传播有利于自己的话语，希望借此赢得网民的认同。此时，处于“第三方”地位的权威部门要及时发言，发布权威的、正确的信息，平息舆论，避免谣言、谎言、流言等各种不当言论的出现，还网络舆情一个干净、清朗的空间。

“手表定律”的主要表现就像“等另一只靴子落地”的心理一样，只要另外一只靴子没有落地，网民主体的心理就不得安宁，亟待结果。这种定律主要有三种形式。

第一，引起舆论关注的事件始终没有最终定论，舆情主体纷纷猜疑。如2020 年 11 月美国总统大选舆情问题，由于选举最终结果无法定论，使得美国国内以及世界上其他相关国家和地区屡屡出现了普遍的心理焦虑现象、社会动荡事件。

第二，某个公众关注的焦点问题没有合理解释，舆论主体穷追不舍。如美国明尼苏达州的白人警察跪压非洲裔黑人致其死亡的“弗洛伊德事件”，美国威斯康星州的 3 名白人警察朝非洲裔黑人连开 7 枪致其重伤的事件，两次事件都有路人拍下的视频，在社交媒体上引发了轰动并连续追问，愤怒的民众走上街头示威抗议，与警方和国民警卫队发生剧烈冲突。

第三，有最终定论但未向社会通报等，舆情再度升温，产生次生舆情。特朗普当选美国总统以后被指控其“通俄”的“通俄门”事件，一波三折，多方调查，但仍未向外界公开调查结果，成为“悬案”而不断发酵。

“手表定律”中网络舆论事件的关注度虽然会随着时间流逝而降低，但公众心中的疑问并不会自然消除，网民持续追问而得不到回应必然会导致涉事组织或个人的公信力折损，网民自动脑补臆测，容易导致不实信息的产生并传播，如美国前总统特朗普在应对新冠肺炎疫情迅速传染问题时采取了不当措施，导致了世界各国人民的质疑和不满。

另外，“手表定律”中的舆论事件就像一个不定时炸弹，随时可能被与之有着千丝万缕关联的新事件、新信息引爆，如2020年美国总统大选期间各种“甩锅”言论再次让人们想起2016年美国总统竞选时期特朗普“通俄门”舆情事件。

不良网络舆论的消除有赖于现实问题的妥善解决，只有当舆论事件在现实处置中尘埃落定、在网络上进行信息公开后，公众的追问才会停止。这些现象在2017年北京电影学院的“性侵事件”和杭州的“保姆纵火案”网络舆论传播的节律中体现了出来。

十、“谎言易传”效应

网络舆论最可怕的是戈培尔说的那句话：“谎言重复千遍就变为真理。”当时，民众不了解事实真相，强大、虚假的信息流反复注入头脑，相当多的公众就会相信某一种说法的真理性，这是受众“认知失调”后产生的“自发效果”和“多数人效果”的心理机制的结果。

希特勒、戈培尔利用“屡听成真”的舆论定理大肆鼓吹虚假宣传的有效性，掩盖其战争罪行。戈培尔认为：“宣传的基本原则就是不断重复有效论点，谎言要一再传播并装扮得令人相信。”①希特勒认为：“一般的人，倒不是有意要想作恶，而是本来就人心败坏。他们头脑简单，比较容易上大谎的当，而不是小谎的当。他们自己就经常在小事情上说谎，而不好意思在大事情上说谎。大谎是他们想不出来的，就算是听到弥天大谎，他们也不能想象能有这么大的弥天大谎。”①

产生这种心理现象的主要原因是，人被长期置于“信息茧房”之中，不能获得“信息茧房”之外的信息，甚至不相信“信息茧房”之外的信息，思维受到禁锢，特别容易听信谣言，习惯于别人怎么说，自己就跟着怎么相信。造谣者往往习惯于利用网民的这种“信息茧房”效应和他们焦虑、不安全的心理状态进行造谣，导致了信息范围受限的网民更容易相信和传播造谣者的谣言或流言。谣言的传播主要基于信息的不确定性，不确定的信息容易让网民产生“宁可信其有、不可信其无”的自保心态，这种心态产生的主要根源是：网民对信息真假的辨识能力不足，谣言的迷惑性很强，他们普遍存在较强的不安

① Bramsted, Ernest: Goebbels and National Socialist Propaganda, 1925—1945, Michigan State University Press, 1965: 84-88.

全心理和焦虑心理，他们不愿意花费时间去求证谣言的真实性。杜绝谎言易传现象的最好方式就是：增强网民对信息的辨识能力，谨慎对待网络上违反基本常识的舆论。2018 年 11 月，中国青年报社社会调查中心联合问卷网，对 2006 名受访者进行的一项调查显示："87.7%的受访者在网上遇到过小视频谣言，受访者认为小视频谣言在明星八卦(54.7%)、生活健康(43.4%)和社会安全(38.2%)等领域较多。减少视频谣言的传播，59.6%的受访者建议依法处理违规行为，51.5%的受访者建议引导自媒体加强自我管理。"①

网络谣言主要涉及突发事件、食品卫生、环境治理、政治事件、政治人物和科学知识等内容，如曾经的"女干部携巨款潜逃加拿大""艾滋病患者滴血传播艾滋病""女大学生求职被割肾""六翅肯德基怪鸡""康师傅地沟油""娃哈哈肉毒杆菌""抢盐事件"等。

① 王品芝、高卿雯：《眼见未必为实！小视频成谣言传播新渠道》，载《中国青年报》，2018 年 1 月 20 日。

第三章　网络舆论的动力机制

徐建军和管秀雪使用生态位理论研究了网络舆论的动力机制，他们认为“看似破碎化、非确定性的网络舆论实际上有其生态上的发生模式与演进规律。网络空间舆论生态系统中舆论主体与舆论环境之间相互依存、协同进化，其连接的纽带是舆论秩序规约下流动的舆论能。舆论同生态系统中的物种一样，存在萌生、演进、消亡的生命过程，并拥有最适合其生存的生态位”①。他们参照生态适应、生态补偿、生态冗余和竞合共生的动力机制来研究网络舆论的动力机制，有一定的借鉴价值。曾润喜和陈创研究了网络舆情的动力机制，他们认为“网络舆情信息传播是一个系统的、动态的复杂生命周期，研究网络舆情信息传播的动力机制，有助于更好地理解其复杂性和系统性……建议未来研究要朝着小世界、大数据以及云传播方向发展”②。他们从内部动力和外部动力两个维度进行聚类分析，打算构建网络舆情信息传播动力机制的完整框架，对于本章的研究具有一定的借鉴价值。不同于以往聚焦参与主体、事件信息、载体平台和外部环境等维度的研究，本书使用认知心理学的研究成果，着重从群体和个体心理特征的角度分析网络舆论生成与传播的动力机制。

第一节　认知传播机制

“认知，是指人们获得知识或应用知识的过程，或信息加工的过程，这是人的最基本的心理过程。它包括感觉、知觉、记忆、思维、想象和语言等。人脑接受外界输入的信息，经过头脑的加工处理，转换成内在的心理活动，进而支配人的行为，这个过程就是信息加工的过程，也就是认知

① 徐建军、管秀雪：《论网络空间舆论生态系统的动力机制与优化策略》，载《云南民族大学学报（哲学社会科学版）》，2018 年第 5 期，第 42 页。

② 曾润喜、陈创：《网络舆情信息传播动力机制的比较研究》，载《图书情报工作》，2018 年第 7 期，第 13 页。

过程。”①

基于这个定义，我们考察网络舆论的认知行为：网络舆论的认知主要是指网民在网络舆论事件发生的过程中，通过个体的感觉、知觉、记忆、思维、想象和语言等综合性心理过程而形成一种语言模式之后，在网络上表达出来的、形成特定影响力的过程。这种认知活动深受个体既有的心理定式的影响，也受其所在群体的言行的交叉影响，在个体心理定式与群体言行的共同作用下，网民个体将其心理感知加工成信息，融入网络舆论传播的场域之中。

人的认知过程主要有三种模式，“第一，传统模式，也称基本模式，是指人脑以感知、记忆、思维等形式反映客观事物特性及其关系的心理过程。第二，结构主义认知模式，这是皮亚杰开创的一个认知学派的研究范畴，这种认知模式认为：认知过程是指原有的认知结构（图式）在刺激物刺激的情况下，进行同化和顺应而达到一种新平衡的过程。第三，信息加工认知模式，主要是指个体接受、编码、贮存、提取和使用信息的过程；它通常由感知系统（接受信息）、记忆系统（信息编码、贮存和提取）、控制系统（监督执行决定）、反应系统（控制信息输出）等4种成分构成”②。本节主要分析第一种模式和第三种模式，第二种模式在下一节进行举例阐述。

一、网络舆论的传统认知模式

根据认知过程的传统模式（或基本模式）的观点，人们获得知识或应用知识的过程均开始于人们对外在事物的感觉与知觉。感觉主要是指人们对于事物的零碎的物理属性的认识，比如感觉到颜色、明暗、声调、数量、硬度等。知觉是对事物的整体性、关系性的认识，比如“窥一斑而知全豹”属于整体性认知，“举一反三”“由表及里”属于关系性认识。在网络舆论认知传播机制中，感知阶段属于初始阶段，在这个阶段，网民感知到网络上的信息，进而产生了由点到面、由碎片化到信息拼接的过程，开始把当前的信息与记忆中存储的信息联结起来，这是一个由表及里的过程。接下来就到了新信息生成阶段，在这个阶段里，人们感知到的信息刺激了人脑保存下来的记忆，激活了曾经留存在记忆里的情感认知和价值判断，从而生成崭新的信息，这个

① 彭聃龄：《普通心理学》，北京：北京师范大学出版社，2010年，第195页。
② 车文博：《当代西方心理学新词典》，长春：吉林人民出版社，2001年，第301页。

时候，认知主体就产生了表达的冲动。每个人都有不同的经历和经验，因此，同样的刺激物在不同经历和经验的人那里会激活出不同的情感认知和价值判断，这种差异性为人们表达丰富多彩的情感、意见和态度提供了鲜活的土壤。美国著名心理学家斯滕伯格系统地研究了这种现象，并且以图 3-1 所示的方式可视化了这种认知模式。①

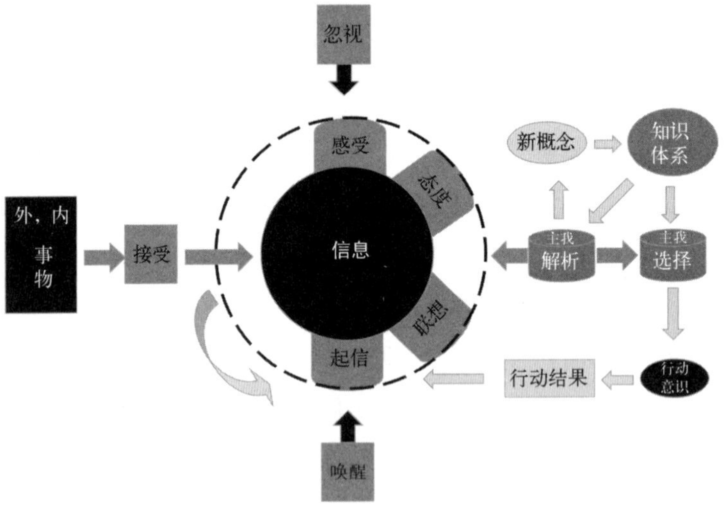

图 3-1　人的认知模式

人们的思维形式和思维能力决定了人们表达能力的不同，不仅有广度的差别，也有深度的差别。思维能促使人们运用头脑中已有的知识和经验去间接地、概括地认识事物，揭露事物的本质及其内在联系和规律，形成对事物概念性的认知，并开始进行推理和判断，以此来解决面临的各种问题。人类除了用行动解决问题，更重要的是用语言来解决问题，即用语言表达自己思维活动的结果，用语言与别人进行交流。当人们的思维形式、思维能力运用到网络舆论场景之中，进行语言表达和交流之后，就形成了不同的层次。从广度上说，有的人能谈古论今、由此及彼，不仅面宽、反应快，而且思维能力强，常常在舆论中处于主导地位；反之就是话题狭窄、机械片面，思维能力弱，在网络舆论场域中经常处于从属地位。众所周知，文化是分层次的，主要分三个层次：精英文化、主流文化、大众文化。不同文化层次的人的思维模式差别很大。当网络舆论事件发生的时候，不同思维模式的群体按照各自的思维模式进行思考，表达出不同的语言，形成不同的思想。当然，同一

① 斯滕伯格：《认知心理学》，杨炳钧等译，北京：中国轻工业出版社，2000 年。

层次文化群体的思维模式趋同性更强，不同层次文化群体之间的思维模式的差异性更强。当遇见热度和裂度非常高的网络舆论时，这种分野就非常明显，庞大的网民群体站在各自的文化圈层里，使用富有圈层特色的方式，通过语言交流思想。其结果往往是：同一圈层的文化群体在网络舆论传播的过程中，会变得愈加团结，结成紧密的同盟关系，形成几种固定的话语结构模式和话语表达方式；而不同圈层文化群体之间的分裂性会越来越明显。这样，舆论话语讨论的过程中，圈层之间发生群体极化现象的频率就会更高，同一圈层内部话语一致性的趋势也愈加明显。网络舆论话语的圈层分化现象越严重，舆情消解的难度就越高，极易形成“长尾效应”。一旦“长尾效应”形成，后期出现类似网络舆论时，既往舆论的话语记忆就很容易被激活，形成舆论话语信息的叠加，产生新的动力。

二、网络舆论的信息加工认知模式

使用这种认知模式原理的主要目的是，研究网络舆论主体在接受舆论信息、编码贮存舆论信息、提取和使用舆论信息过程中的动力机制。人的认知系统主要由四个部分组成，分别是感知系统、记忆系统、控制系统和反应系统。感知系统负责接收舆论信息、寻找感兴趣的舆论话题，满足自己的知情权；记忆系统负责对感知到的舆论信息进行编码，一部分贮存在意识里，一部分提取出来与别人进行交流、引起别人的兴趣；控制系统则对网络舆论信息起着监督和执行决定的作用，决定传播者的情感浓度、态度强度和意见力度，并进行遣词造句和语言修饰，力求能准确表情达意；反应系统控制舆论信息的输出，寻找适合舆论信息传播的平台和传播的对象，以及调控网络舆论信息输出的方式等。

这种认知模式与网民的认知风格、认知能力和认知策略关系密切。

认知风格是指舆论主体经常偏爱使用的舆论信息加工方式与传播方式，有人喜欢与别人辩论、有人喜欢独立思考，有人言语冲动、有人性格沉稳，有人喜欢思辨性的舆论内容、有人喜欢煽情性的舆论内容。一个人的风格具有一定的稳定性，不因年龄、职业、地域、场景的变化而发生变化，可以说，网民有多少种风格，他们认知网络舆论的风格和表达态度、意见、情感的风格就有多少种。

认知能力与网民的智力水平和见识度息息相关，它主要是指人脑加工、存储和提取信息的能力，如观察力、记忆力、想象力、思辨力等。客观世界丰富多彩、复杂多样，网民的认知能力决定了他们所关注的话题、所感兴趣的事物、所使用的话语结构方式。认知能力既是多层次的又具有边界模糊性的特点，正是由于这种认知能力的存在，人们对于同一网络舆论所表达出来的情感、态度、意见才会表现出千差万别的特征。

认知策略是指导舆论主体认知网络舆论事件的计划、方案、技巧等。事实证明，网民总是按照一定的策略在每一个感兴趣的舆论话题里选择自己感兴趣的特定信息进行感知、思考和表达。在这个过程中，舆论主体可以通过认知策略，组织自己的感知方式、思维方式和表达方式，比如：寻找更多相似话题进行比较、整合，在时间和空间的两个维度里进行思维活动，寻找关联性和联结点，然后使用更能表现出自己思想情感的话语结构方式表达出来。

三、网络舆论的价值观接近机制和思维惰性机制

网络舆论的认知传播机制主要研究舆论主体在舆论信息传播过程中的动力模式，具体而言，就是研究网络舆论主体在信息接收、感知、识辨、判断、加工和再传播中的趋同性和差异性，以及由于这种趋同性和差异性，在网络舆论的发生发展过程中所产生的动力机制问题。

在网络舆论认知传播机制的过程中，网民的价值观接近机制和思维惰性机制起着关键性作用，这是网络舆论认知传播中两个比较重要的作用机制。这里以网络谣言的识别为例来分析两种从属性的机制。

在社交媒体时代，网络舆论中的谣言信息传播已成为一个非常严重的公共问题。事实上，作为信息的重要来源，社交媒体为虚假舆论信息的传播注入了多种漏洞，学界对网络舆论中谣言信息传播机制的分析和解读主要有两种：价值观接近机制、思维惰性机制。

价值观接近机制主要是指网民在舆论信息中获得与自己既有价值观相一致的信息时，会自然而然地倾向于认同该舆论所蕴含的价值观，并参与讨论和传播。同样，意识形态因素和政治党派倾向性也会影响到网民对舆论信息的使用和价值判断。以美国为例，各党派倾向于相信并传播有利于自身发展的舆论信息，在这种党派倾向性的作用之下，人们往往“宽容”对自己党派有利的虚假舆论，“批判”对自己党派不利的虚假舆论，甚至“批判”对自己党派不利的真实舆论。

笔者观察美国网络舆论时发现：具有不同政治倾向的受众在舆论信息使

用上存在明显的差异性，自由主义者往往更具有批判和思辨的能力，他们更容易辨别出虚假信息，善于接受高质量的舆论信息，美国自由社会主义学者乔姆斯基是这种类型的代表。政治保守派则常常表现出认知的顽固性特征，他们对“威胁”性的舆论更加敏感，并且会按照既定的思维定式进行“反驳”和自我辩证，美国前总统唐纳德·特朗普是这方面的代表。

思维惰性机制是指舆论主体在参与网络舆论活动时存在着严重的盲从心理，不愿意花费时间和精力去仔细思考和认真辨别，从而轻易相信别人，由这种轻易相信的集体惰性所引发的大规模网络舆论就是网络舆论动力的思维惰性机制。

2019年4月4日，美国麻省理工学院大脑和认知科学部助理教授戴维·兰德(David Rand)在哈佛大学分享了其近期研究成果。他认为：“从认知角度来看，网络舆情中的谣言信息传播主要与人们的思维惰性关系密切。”[①] 一般而言，思辨能力强的网民倾向于分享真实的、高质量的舆论信息，在网络舆论的传播过程中，他们更理性，更倾向于寻找真实的、高质量的事实性信息；而保守者更倾向于感情用事，习惯于表达态度和情感。在美国，除了党派偏见和传播动机，勤于思辨是网民克服思维惰性机制的关键要素。

美国存在三类主要网站：主流媒体网站、具有极端政治倾向的网站、提供虚假内容的网站。兰德团队对此进行了关于“信任评级”的实验，结果显示，“平台算法能够有效区分可靠的信息来源和不可靠的信息来源”“社交媒体通过平台算法，可以优先显示用户认为可信的信息源内容，减少虚假信息传播的数量”[①]。一般而言，普通网民对网络平台可信度的认知比较模糊，他们习惯于相信与自己所处阶层接近的、政治倾向性和意识形态相似的网络平台的信息，对于网络谣言信息的识别能力很低。兰德团队“质量评级”的算法和排名，可以让网民在接收网络舆论信息的时候，降低对提供虚假信息的机构网站和个人网站的信任度，从而达到降低谣言数量的目的，可以有效防范严重影响社会稳定的偏见性的舆论信息的大面积传播。此外，提高普通网民的网络舆论素养，提高他们的逻辑推理能力和经验总结能力是帮助他们辨别舆论信息真实性的一个关键要素。这样，可以有效降低网民思维惰性机制所带来的伤害。

① 侯丽：《认知科学揭示虚假新闻传播机制》，载《中国社会科学报》，2019年4月8日。

总而言之，本节内容主要从认知传播学的角度研究网络舆论传播的动力机制，探究在舆论信息动态传播的过程中，舆论主体的心理机制和信息思辨机制，把舆论信息传播的体内认知机制和体外社会环境对舆论信息认知的影响机制结合起来。研究发现：首先，在个人的体内认知系统中，本已存在着表达言论和观点的驱动力，当网络舆论信息经过感觉器官输入后，人们的知觉系统会对粗犷的、碎片化的信息进行加工，加工的过程，就是知觉系统不断地留存有用信息、舍弃无用信息并创造出新质信息的过程，这些新质信息带有网民个体鲜明的个性特征和表达的驱动力。其次，在考察网络舆论传播系统的过程中发现：新质信息会使用崭新的文字结构、图片结构和视频结构，组合成具有明显结构性特征的新信息，以便在传播系统中得到优化和重视，减少传播的阻梗，到达受众的接收场域。第三，在社会运行的系统中，舆论主体和客体的认知风格、认知能力和认知策略等，深受其所在群体的意识和规范的影响，这种影响对于网络舆论的传播动力机制而言至关重要，具有鲜明的社会性特征。

第二节　网络舆论的结构主义认知模式

结构主义注重认知的体系性、整体性和结构性，注重研究具有关联性事物之间的关系性。结构主义的研究方法是人文社会科学家们在各自专业领域里经常共用的一种科学的研究方法，这种研究方法除了重视认知的体系性、整体性和结构性，还特别强调认知的共时性。这种研究方法只有在特定的时空里才能显示出重要价值，脱离了特定的时空，就难以准确把握事物基本特征和其发生、发展的基本规律。认知主体在认知过程中具有主动性、主观性和局限性特征。主动性说明了认知主体具有“探究—发现”的心理驱动力，主观性说明了认知主体的认知过程中无法脱离既有的认知结构，他们习惯于依据既有的认知框架对所认知的事物进行主观判断，这种特性恰好说明了认知主体的局限性。破除认知局限性最好的方法就是通过提供新信息的方式改变其既有的认知结构，这需要正确而又具有建设性意义的舆论引导，使认知主体不断积累新的信息并达到突破原有认知模式的程度，用更宏观的视野和更客观的角度形成崭新的认知模式。

一、结构主义认知模式

瑞士心理学家让·皮亚杰在他的心理学名著《结构主义》中开创性地提出了结构主义的发生论观点。他认为，结构是一个能够自动调节的转换系统的整体，是人类智慧的典范，主体的建构在结构的形成与运演过程中具有重要作用，认知主体存在着先验性的认知结构，它不是对外界经验的概括，而是主体自身动作和逻辑数理经验的协调。“结构主义思想方法有两个来源：一个是自然科学来源，它是随着控制论、系统方法和模型方法而出现的哲学运动；一个是社会科学来源，它早就对存在主义所谓的‘主体自由创造一切’的观点和方法感到不满，这是结构主义出现的直接原因。而皮亚杰在吸收了结构主义和存在主义各自优点的情况下，发展了自己的结构主义思想。”①

皮亚杰结构主义思想的核心是“运算”，这种“运算”就是认知的主体和客体之间在认知过程中形成的各种“协调”作用和“转换”功能。为此，他创立了发生认识论来解决结构的起源问题，他反对孤立地分析事物，“主张从事物结构的整体中发现其内在的组织结构和转换规律，通过反映抽象和协调作用建构其发生的结构主义。还试图通过结构主义的整体性、转换性和自我调整性三个基本特性，在数学、生物学、心理学和语言学等学科里建立起一种普遍适用的结构主义方法”②。

人的认知具有结构性特征，同时，人的认知结构存在着差异性，同样，群体之间的认知结构也存在着差异性。在互联网快速发展的时代，由于网络和网络应用程度的差异性，人们的认知方式和信息传播方式在不断创新的同时，也把这种认知结构的差异性鲜明地呈现在网络空间里。实践证明，这种越来越明显的群体之间的差异性不断地产生群体性网络焦虑和网络情绪冲突，成为推动网络舆论发展的重要动力之一。

根据皮亚杰的观点，认知结构是以“图式、同化、顺应和平衡”的形式表现出来的，首先通过“图式化”方式建构起认知的框架结构和标准，然后通过“同化”方式把新认知的信息转换到已有的认知结构里，与已有的知识

---

① 叶浩生：《20世纪心理学名著导读》，西安：陕西人民出版社，2012年，第97-101页。

② 同①，第107-111页。

信息融合在一起，更新原有的“图式”结构。当原有认知结构无法同化新环境提供的信息时，认知结构就会启动“顺应”机制，重组和改造固有的认知结构，使其顺应外部环境的变化，接纳新的认知体系。最后通过“平衡”机制，调节已有认知结构和新认知结构之间的矛盾，不断建构新的认知框架，平衡新认知和旧有认知结构之间的矛盾，形成新的认知结构，为下一阶段的认知行动做好准备。

认知传播的理论来源于认知理论，主要研究经验怎样引起人们行为的变化，以及产生这种变化的方式和路径，重点关注研究对象对当前情境的理解力和接受程度。本节主要使用结构主义认知模式来分析网络舆论的结构性认知传播机制，通过考察人们对舆论信息的获取、感知、理解、交流、判断，进而探讨网民们态度性认知形成的动力机制。

本节所述的“认知传播”主要指人们在认知舆论信息的过程中所生成的认同性传播现象，重点以“数字鸿沟”背景下农村网络舆论在认知传播过程中的心理认同性问题为例，来探讨网络舆论结构性认知传播的动力机制。

二、“数字鸿沟”的客观存在与现实挑战

“数字鸿沟指的是不同地区、不同社会群体之间在使用互联网等现代信息技术方面存在的巨大差距。”[①]据《2016 年世界互联网发展乌镇报告》的数据显示：全球网民数是 35 亿，互联网普及率达到 47.1%，其中，发达国家互联网用户普及率超过 80%，最不发达国家和地区的互联网用户普及率是 23.5%，全世界仍有半数以上人口未使用过互联网。根据《第 46 次中国互联网络发展状况统计报告》显示：截至 2020 年 6 月，我国网民规模达 9.4 亿，较 2020 年 3 月新增网民 3625 万，互联网普及率达 67%，较 2020 年 3 月提升 2.5 个百分点。其中，农村网民规模为 2.85 亿，占网民整体的 30.4%，较 2020 年 3 月增长 3063 万；城镇网民规模为 6.54 亿，占网民整体的 69.6%，较 2020 年 3 月增长 562 万。农村网民比例比城镇网民比例低 39.2%（见图 3-2 和图 3-3）。随着中国社会与经济的发展，无论是城镇还是农村，中国网民规模和互联网普及率一直处于上升趋势，但是，互联网发展的城乡差距依然很大，“数字鸿沟”现象客观存在。

① 张新红：《中国数字鸿沟报告 2008》，载《电子政务》，2008 年第 11 期，第 24 页。

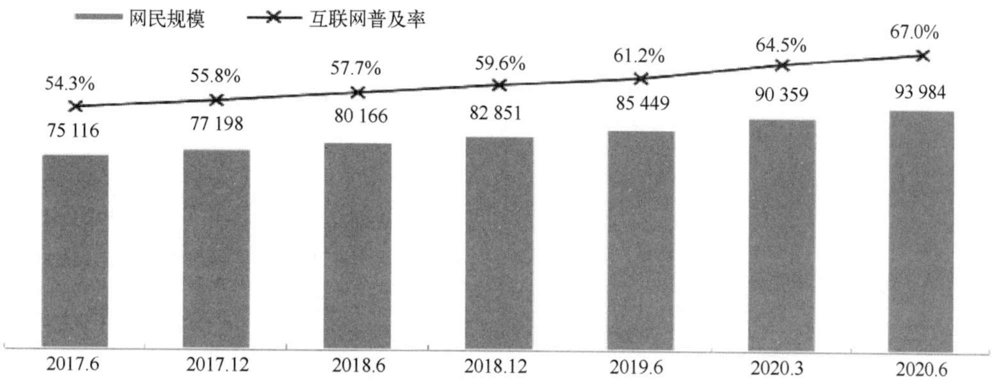

图 3-2　2017 年 6 月至 2020 年 6 月中国网民规模(万人)与互联网普及率比较

来源：中国互联网络信息中心：《第 46 次中国互联网络发展状况统计报告》。

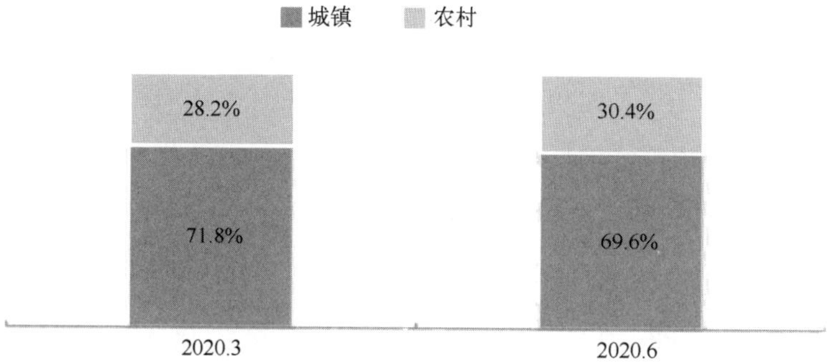

图 3-3　2020 年 3 月与 2020 年 6 月中国网民城乡结构对比

来源：中国互联网络信息中心：《第 46 次中国互联网络发展状况统计报告》。

在《2019 年网络扶贫工作要点》的要求下，我国农村网络覆盖工程深化拓展，网络扶贫与数字乡村建设持续推进，随着我国“村村通”和“电信普遍服务试点”两大工程的深入实施，广大农民群众逐步跟上互联网时代的步伐，同步享受信息化社会的便利，农村网民的普及率由 2017 年 6 月的 34. 0%提高至 2020 年 6 月的 52. 3%，一共提高了 18. 3%，“数字鸿沟”有所缩小。但是与城镇居民 76. 4%的普及率相比，相差的百分比为 24. 1%，这种比例差所产生的“信息差”依然不可忽视(见图 3-4)。

人民网研究院和社科文献出版社等单位联合发布的《中国移动互联网发展报告(2019)》蓝皮书显示，中国的“数字鸿沟”现象依然形势严峻。“目前 2G 网络主要满足覆盖偏远农村和发展物联网的需求；3G 网络可用于语音到数据业务的大部分场景；4G 网络成为主流应用网络；5G 网络沿袭了 4G 的

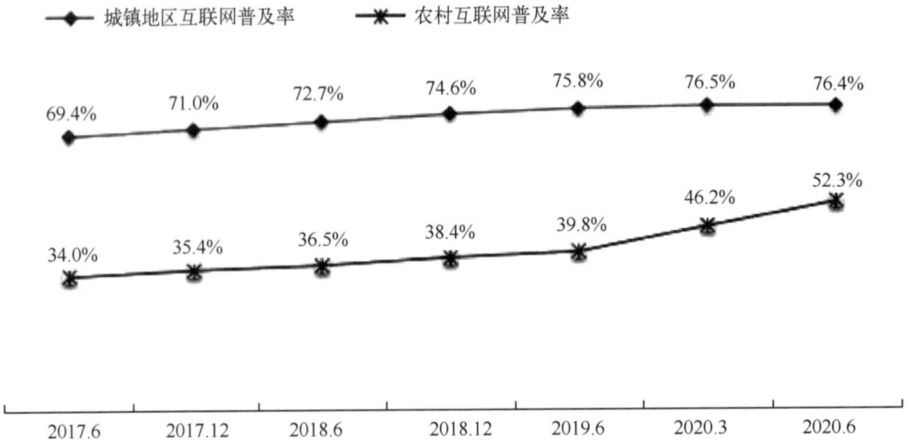

图 3-4　2017 年 6 月至 2020 年 6 月中国城乡地区互联网普及率对比

来源：中国互联网络信息中心：《第 46 次中国互联网络发展状况统计报告》。

大部分技术，有利于提高数据能力、延伸物联网能力。未来，2G、3G 业务逐步演进到 4G/5G。预计到 2025 年，5G 网络将覆盖 40%人口，中国享受 5G 的人数占全球总数的 1/3，达到 4.3 亿人。"①

数据表明，数字鸿沟问题是一种很严重的客观存在。中国国家信息中心组建的"中国数字鸿沟研究"课题组研究的数据表明：中国数字鸿沟主要体现在城乡之间和地区之间。2012 年城乡数字鸿沟指数为 0.44，这说明：农村信息技术应用水平比城市落后 44%；地区数字鸿沟指数为 0.32，即最落后地区的信息技术应用水平比全国平均水平落后 32%。中国国家信息中心发布的《全球信息社会发展报告 2016》显示：2016 年全球信息社会指数为 0.5601，整体而言，全世界仍处在从工业社会向信息社会过渡的转型期。当然，数字鸿沟不仅表现在网络普及率上，也表现在信息经济、网络社会、在线政府、数字生活指数和网络的综合素养等各项指标上。

从以上数据可以看出：发达国家和地区基本上已是信息社会，发展中国家和落后地区仍然处于工业社会阶段。就网络舆论而言，发达国家和发达地区基本上处于平稳、健康、有序的状态，这是网络社会发展的必然趋势；而发展中国家和落后地区正处于动荡不安时期。从 20 世纪末开始于中亚、东欧独联体国家的一系列"颜色革命"可以看出：失控的、非正常的网络舆论对于

① 人民网：《移动互联网蓝皮书〈中国移动互联网发展报告（2019）〉发布会》，http://media.people.com.cn/GB/22114/428034/428056/，访问日期：2020 年 9 月 10 日。

社会动荡而言，起到了很强的推波助澜作用。这说明，网络舆论的管理水平与国家或地区的安全稳定息息相关，由于历史原因，中国农村的互联网普及率和各项应用水平均落后于大城市，这种信息差会产生严重的社会问题，不利于国家整体的网络舆论引导工作的开展。所以，2019 年 4 月，中央网信办、国家发展改革委、国务院扶贫办、工业和信息化部联合印发了《2019 年网络扶贫工作要点》，目的是释放数字红利，进行网络赋能，开展网络扶贫攻坚。贫困地区网络基础设施得到明显改善，广大农村及偏远地区贫困群众逐步学会了使用互联网，成为网民。

事实上，网络扶贫工作提高了农村网民对脱贫攻坚的认知水平，“精准扶贫”“网络扶贫”的舆论氛围在农村地区渐成共识，农民已经初步养成了在网络平台获取扶贫知识、进行网络交流、讨论相关议题的习惯。截至 2020 年 6 月，网民在互联网上看到“贫困地区特色农产品宣传”内容的比例最高，为 51. 5%；其次是“扶贫捐款”的内容，为 49. 7%；第三是“社交平台、新闻网站等平台上的扶贫宣传”的内容，为 43. 8%(图 3-5)。

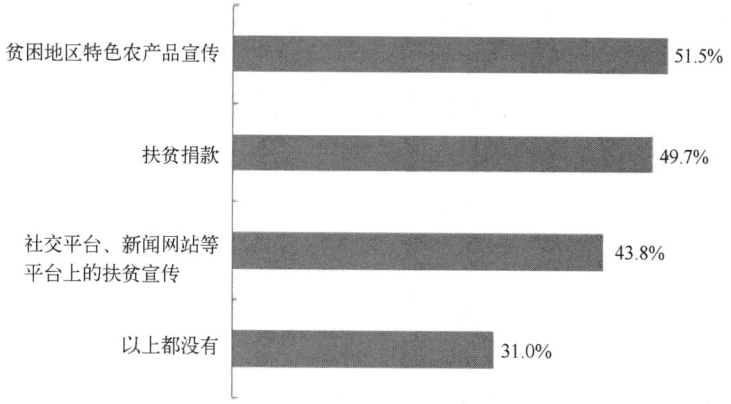

图 3-5　截至 2020 年 6 月中国网民对各类网络扶贫活动的认知

来源：中国互联网络信息中心：《第 46 次中国互联网络发展状况统计报告》。

网络扶贫工作带动了广大网民积极参与脱贫工作，形成了良好的网络扶贫的舆论环境。截至 2020 年 6 月，参与“扶贫宣传点赞、转发、评论”的网民占比最高，为 52. 7%，其次是“网上扶贫捐款”内容，为 47. 1%；第三是“网上购买贫困地区特色农产品”内容，为 34. 6%(图 3-6)。

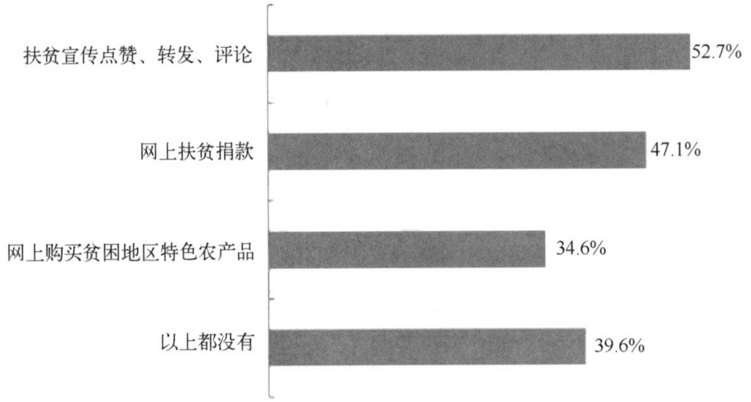

图 3-6　截至 2020 年 6 月了解网络扶贫活动的网民中参与各类网络扶贫活动的比例

来源：中国互联网络信息中心：《第 46 次中国互联网络发展状况统计报告》。

三、"数字鸿沟"造成的网民结构性认知差异

数字鸿沟是信息时代的一个全球性问题。"该词源于美国著名未来学家托夫勒于 1990 年出版的《权力的转移》一书，该书提出了信息富人、信息穷人、信息沟壑和数字鸿沟等概念，认为数字鸿沟是信息和电子技术方面的鸿沟，信息和电子技术造成了发达国家与欠发达国家之间的分化。"①中国学者认为："不仅是一个国家内部不同人群对信息、技术的拥有程度、应用程度和创新能力差异造成的社会分化问题，更为尖锐的是全球数字化进程中不同国家因信息产业、信息经济发展程度不同所造成的信息时代的南北问题，其实质是信息时代的社会公正问题。它涉及当今世界经济平等、对穷国扶贫和减免债务、打破垄断和无条件转让技术等诸多重大问题。"②

事实上，发展中国家内部的"数字鸿沟"现象也很严重，这是阻碍社会进一步发展的重要不利因素。首先，会产生信息和知识的相对贫穷问题，产生"数字文盲"群体；其次，会形成新的社会差别，造成群体性的心理落差，容易激化社会矛盾，与"城乡差别""地区差别""脑体差别"一样，成为一种新差别，延缓社会发展的速度；第三，当涉及社会公平与正义问题时，容易致使落后地区的网民因为"数字鸿沟"问题而产生严重的疏离感和挫败感，他们的知情权、表达权、监督权、发展权无法得到有效保障；第四，无法准确理

① 邓伟志：《社会学辞典》，上海：上海辞书出版社，2009 年，第 17-19 页。

② 胡鞍钢、周绍杰：《新的全球贫富差距：日益扩大的"数字鸿沟"》，载《中国社会科学》，2002 年第 3 期，第 45-47 页。

解网络舆论事件，无法理性参与讨论，容易被“带节奏”，价值观不稳定，整体竞争力弱，容易成为“沉默的螺旋”。“从舆论角度看，具有较强媒体属性和公共属性的社交媒体为网民提供了讨论公共议题的空间，一部分精英群体和大众群体影响了舆论走向和对事件的普遍看法。而对于边缘群体而言，较低的媒介素养不足以让他们在社交平台积极发表观点，充分参与讨论。尽管他们数量庞大，但在互联网舆论空间里却是沉默的。互联网让世界扁平，也无形分割了人群，而算法智能推送则进一步加剧了这种割裂。”①

多年来，涉及中国农村的网络舆论一直居高不下，成为社会各阶层热议不休的重大话题之一，在社交媒体上有很高的活跃度，对农村的经济发展、政治清明、文化繁荣和社会稳定形成了巨大挑战。从“甘肃杨改兰”事件到“上海女逃离江西农村”的网络舆论事件，从“精准扶贫”到特色乡镇建设等，都有很高的关注度和争议性，正确处理农村网络舆论已经成为相关决策者进行科学规划的必要工作。对于农村网络舆论的引导，需要通过一定的“图式”来形成新的认识结构，扩散到网络用户群体，形成健康、积极的良性网络舆论，推动农村事业的发展。

改革开放四十多年来，中国社会飞速发展，在这个过程中，各种社会问题接踵而来。在互联网迅速发展的当代，“数字鸿沟”所带来的问题也逐一显现，无论是网络普及率，还是信息经济、网络社会、在线政府、数字生活指数和网民素养等方面，与城市相比，农村都有不同程度的差距。这种差距会导致农村越来越落后于城市，损害农民的幸福感，进而产生不适应性和逆反情绪，容易心理失衡并积累成被剥夺感，这种失衡感和被剥夺感会蔓延在网络上，成为许多网络舆情事件的背书。针对这种情况，明智的地方政府会进行新的“图式”建构，并通过网络媒体进行系统的“同化”，逐渐消除网民的不适应感，获得新的“平衡”感知，化解被剥夺感。这就是良性网络舆情认知传播的认同性现象。

中国是一个拥有庞大农业人口的超大型国家，在现代化建设进程中需要凝聚共识，这是决定现代化进程成败的关键要素之一。互联网不仅具有客观属性，还具有作用于用户和社会的主观认知属性，承载着凝聚共识、整合民意的功能，网络媒体的认知“同化”策略与网民的“顺应”性，可以实现网络民

① 张力、廖芮：《再议数字鸿沟：网络社会的边缘群体》，人民网-舆情频道，http://yuqing.people.com.cn/n1/2020/0715/c209043-31784750.html，访问日期：2020年8月22日。

意和政府意志的实质性融合，助推农村各项工作的顺利开展。事实上，凡是涉及农村的重大项目工程都离不开公众的参与和支持。政府需要通过网络媒介与公众进行有效沟通，寻求公众支持，即通过认知“同化”的方式，增强公众的认同性。良性的“同化”可以在正视事物各个部分存在差异性的前提下，协调好各个部分之间的关系，以便其能够更好地发挥作用，促使事物健康和谐地发展。

由于“数字鸿沟”而导致的群体性认知的结构性差异，导致了他们在网民媒体的使用和影响力方面存在着严重的差异。学者张鹏翼曾经做过网络舆情的数字鸿沟方面的研究，他认为：“新的技术环境既带来了缩小数字鸿沟的可能性，也带来了数字鸿沟进一步拉大的威胁。一方面，微博作为社会化媒体的特征给‘新生代’农民工提供了一个获得帮助和支援的平台(例如发布求职信息)；这个平台超越了他们原有的以血缘和地域为基础的社会网络。另一方面，结果也显示微博这样的新技术仍有可能造成更大的数字鸿沟和数字不平等。”[①]他以微博的使用为例，引用了一个名叫“山民白水”的网民发布的一条微博，报道了欧姆电子罢工第三天的实况：“松下欧姆电子罢工第三天……工人留在车间和厂方谈判，厂方只答应提高十数位班组长的基本工(资)……@关注新生代农民工’。这是从罢工工厂发出的一手消息。作者使用了@符号来引起‘关注新生代农民工’(清华北大几位学者组成的联合账号)这一用户的关注，并因得到该用户的转发而达到更为广泛的受众。”[①]一位人气数只有74的名叫1908399862的博主在2012年4月1日20:42:31发表了题为《深圳欧姆工厂罢工：资本与工人，谎言与真相》的博文，报道了这家日资企业的罢工事件，“在罢工前一天，工人曾联系多家媒体，希望能够引起社会的关注的，但前来关注者寥寥，‘@关注新生代农民工’微博对罢工进行了全程直播。工人希望能够有更多的媒体参与进来。资方态度非常强硬，对于工人所提要求，避重就轻，工人最关切的问题被厂方拒绝。该厂工会并非经工人选举产生，工会主席由厂方任命，工会主要成员均为厂方中高层管理人员，并无普通工人代表。工人已经提出要求重新选举工会。据了解，这一做法在‘加薪潮’中非常普遍，之前媒体广泛报道的富士康加薪亦存在类似情况，所谓加薪，不过是将原来的伙食补贴、住宿补贴、

① 张鹏翼：《基于网络舆情的数字鸿沟与数字融入问题研究——以“新生代”农民工为例》，载《情报杂志》，2013年第11期，第99页。

季度奖等取消，纳入基本工资当中。这样一来，资方对外宣称履行加薪承诺，而工人所得却并无明显增加。这种‘明修栈道、暗度陈仓’‘拆东墙、补西墙’的做法在博得媒体和舆论一片好评的同时却并没有给工人带来实际的利益”①。

学者林若楠等人研究了“80后”农民工的网络使用情况，他们把有文化、熟练互联网使用的“80后”称为“新生代”农民工，他们在网络舆论的占比也非常少，“在40个转发量最高的用户中，‘新生代’农民工的比例仅占5%。尽管农民工可以通过网吧、手机等方式使用微博，但包括价格过高、缺少时间、缺少必要的技能和兴趣等诸多因素仍然会阻碍农民工对ICT的使用”②。

四、优化网络舆论的结构性认知模式

1. 改变“劣币驱逐良币”的舆论主导模式

“劣币驱逐良币”现象也称“格雷欣法则”，原指因消费者习惯于保留储存贵金属含量高的货币，而使用贵金属含量低的货币进行市场交易、流通，这样就导致了实际价值低的劣等货币充斥市场，上等货币退出流通领域的现象。借用到农村网络舆论模式研究的目的就是为了增强问题的形象性。当农村网络舆论爆发时，一些网络舆论素养不高的人习惯于听信小道消息，并呈现出高度偏执、敏感易怒、妄自尊大和极度不负责任的集体无意识现象。形成非常盲目的“羊群效应”，即随波逐流，缺乏独立自主的精神，缺乏主见，以感性情绪代替理性思考。即使少数人拥有一定的理性意识，但是无法成为主流，因为群体中的大多数人被感性情绪驾驭着，显示出奢侈、势利、焦虑、恶俗、虚假、纵欲、跟风的特征。

由于责任分散的原因，部分网民还常常不负责地在网络上表达意见、宣传主张、宣泄情绪，使得社会上出现的一些谣言、杂音、噪声通过互联网快速传播与扩散。容易产生颠倒是非黑白的集合行为，给社会造成动荡，破坏社会发展。针对这种现象，网络舆论工作者可以主动地提供权威的、理性

① 博主1908399862：《深圳欧姆工厂罢工：资本与工人，谎言与真相》，http://blog.sina.com.cn/s/blog_71bfdef601011738.html，访问日期：2019年12月19日。

② 林若楠、李金芮、翁欣等：《“80后”农民工知识需求及公共图书馆相关服务状况调查》，载《图书馆》，2010年第1期，第67-82页。ICT，是information and communication technology的缩写，指“信息与通信技术”，这是一个涵盖性术语，涵盖了所有通信设备、应用软件以及与之相关的各种服务。

的、真实的舆情信息，主动引导农村网民，让正确的网络舆论成为主流，让“良币”驱逐“劣币”。

2. 提升乡村网民的网络媒介素养

“魔弹论”的核心内容是：媒介拥有不可抵抗的强大力量，它们所传递的信息在受传者身上就像子弹击中身体，药剂注入皮肤一样，可以引起直接速效的反应。媒介能够左右人们的态度和意见，甚至直接支配他们的行动。受众习惯于消极被动地等待和接受媒介所灌输的各种思想、感情、知识。这个时候，受众的性格差异并不重要，重要的是讯息，讯息直接改变态度，而态度的变化即等于行为的变化。

显而易见，“魔弹论”产生的背景主要有三点：第一，人们的文化素养普遍不高，识别能力较差，理性思辨能力较弱。第二，公民的媒介素养和舆论认知能力普遍很低，难以进行有效识别。第三，社会处于动荡不安时期，各种信息纷至沓来，复杂多变，人们难以识别真假，尤其是当人们的切身利益受到威胁的时候，极端主义分子传播的虚假安全信息往往更能达到令人惊异的效果。

目前，中国乡村的文化普及水平和农民的媒介素养与第一次世界大战至20世纪30年代的大多数资本主义国家的情况十分相似。我国目前正处于跨越“中等收入陷阱”的关键时期、“达摩克利斯之剑”高悬时期，内部社会问题比先前增加了很多，外部压力越来越大，结构性风险系数明显增加，“民族复兴”议题伴随着国际反华势力的“遏制”话语，这些因素就构成了当前我国农村所面临的复杂形势，使得网络舆论素养不高的农民难以进行深度识别，容易被表面化的网络舆论“带节奏”。这需要提高农民们的网络媒介素养，以此来提高他们的结构性认知水平。

关于网络媒介素养，彭兰认为：“对于公众来说，社会化媒体时代的媒介素养应该包括媒介使用素养、信息生产素养、信息消费素养、社会交往素养、社会协作素养、社会参与素养等。”“公众的媒介素养也与他们作为现代社会公民的素养紧密相连，因为作为公民参与社会公共事务的能力，在很大程度上体现为他们从媒体获得有效信息、通过包括社会化媒体在内的公共话语空间进行理性表达与交流的能力。”[①]有学者对生活在城市的农民工进行过

① 彭兰：《社会化媒体时代的三种媒介素养及其关系》，载《上海师范大学学报(哲学社会科学版)》，2013年第3期，第52-56页。

调查，结果堪忧。“农民工经常忽视媒介的有关信息，认知大众传媒的素养有待大幅提升。农民工尚不具备客观评价媒介信息的能力，容易偏激。农民工媒介参与能力低，媒介信息呈单向传播。媒介信息对农民工态度或行为的影响作用过小。农民工媒介素养的改进之路任重道远。”①

基于这样的现实，提升农民的网络舆论素养需要从提高他们的认知能力出发，网络舆论工作引导者可以充分使用“图式、同化、顺应和平衡”的框架结构模型，建构起旨在提高他们对农村网络舆论认知能力的引导机制。

3. 重视乡村网络意见领袖的培养

在传播过程中，媒介讯息往往不是直接传向所有人，而是按照“媒介—意见领袖—受众”的传播模式进行的。在传播过程中，人与人之间不是相互隔绝的，而是彼此之间保持着持续性的联系。这不是传统意义上单纯的“二级传播”模式，而是多级轮回的交叉传播模式，意见领袖在舆论导向上起着关键性作用。他们首先或较多地接触大众传播信息，并将经过自己再加工后的信息传播给其他人。在网络社会里，由于互联网的各种新兴功能、网民结构的复杂性和信息传播的交叉感染性等诸多特征，网络意见领袖的功能和作用得到进一步增强。他们积极使用网络媒体，并把了解到的讯息内容或意义传递给低端网络用户。网络意见领袖在网络舆论中的角色和作用非常重要，尤其是那些来自底层和民间的网络知识分子，既能代表基层表达诉求、反映民间呼声，又能把一些比较难以理解的网络信息通过解读的方式，传递给普通农民网民。

意见领袖一般具有基本的信息协调和信息干扰的技巧。如果信息符合意见领袖及其团体成员的需要，或者观点和主张可以为其接受，那么意见领袖就会进行协调操作，进行恰当的网络舆论引导。相反，如果传播者输出的信息违背或损害了意见领袖及其团体的利益，观点不能为其所接受，那么他就可以设障阻滞或施故干扰，也可以对信息只做合意的加工和解释。意见领袖的创新能力，并不是要求他们能够创造新信息，而是在于他们能根据自己的经验和常识来把握新信息，认识新信息的本质和动向，并给予合理的引导或阻滞。

4. 预防群体极端化情绪

美国心理学家萨拉·凯拉尔在研究中发现：群体极化现象不仅存在于现

① 李道荣、彭麟峻：《中国农民工媒介素养问题研究》，载《北京社会科学》，2013 年第 5 期，第 127-129 页。

实中，同样存在于网络中。他与同事通过研究证明：“网络中的群体极化现象更加突出，大约是现实生活中面对面时的两倍多。”①美国学者凯斯·桑斯坦说得更加明白：“网络对许多人而言，正是极端主义的温床，因为志同道合的人可以在网上轻易且频繁地沟通，但听不到不同的意见。持续暴露于极端的立场中，听取这些人的意见，会让人逐渐相信这个立场。各种原来无既定想法的人，因为他们所见不同，最后会各自走向极端，造成分裂的结果，或者铸成大错并带来混乱。”②群体极化的破坏力极大，因为当群体无意识被激活时，人就不是原来的那个人了，作为个体的人，不仅仅处在这样的运动之中，而且个体人就是运动本身。第二次世界大战时德国纳粹对犹太人的残酷杀害，就是群体极化瘟疫在现实中爆发的一个极端例子。

网络群体极化的实质是多数人的暴政。在中国农村，由于多数人的文化程度不高，理性意识不强，自我思辨的能力较弱，缺乏民主讨论的传统，所以，网络群体极化现象很容易转化为现实中的极化事件，扰乱正常社会秩序。相对于传统媒体而言，互联网的优势之一就是网民可以自由表达各种观点，从而形成多样化的意见。但是当群体意见被极化之后，只剩下一种或少数几种观点的声音，大大消解了“协商民主”的力量。“协商民主”的最大意义在于保证每一个公民的意见得到尊重，在事务决策中照顾到所有人的想法。而农村地区的大多数网民这方面的认知能力不足，需要网络舆论工作者进行科学有效的引导。

第三节 网络舆论符号系统互动机制

网络舆论符号系统互动机制立足于社会心理学研究视角，与大数据信息技术的分析视角不同，它主要研究符号系统互动传播在网络舆论生成与传播过程中的动力机制，强调网民对于网络舆论事件意义的理解。网络舆论现象首先是网民对公共事件的理解与行动的结果，网络舆论发生、发展到结束的过程是网民把个人的主观意义赋予到网络舆论客体中并作出反应的过程。

互动论是一种微观社会学，网民在参与网络舆论言行的过程中表现出来的不仅是言语的反应，还包括对舆论现象领悟、解释、行动与创造的反应。

① 帕特里夏·华莱士：《互联网心理学》，谢影、荀建新译，北京：中国轻工业出版社，2001年，第88页。

② 凯斯·桑斯坦：《网络共和国》，黄维明译，上海：上海人民出版社，2003年，第50-51页。

社会环境一直是动态的，它一直在影响和塑造着我们的性格和感知能力、思维能力。舆论环境是符号互动的产物，互动过程首先是符号互动的过程，符号被行动者赋予了意义，并与他人共享。网络舆论符号系统互动传播是互联网时代舆论传播的常态，是多模态化符号的象征性意义之间的一种新形态传播机制。这种互动机制以网络符号的使用、解释为基础，具有明显的网络性、即时性、集中性、高强度性的特征。

一、网络舆论符号系统互动传播概述

网络舆论符号互动传播机制主要研究构成网络舆论的符号系统在舆论事件发展过程中的互动机制，揭示这些互动性符号的象征性意义在传播过程中对网络舆论所产生的驱动力的问题。网络空间活动的主体是由借着网络平台联结在一起的网民组成的，网络空间里诸多舆论现象可以利用实证主义的方法进行解释，也可以利用符号互动机制的相关理论进行行为主义心理学方面的解释，从而探寻符号传播的路径，预测和引导网民的言行。这种研究视角是基于这样几个基本认知：第一，“使用与满足”，网民参与舆论讨论的原动力是这件事情对于他们本身存在着一定的意义，能满足他们的某种心理期望，参与的程度是由事件对他们本人意义的大小来决定的。第二，事件的意义是在网络互动的过程中逐渐被赋予的，事件初始只对当事人具有一定的意义，一旦经过网络发酵，网民在互动过程中逐渐发现舆论事件存在更加丰富的意义，因此符号互动对于网络舆论的未来发展起着决定性的作用。第三，网民习惯根据自身对于事物意义的理解来决定如何应对变动的事物，他们对于事物意义的理解随着网络互动的过程发生改变，有人会越来越冲动而最终表现出激烈言行，有人会逐渐趋于理性进行思辨性的讨论，而另外一部分网民则会逐渐淡化态度变成“吃瓜群众”，所以，在网络舆论符号互动的过程中，真实性的、真理性的、充满正义的声音至关重要。

网络舆论符号系统主要由语言、文字、影像、图像、图表等部分组成，也包含语气、整体语义、象征性和情境性等非直接要素，这些要素不同程度地影响着网络舆论发展的进程、强烈程度等。例如：在网络舆论符号互动理论中，情境因素十分关键，主要是指网民在参与网络舆论行动过程中所面对的实际情况或场景，包括作为网络舆论主体的网民，他们之间的角色关系，网络舆论爆发的场域、时间、地点，以及当时的主要社会心理、政治文化潮流等。网民会根据上述诸多因素的组合程度来决定舆论事件对于个人的实在意义，进而决定个人参与的方式和参与的程度等。所以，在对网络舆论事件处置的过程中，合理掌握网络舆论事件的情景性意义可以有助于准确预测舆情趋势、合理应对舆论事件。

在网络舆论传播过程中，网民个体普遍具有弱者的心态从而希望在网络群体中互相合作而实现个人的目的，他们有一定的群体归属感，并且希望借助群体的力量完成个人的愿望，所以，网络舆论事件的主要对象一般都会被网民冠以需要帮助的弱者形象，吸引更多的群体参与讨论。网络群体内部一般都是具有不同程度的组织特色的有机体，有机体之间有利于合作的因素会被大家尊崇，最终形成符合多数人意见的群体合意，这是群体存在的主要原动力之一。群体力量的形成来自群体内部和外部之间的关系互动，因此，研究群体内部和外部之间的互动关系有助于理解和掌握群体力量的大小，有助于选择合适的引导策略和引导方式。决定网络舆论符号互动机制的因素有群体成员的社会地位、社会角色、社会压力、价值观，以及群体规范性、群体归属感等。

二、大数据信息技术超强的符号组合与分析功能

基于网络舆论符号互动的独特性，大数据信息技术具备了网络舆论符号信息搜集、分析、预测、研判的先天优势和基础，可以将监测的目标时间点提前到敏感信息尚未形成的早期，即“苗头性信息”，通过建立模型来模拟实际网络舆论的演变过程，实现对网络舆论发展趋势的预测，进行科学研判。通过高效的算法分析模块从丰富的数据海洋里集中挖掘出极具价值的符号信息，发掘事件苗头、归纳舆论观点的倾向性、掌握公众的态度情绪、洞察热点事件的目的和发展趋势，寻找科学的引导路径。

科学的数据分析模式直接影响舆论信息符号分析的质量和价值，它以文本分类、聚类、观点倾向识别等计算机文本信息符号内容的识别技术为基础，以数据挖掘技术为核心，应用不同数据建模的多种数据挖掘算法，结合相应的数据可视化方法，实现对舆论发展趋势的精准预测，形成科学的引导策略。影响这些算法的要素包括关联规则、序列模式、频繁序列、决策树分类、神经元网络、模糊聚类、异常检测等。对大数据信息的采集加工是整个舆情分析服务的基础，也是舆情分析的必备技能，其覆盖范围包括各种机构网站，媒体网站，微博、微信、微视频、知乎、豆瓣、贴吧、天涯等社交平台，以及其他客户端。

目前，大数据信息技术给网络舆论分析带来的动力机制主要有以下四种。

1. 全媒体舆情监测

主要利用爬虫技术，根据预定的监控关键词实现全媒体一键搜索，采集的主要信息有文本信息、图像、图表、视频、表情包等，既全面又丰富多样。这种监测实时高效，拥有即时的响应机制，一旦目标网站发布目标信息，监测平台可在一分钟之内采集到本地数据库里的有用信息。

2. 多媒体数据语义分析

采用深度学习算法对搜集到的符号信息进行语义分析，采用分布式主题模型的数据，研究智能多媒体数据分析，进行多媒体符号数据的语义理解，采用多模态 CNN① 进行跨空间的舆论事件的特征分析。针对视觉模态，通过用于图像分类的 CNN 模型得到每一个视觉图像的特征，利用构建的深度卷积神经网络来识别视频的视觉表观特征。

3. 热点事件的发现和跟踪

针对热点事件在不同媒体平台上传播的特性，采用跨网络空间主题建模的社会事件发现方法，通过概率图模型与提升权重学习来实现社会事件的发现。在事件发现层次方面，主要以社交媒体的文本、图像、视频等不同模态的数据，构成不同特征空间，通过特征学习，将每个模态空间的元数据映射到同一空间。最终，利用学习得到的统一空间，以事件文档作为监督信息引导学习过程，使得到的文本和视觉主题特征更有表述性，进行热点事件发现和跟踪。

4. 舆情全局态势研判

采用协同主题模型的舆情演变与可视化方法，融合不同媒体空间的事件数据，分析社会热点事件的舆论传播，引入舆论相关的中层属性标识，充分挖掘社会事件在物理空间和网络空间中的协同表现形式，构建不同网络空间中的协同主题模型，实现信息共享。构建可靠、精确、覆盖完整的舆情特征集合，基于这种集合构建高效的事件舆情分类器，在网络空间数据流中进行快速的舆情监测和可视化成分补充，根据监测结果进行舆情预警和全局态势研判。

① CNN 也叫 convnet，中文名称为卷积神经网络，是计算机视觉领域常用的一种深度学习模型。

三、网络舆论符号系统互动机制的主要类型

大数据的根本价值不在于信息本身，而在于通过分析数据的关联性来建构符号系统所标识的各种意义，全面理解网络舆论的价值链和内涵，预测未来，指导决策。网络舆论符号系统互动机制主要有五种类型。

1.“镜中我”的自我调适机制

“镜中我”是指一个人的自我概念，这种概念是通过与其所依存的社会其他成员的互动过程中形成的自我印象，以及社会成员对待“我”的态度决定“我”的言行发展模式。“镜中我”形成的过程就是自我认知的过程，想象在其中起着重要作用。网络舆论中的“镜中我”主要有三个组成部分：第一，想象自己怎样显现于网络群体中的“他人”面前；第二，想象网络群体的重点“他人”对于自己的这种显现作何判断；第三，在想象和认知的过程中逐步完成自我调适，形成具有固定特征的自我感觉。例如：曾经有网络大 V 自诩自己在回复粉丝留言的过程中产生了“皇帝般”的幻觉，网民在网络群体中逐渐丧失自我本真，认同群的价值观念，按照群的共同的思维方式和行为方式进行发言和行动。在这种以适应环境为目的的自我调适过程中，个人的精神、思想、观点、思维方式就逐渐形成了，丧失了自我，成为环境的一个组成部分。推而广之，某些网络群体就是在这种以适应环境为目的的过程中改变了原先的精神、思想、观点、思维方式等，网络群体丧失了“自我”，从属于更大的环境。在这个调适过程中，充斥着各种矛盾和冲突，在矛盾与冲突的解决过程中，逐渐形成共识，然后再产生新的矛盾和冲突，再进行解决，形成新的共识。所以，“镜中我”的自我调适机制就成为形成网络舆论的一个重要动力机制，决定了网络舆论的本质就是一个长期性、系统性的传播现象，伴随人类社会发展的全过程。

2.“主我”与“客我”的互动机制

这种机制的理论来源于米德的符号互动论的核心概念“自我”，米德将自我分成两种状态：“主我”和“客我”，“自我可以分为作为意愿与行为主体的‘主我’和作为他人社会评价和社会期待的‘客我’”[①]。用通俗的话讲，“主我”就是那个真实的自己，“客我”是指自己评价中或者别人评价中的那个自

① 金盛华：《社会心理学》，北京：高等教育出版社，2010 年，第 166 页。

己。在网络时代，“主我”也可以是指那个真实的“群”的组织，“客我”也可以指自己评价中或者别人评价中的那个“群”组织。个人或群体就是在“主我”和“客我”的互动过程中形成自我意识的，自我意识是在多种互动关系中体现出来的，所以“自我”一直处在不断发展和变化的过程之中，这种互动的介质或者互动的平台提供了信息和信息交流的机会。“主我”在网络舆论符号互动传播机制中的表现是：依照自己的心智参与某项网络舆论行动，具有自发性和冲动性，表达自己真实的观念或意见，表现真实的自己。“客我”指的是个人或群体从“他人”处意识到有关自己的看法或观点。“客我”在网络舆论符号互动传播机制中的表现是：参与某项网络舆论行动的主要方式是经过认真思考后的选择性参与，或者以意见领袖的方式参与，这种参与的心理动因主要是迫于群体的压力而进行的主动性选择，目的是满足他者的需求或社会性需求。“主我”与“客我”互动机制决定了自我接受网络舆论刺激并对刺激作出反应时被动性的一面，也有主动性的一面。形成这种“两面性”特征的主要原因是：人自我概念的形成过程不仅是社会结构和文化精神的自我内化，它也是一个自我互动、自我调节的过程。在这个过程之中，自我既有的价值观念起着决定性作用，自我遇到的网络舆论的情景起着唤醒作用，也就是说，已有的潜藏着的选择性机制被唤醒，网络舆论的具体情景刺激到了个人自我意识，这种自我意识决定了个体是否参与网络舆论事件，以及参与的程度、主动参与还是被动参与等。一般情况下，舆论主体具有通过自我互动的调节机制来形成、指导自己行为的能力，他所身处的社会的价值观、群体性规范、个人角色和个人地位等会产生一定的作用，但更多的是网络舆论主体主动的、富有创造性的选择。

3.“刺激—解释—反应”机制

这种符号互动机制的理论源头是布鲁默的符号互动论，布鲁默认为，意义是符号互动的产物，他把互动分为符号互动和非符号互动。符号互动指行动者对刺激进行了解释之后再采取行动。非符号互动指行动者未经解释便发生了个人对他人行动的反应的过程。在网络舆论发生和传播的过程中，网民对于某一舆论客体所采取的行动，主要是根据网民主体对舆论客体所赋予的意义，同一舆论客体对不同的网民主体的意义也各不相同。网民主体赋予舆论客体的意义来源于网民对正在讨论中的舆论事件的态度，网民也会受到参与讨论的其他成员的态度、观念、情绪和意见的影响。这种影响对身处舆论之中的个人或群体会产生不同程度的作用，作用的程度不同，所产生的意义也各不相同，网民主体会根据各自的理解来决定自己的反应方式。当然，网络舆论事件的意义是不断变化的，这种变化总是在各种解释和材料的补充修正的过程中逐渐完成的。

所以，网络舆论的“刺激—解释—反应”机制有两种发生发展方式：第一种是“刺激—反应”机制，这种互动机制没有任何解释就会立刻得到网民广泛的关注，比如自然现象、自然灾害事件等，直接牵动网民们的安全心理和求知心理，从而引发关注。第二种是“刺激—解释—反应”机制，这个机制因为“解释”而充满着不可预期性，这种不可预期性恰好最能吸引网民的眼球。这种机制最大的特点就是：随着舆论客体——公共事务的新解释的变化而引起网民们的情绪、意愿、态度和意见的变化。一些常见的“舆情逆转”现象就是这种机制起作用的结果。所以，舆论工作者在网络舆论引导工作中要善于利用这种互动机制，重点是做好舆情事件的解释工作。

4.“拟剧效应”机制

这种机制来源于戏剧理论，戏剧理论研究者喜欢把人们的活动比作剧院里的演出，从戏剧的角度研究社会互动现象，因此被称为“戏剧理论”。网络舆论“拟剧效应”机制分为两种模式：一种是网络空间经常发生的常规性的、持续性的舆情互动，例如 2019 年亚马孙森林火灾舆情和 2020 年澳大利亚丛林大火舆情；另一种是网络空间偶然发生的、没有任何征兆的舆情互动，例如 2020 年 8 月 4 日黎巴嫩首都贝鲁特港口区发生的巨大爆炸案舆情。

“拟剧效应”机制一般由五大要素组成：剧本期望、剧情、剧组、表演区域、假面具。网络空间好比一个舞台，网民都在这里登台表演，表演是按一定的程序进行的，每个人根据剧本进行角色扮演。人们表演的区域有前台、后台之分。前台是人们进行表演的地方，后台则是为前台表演做准备的、不想让观众看到的地方。人们在前台的行为举止与后台是不一样的，在前台举止得当、规规矩矩，到了后台则可能是完全相反的特征。这一现象在很多网络舆论事件中得到验证，比如：“网络水军”操纵起来的舆情和一些别有用心的组织刻意制造出来的舆情等。

在表演过程中，网民都非常关心和试图控制自己留给他人的印象，通过语言、文字、视频、图像、图表等使他人形成网民本人所希望表现的印象，形成良好的“印象”。为了达到这种目的，网民就要运用一些手段、工具来装饰自己；也会使用诸如选择、隐藏、掩饰等方法来张扬优点、遮蔽缺点。拟剧效应的一个基本规则就是：人们不能将前台行为应用于后台，也不能将后台行为应用于前台，而是应该在不同的场合表现出应有的行为，其标准就是约定俗成的各种社会规范。

“拟剧效应”机制中会遇到“角色距离”的情况，角色距离主要是指个人与其假定的角色之间存在的差距，个人在某种角色上是否能积极地发挥作用取决于他与该角色相适应的程度。只有当某种角色不仅适合个人承担，而且对他具有某种挑战性时，这个人才可能充分施展才能，达到进入角色的程度。

在网络舆论符号互动机制中，网民以不同的角色在不同的舆论事件中进行符号表达。如果是事先预谋的策划，则一定会有事先的“剧本”，舆论主体按照“剧本”表演，例如：以美国为主导的发生在北非、中东、苏联加盟共和国的一系列“颜色革命”就是这种“拟剧效应”，“网络推手”导演出来的网络舆论也是一个明证。当“剧本”不明确或不完整时就需要随机应变，进行临时创作，推动网络舆论的发展。

基于这种符号互动机制可以看出，网民在网络舆论事件中进行互动的一般都是表演，是伪装起来的自己，而不会是真实的自己。类似于在他人面前故意演戏，戴着假面具活跃在网络空间里，他在网络舆论场里所表现出来的，与社会公认的价值、规范、标准相一致的都是前台行为，是一种角色面孔。这种表演策略主要有四种：第一，理想化表演，就是掩饰那些与社会公认的价值、规范、标准不一致的行动，而努力表现出与社会公认的价值、规范、标准相一致的行动，其目的是塑造良好形象，取悦网民，赢得信任，实现其不为人知的目的。第二，误解表演，是一种使别人产生错觉，得到假印象的表演，这种表演一般都是为了获得某种期望中的利益，例如：为了获得社会尊重或社会地位，一个本来没有学问的人装得很有学问；为了满足某种虚荣心而努力掩饰自己的缺陷，只提供有利于自己形象的信息；为了达到某种目的，故意歪曲和曲解其他组织或个人的言论，达到混淆视听、趁机作乱、乱中取胜的目的等。第三，距离化表演，与别人保持一定的距离，从而使别人产生一种崇敬心理。因为网络社交的特性，人与人之间的交往皆在网络空间进行，亲密度很低，很容易形成距离感，现代心理学研究发现：距离产生美，一些网民会利用网络空间的距离感来神圣化或神秘化自己或某个群体，达到争取识别能力低下的粉丝的跟从。第四，修复表演，主要是当网络舆论出现负面效果的时候，需要进行形象修复补救，通过提供可以被充分证明的信息，或者通过情绪感染的方式打动网民，修复受到损失的形象。

5.“舆情反转”机制

网络舆论中常见的一种现象是：随着事件真相的公布，网络舆情前后的态度、情绪和意见会出现大相径庭的结果。在舆情的流变过程中，有关组织一旦应急措施不当、舆情反馈不力，就会导致舆情不断激化。若能及时发布权威信息、有针对性地开展舆论引导，一些传言、谣言就很难有市场，在各种舆论热点事件的形成、发酵和传播过程中，“标签化思维”能够产生重要作用。

“标签化思维”就是人们习惯以“贴标签”的方式，用长期以来形成的对某个群体、某类事物的刻板印象，来评判具体的人、具体的事。在一系列舆论热点事件中，常常出现许多人在对事实不甚了了的情况下就草草作出评判的荒谬现象，原因就是受到了非白即黑、以偏概全的标签化思维的影响。

标签化是经常推动网络舆论发展的一种自带基因。在日常交往中，人们习惯于借助各种标签，了解和评估某个对象或某种事态。这些标签包含着特定的价值和行为判断，能降低人际交往和认识事物的成本。在标签化思维模式之下，人们在交际的过程中，不需要为了某个不太熟悉的人或事物浪费时间，只需要用一些彼此熟知的标签，就能让对方茅塞顿开。标签能够辅助认知，但是凡事都进行标签化认知、标签化思考，甚至养成一种标签化思维习惯是不对的。在网络世界里，标签化思维正日益展现出非理性、情绪化的特征，恶化了网络舆论生态。

在网络舆论中，标签化思维的基本套路是：把个案泛化为普遍现象，把偶发归结为必然结果，把特殊描述为一般情况，把细节定论为事物全貌。标签化思维的作用取决于人们对标签化符号进行解码的过程。当一个标签根深蒂固之后，人们就会用这个标签代替总体现象去评价某个群体中的个体，只有当具体事实真相呈现出来的时候，标签化思维模式就会被瓦解，网络舆论开始反转。所以，网络舆论发展的过程中，一旦出现标签化行为，就会出现“反标签化”行为，形成“舆论对冲机制”，由此产生的冲突效应恰好就是推动网络舆论发展的动力之一。

标签化思维是一种简单而又刻板的印象性思维，常常会催生出各种“奇葩”的“舆论反转”现象，网民需要在突发舆论事件发生时保持冷静、客观和理性，静待相关部门的信息公开而不是匆忙凭借标签化的思维模式进行习惯性的轻率表态。

第四节　网络舆论的倒逼机制

倒逼机制在诸多领域都有应用，它是一种以问题为导向的组织治理模式，问题倒逼着当事组织或当事人进行革新，改进治理方式，促进组织向前发展，进而推动社会前进。当社会矛盾重重，冲突激烈的时候，说明这个社会存在多种问题，那么倒逼机制就是一种很好的改进方式，能发挥重要作用。网络舆论倒逼机制的形成过程是这样的：存在潜在的问题—舆情爆发—问题大白于天下—网民质疑献策—形成舆论压力—问题主体进行整改—舆情平息—问题解决。

网络舆论的倒逼机制指的是网络舆论充分暴露出了当前社会存在着许多亟须解决的社会问题，形成强大的舆论压力，涉事主体迫于舆论压力不得不解决一些复杂的、棘手的问题，从而形成了一个促进社会改革、推动社会向前发展的良性治理机制。舆论的倒逼机制犹如高悬的“达摩克利斯之剑”，随时都有可能降落下来，对组织管理者和社会治理主体单位形成潜在压力，从而尽心尽责地推动社会向前发展，而不是相反或停滞。倒逼机制的落实者一般都是政府或企事业单位的主管，由他们做解决问题的执行者，有时候也可以是涉事主体的个人。对于政府而言，他们是最关心网络舆论的组织，对内要维护社会稳定、保护公民财产安全、进行民主政治建设；对外要维护国家主权完整、保障国家良好发展的外部环境、争取外援、防御外敌侵犯。“人人都有麦克风”的时代，网络舆情是社会的“晴雨表”和“风向标”，每个人的意见汇聚在网络上，一定会越来越集中，最后凝聚成多数人关心、多数人希望解决的问题清单。

一、倒逼机制的本质

倒逼机制本是经济学领域常用的一个词语，主要是指国有企业投融资功能不足，引起政府投融资行为对其进行强制替代，致使银行信贷资金经由财政流向国有企业，形成倒逼贷款。当倒逼贷款现象普遍化时，就形成了“倒逼机制”，即：国有企业向基层国有银行施加压力，这种压力致使基层银行不得不突破信贷配额防线，然后，基层国有银行开始层层向自己的上级银行提出扩张要求，迫使总行增加信贷额度，各国有银行总行最后又向中央银行提出再贷款的申请，中央银行不得不进行规模扩张。这种源起于国有企业借款要求的、自下而上的货币供给扩张过程，就是所谓的“倒逼机制”。

倒逼机制后来被运用于经济改革运动中，当市场需求萎缩导致商品价格下跌时，价格下跌的信号传导到生产企业，生产企业不得不通过减产或更新迭代产品的方式寻求新的利润增长点，甚至转行生产市场潜力大的商品。

目前，倒逼机制成了一个具有普遍性意义的词汇，主要是指基于问题意识的一种社会治理模式，问题迫使问题的管理主体不得不进行改革，或者寻找新的方式方法，或者寻找新的出路，化解风险与危机，推动组织和社会的进步。

二、舆论监督的倒逼机制

传播学领域的倒逼机制始于“新闻监督”和“舆论监督”。新闻监督主要指的是报纸、广播、电视等媒体针对立法机构、执法机构、政府、企业及其他社会组织或个人的违规行为的监督，主要手段是通过新闻报道的方式进行曝光、揭露，抨击时弊、抑恶扬善，维护社会公德良俗和法律法规的尊严。新闻监督是一种有组织、有程序、有明确目的的社会监督行为，是舆论监督的重要组成部分。

“舆论监督意指公众通过舆论这种意识形态，对各种权力组织和其工作人员，以及社会公众人物自由表达看法时所产生的一种客观效果。”①“舆论监督本质上是公众对公共利益的委托对象的行为和行为过程的一种监督，而公共利益的委托对象主要指政府机关及其官员，以及涉及公共利益的一些公众人物。”②“‘舆论倒逼’是‘舆论监督’的进一步发展，在‘风险事件’频发、公众表达意见的渠道更加便利的今天，舆论已然形成一种‘倒逼’的力量，它促使权力组织‘公众人物’调整相应政策、改善自身行为……舆论倒逼是社会中的正常秩序出现问题，媒体为维护社会正常秩序，对隐藏社会背后的问题进行报道，引发舆论发酵，再经由舆论推动政府采取有效措施积极作为，其最

① 陈力丹：《论我国舆论监督的性质和存在的问题》，载《郑州大学学报（哲学社会科学版）》，2003 年第 4 期，第 7-8 页。

② 靖鸣、李姗姗：《微博舆论监督表达方式与手段的多样化呈现》，载《新闻爱好者》，2012 年第 18 期，第 11-12 页。

终目的是使其常规化、正常化。”[①]舆论倒逼是舆论监督功能的必然结果，也是舆论监督的自然归属，舆论监督的主要目的是通过舆论的力量，迫使社会上的一些失序行为得到预防和矫正，从而维护社会机制的健康运行。

与网络社会相比，传统社会的倒逼机制常常在一个相对固定的场域范围内执行，在这个场域范围内，人们的关系相对稳定，有着特殊的逻辑形式和必然联系，通过倒逼主体和倒逼客体的“刺激—反应”机制，很容易产生作用，倒逼机制的效果容易快捷显现。倒逼主体和倒逼客体两者之间有共享的文化制度、风俗习惯，以及共同的信息接收和反馈群体，所以作用效果明显。而一旦跨越固定的社会区域，倒逼机制很容易失效，因为人们的共享关系非常脆弱，相互理解困难。法国社会学家布尔迪厄认为：“一个场域可以被定义为在各种位置之间存在的客观关系的一个网络（net-work），或一个构型（configuration）。”[②]“在高度分化的社会里，社会世界是由具有相对自主性的社会小世界构成的，这些社会小世界就是具有自身逻辑和必然性的客观关系的空间，而这些小世界自身特有的逻辑和必然性也不可能转化成支配其他场域运作的那些逻辑和必然性。”[③]所以，传统社会的倒逼机制功能很强，有固定的运行模式和逻辑性，但是，它的边界性特征非常明显，产生作用的范围有限。

三、网络舆论的倒逼机制

与传统的倒逼机制相比，网络舆论倒逼机制具有易形成、见效快、影响力大的特点，其传播特性更容易让国家或社会大型组织集团实现“扁平化治理”模式，极大地节约了社会管理和运营的成本，下面以政府社会治理和民生问题的网络舆论倒逼机制为例分别进行阐述。

1. 政府社会治理的倒逼机制

祝华新是国内比较早研究网络舆论倒逼机制的著名学者，他认为：“当下社会转型期，利益群体分化，利益博弈规则却不够透明和公正。在这种情况下，互联网成为民众利益表达唯一比较顺畅的通道，网络舆论对政府的公

---

① 杨静：《略论“舆论倒逼”传播机制与路径》，见《媒介化社会的社会文明建构——第四届“华中地区研究生新闻传播学术论坛”优秀论文集》，广西大学，2013 年。

② 布尔迪厄、华康德：《实践与反思：反思社会学导引》，李猛、李康译，北京：中央编译出版社，1998 年，第 132 页。

③ 同②，第 341 页。

共治理形成了强大压力，或多或少地改变了事件的走向。”[①]祝华新认为，互联网还原了社会真实的意见构成，这些意见主要是由四类人提供的，第一类是“公共知识分子”，他们主要“关注人权、自由、法治、政治体制改革等社会深层问题，在互联网话语谱系中形成了对传统意识形态合法性的冲击，为社会治理秩序的变革揭示了一个新的方向”[①]。第二类是新闻媒体的记者，“他们比传统的公共知识分子更接近事实真相，职业媒体人的身份使他们发出的信息可信度较高，因此在各地突发事件中往往成为令政府头疼的角色”[①]。第三类是中高收入阶层，他们“是很多公共议题的热心参与者，以成功人士的身份诠释和强化现代价值观和情感”[①]。第四类是草根民众及其背后的支持群体，他们演绎着网络“罗宾汉情结”，在一定程度上缓和了基层的官民对峙，减轻了草根民众的“仇富”“仇官”情绪。

祝华新的网络舆论倒逼机制的观点主要集中在政府的政治治理方面，切中了当时社会政治治理过程中的时弊。事实上，网络舆论在一定程度上的确倒逼政府部门开始创新社会管理的思路和行为，这种创新主要表现在五个方面。第一，官方舆论场和民间舆论场出现了融合，呈现出“和谐共振”状态，共同推动着社会的良性治理，而不再是十年前的两个轨道运行，官民之间的情感隔阂和意见对峙的局面开始消融，双方能够以比较坦诚的姿态进行对话，形成了良性互动。第二，网络舆论暴露了很多以前人们无法知道的社会问题，激发起政府主动通过网络舆论进行政治治理和政治改革的雄心，尤其表现在官员腐败、环境卫生、教育民生、重大突发事件的治理上，中国政府的网络空间开始变得“风清气正”了，社会改良的效果非常显著，民众的满意度得到提升。第三，通过互联网进行社会治理，提高了治理的速度和效率，这种扁平化的信息获取方式和治理方式使得政府能够迅速、全面地知晓当前局势，快速决策、快速执行，迅速解决以前很难解决的一些问题。第四，网络舆论倒逼机制的经验使得政府与“意见领袖”的关系发生了本质性改变，变成了“网上统一战线”，网络多种“自组织”逐渐认同了主流价值观，并且愿意与主流价值观和谐共处，政府也习惯于倾听互联网上的不同声音、采纳合理意见和建议，政府机构的各项工作决策开始在网民的众目睽睽之下进行“玻璃房”制定并执行。第五，网民的知情权、参与权、表达权、监督权有了切

① 祝华新：《网络舆论倒逼中国改革》，搜狐网，http：//star. news. sohu. com/20111013/n322055831_1. shtml，访问日期：2019 年 9 月 8 日。

实保障，“意见领袖”阶层认可政府的许多社会管理创新和思维模式，在各种社会矛盾的化解与转化过程中，这些群体由从前激烈的“挑战者”变成“合作者”，他们一边致力于打捞“沉没的声音”，了解普通民众的诉求，一边进行社会沟通，成了政府和民众之间利益摩擦和冲突的“社会缓冲层”，减少了社会“维稳”的成本。

2. 民生问题的倒逼机制

网民在网络上热心关注的焦点不仅仅是政治上的权利，还有经济、文化、生态环境等民生方面的诉求，这些民生问题汇集起来，数量相当庞大，这也是必须由政府督办的难点问题。

“民生”一词最早出现在《左传·宣公十二年》：“民生在勤，勤则不匮。”今天，民生是一个具有高度综合性的概念，主要指人民的日常生活事项，如衣、食、住、行、教育、文化、卫生、健康、就业、娱乐、家庭、社团、公司和旅游等。至于民生问题，概括起来就是：关于人民的基本生存和生活、基本权益、基本发展机会和发展能力等方面的诸多问题。当前，我国民生最大的问题主要有以下几类：文化教育问题、就业保障问题、收入分配问题、环境卫生问题和未来发展问题等。这些问题可以分为如下三个主要层面。

(1)基本生存底线问题

基本生存底线问题就是当前备受社会关注的贫困人口的脱贫问题、温饱问题、公益问题、生存问题、廉租房问题、失学儿童问题、失业问题等。“精准扶贫”就是在这样一个大背景下形成的一场旨在消除贫困、实现全体人民共同富裕，“全面建成小康社会”的宏大任务。这是由中央政府规划统筹，地方政府具体执行，多方组织和个人积极参与解决的棘手问题，网民的支持率高，舆论生态良好。

(2)民众的基本发展机会和发展能力问题

这个问题主要解决民众的基本“生计来源”问题，让社会成员拥有基本的发展能力和发展机会，有基本的发展平台和发展前景。主要包括充分就业问题、职业训练问题、社会歧视问题、人口自由流动问题、合法权益保护问题等。

(3)社会福利等高层次的生活质量问题

这是经济发展到一定程度后必然出现的、较高层次的社会需求问题，需要加大公共财力支持，从整体上全面提升民众的社会福利，保护大部分民众的高质量生活水准。主要包括：中等收入的分配问题、高质量的文化教育问题、高水平的住房和出行问题、医疗保健问题、环境卫生问题、反垄断问题等。

上述民生网络舆论往往代表着大众的心声，一旦形成，极易成为社会舆论的焦点，引发网民广泛热议，甚至会演变成社会动员和社会危机事件。这些网络舆论一般情绪化色彩浓厚、共鸣性强、传播方式多样化。情绪化色彩浓厚容易引发群体极化现象，形成“羊群效应”，挫伤民众积极向上的心理；共鸣性强则容易出现“抱团取暖”的心理，产生社会动员，影响社会稳定；传播方式多样化则容易导致参与人群众多、隐蔽性强、混杂性强，难以预测，难以及时进行处置和应对。

民生舆论的爆发和发酵往往是网民群里社会心理的外在反应，与民众的切身利益息息相关，易传染、易引发集体不满，易诱发群体性事件，舆情浓度高、意见分歧性强，极易被敌对势力渗透和利用，影响社会稳定和国家政治形象。

中国社科院 2017 年 6 月 26 日发布的《中国新媒体发展报告(2017)》显示：“2016 年多起有关公民个人安全和公共利益的涉企事件成为年度舆情热点，国家有关部门及时出台多项规定，倒逼互联网企业承担平台责任。”① 2016 年 7 月，国家互联网信息办公室印发《关于进一步加强管理制止虚假新闻的通知》，加强了对互联网平台发布的网络信息的管理，启动了对互联网企业发布不当信息的处罚与惩戒机制。“百度血友病吧被卖事件”“魏则西事件”引起了网民对百度关键词竞价排名机制的集中问责，网友们跟踪了两个事件的发展进程并获取信息，舆情快速发酵，最终形成一致意见，揭露了百度对于虚假信息管理不力的严重问题。国家互联网信息办公室会同工商总局、卫计委成立联合调查组进驻百度公司调查，对百度公司提出了多项整改要求。“百度血友病吧被卖事件”和“魏则西事件”加速了《互联网信息搜索服务管理规定》的出台，明确了付费搜索广告应负有的重要责任。

此外，快播案、“女大学生裸条借贷”事件等一系列网络舆论热点事件均与互联网平台责任相关。舆论焦点主要集中在：社交媒体如何更好地保护个

① 高凯：《调查称：网络舆情倒逼互联网企业肩负平台责任》，人民网，http：//it. people. com. cn/n1/2017/0627/c1009-29364729. html，访问日期：2019 年 9 月 8 日。

人隐私，如何监管、防控不良和违法信息的肆意传播等问题，并且直接促成了公安部门、网信部门和电信行业联合捣毁国内外多个诈骗团伙，有效维护了网民的财产安全和人身安全。

第五节　网络舆论的修辞机制

修辞(rhetoric)的本义是修饰言论，指的是在语言使用的过程中利用多种修饰手段美化语言，达到既能符合表达者本意又能产生良好效果的一种语言活动。多种修饰手段主要指的是各种修辞格，修辞的目的就是在语言表达者和接收者之间建立起顺畅的传播通道，尽可能地减少交流障碍，使信息接收者能够准确无误地接受表达者所传达的意义。汉语记载“修辞”最早的文献是《周易·乾·文言》的“修辞立其诚，所以居业也”。根据唐人孔颖达注：“辞谓文教，诚谓诚实也；外则修理文教，内则立其诚实，内外相成，则有功业可居，故云居业也。”根据孔颖达的理解，“辞”是“以文教化”的意思，是一种进德增智的成长方式。《左传·襄公二十四年》把“立德”与“立言”放在一起相提并论，正式把“立言”提高到仅次于“立德”和“立功”的“不朽”地位，“豹闻之，大上有立德，其次有立功，其次有立言。虽久不废，此之谓不朽”。这说明，“言”与“辞”对于个人和社会的发展而言，具有重要的推动作用。

一、网络舆论修辞机制概述

网络舆论修辞机制主要研究网络舆论主体和网络舆论客体在相互交流的过程中所使用的修辞方法、语言风格、语境和语体等，探究不同情境之下的修辞对于网络舆论所产生的推动作用和阻滞作用，以期能够产生健康、良好的网络舆论生态环境。好的表达包括准确、得体、适度、易理解、符合表达目的、有感染力等。它的源动力来自参与网络舆论事件讨论的网民在讨论时所持有的情绪、态度、意见和价值观的综合性指数，不同舆论源动力强弱的程度来源于网民情绪、态度、意见和价值观的综合性指数的高低。这些指数可以使用李克特量表进行陈述，每一种陈述分别使用“非常赞同、赞同、中立、不赞同、非常不赞同”五种回答，分别标记为5、4、3、2、1，每个被调查的网民的态度总分就是他们对于网络舆论每道题的回答所得分数的总和，这一总分可以说明被调查者态度的强弱或其在这一量表上的不同心理状态。

基于此就可以分析出网络舆论修辞机制的动力模式：舆情事件爆发—激活网民情绪—言语修辞—形成舆情态度—舆情本体回应—言语修辞—交流沟通—态度改变—事件解决—舆情消退。

关于语言修辞的源动力问题，刘腊梅从人类诗性精神的角度探寻语言修辞的内在源动力，与网络舆论语言修辞的心理特征基本一致，她认为："诗性精神大大激发了人们在构建修辞性话语时运用语言的多样态势，使语言表达精彩纷呈，蕴含丰富，取得了强烈的修辞效果，产生很高的审美价值，令人赏心悦目。"①学者苏剑、张雷则从经济学的角度探讨了语言演化的源动力问题，他们提出的"省力法则"与网络舆论语言修辞的动力机制相似，"语言是演化的，其演化的总体趋势适应于交易成本的节约；语言演化的内容表现为语言新生、语言变异、语言简化以及语种的消亡。语言的省力法则是影响语言演化的内生变量，权威主义的构建是语言演化进程中的某一驻点，不影响语言演化的总体趋势与特征"②。网络舆论语言修辞是舆情的一种表达方式，是语言行为使用者(包括个体和群体)在特定语境下，借助语言符号表达出来的一种情绪、态度、意见和价值观的总和，这种言语修辞具有口语性强、互动性强、情绪化色彩浓、指向性明确的特点，其根本目的是敦促事件的合理解决，维护社会的基本法律规范、道义准则和公平正义的法则。

二、影响网络舆论修辞机制的主要因素

1. 语体因素

语体指的是人们在社会活动的各个语言交流场合中，针对不同环境、不同对象进行语言交流时所使用的词汇、句式结构、语言风格、修辞手段等语言形式、语言材料和表达手段。语体分为口头语体和书面语体。口头语体包括谈话语体和演讲语体，书面语体分为学术语体、法律语体、事务语体、科技语体、政论语体、文艺语体、新闻语体和网络语体八种。

语体的构成要素有语音、语法、词汇、修辞方式、篇章结构等语言因素，以及一些伴随着语言表达而显现出来的非语言表达等，这些非语言表达包括语气语态、表情动作、服饰装扮等。同普通的语体要求一样，网络舆论的语言修辞语体需要考虑交际领域、交际对象、交际目的和交际人物的差

① 刘腊梅：《论语言修辞的源动力》，载《文学教育(中)》，2014年第5期，第23页。

② 苏剑、张雷：《语言经济学演化的动力机制阐释》，载《江汉论坛》，2016年第5期，第13-14页。

别，根据这些差别选择合适的语体风格，增强接近性，提高交流效果，就像俗语中“到什么山上唱什么歌，见什么人说什么话”。凭经验而言，不同交际场合、交际对象、交际领域、交际目的需要与之最相适应的语言表达方式，这些表达方式就会形成“体”的规范，形成规律，指导着不同的交际场合、交际对象、交际领域、交际目的的交流活动。

在我国网络舆论语言修辞的动力机制上，最常犯的错误就是官样文章、部门公告、推诿责任、找人“背锅”、答非所问或闭口不答等。这样就会形成不负责任、不尊重他人的恶劣印象，激发起网民愤怒的情绪，使网络舆论迅速升温，甚至会引发次生舆情、二次舆情等。

2. 语言风格

语言风格是人们运用语言表达时所形成的民族风格、时代风格、流派风格、个人风格、语体风格和表现风格等综合表现形式，这种表现形式的主观性因素非常强，与组织或个人的格调和形象气质密不可分。

现代语言风格主要包括词汇风格、句法风格、韵律风格。这三种风格主要体现在语言修辞的民族性、时代性、流派特征、个人风格、语体风格和语言呈现的主要方式之中。不同网民在表达情绪、态度和意见时会有不同的语言风格，然后形成大致相似的、具有一定共同特色的语言风格，这要求网络舆论本体在回应网络舆论时要充分考虑到网民主体的年龄结构、文化结构、性别结构、地域特色，以及网络舆论所涉及的行业特征等因素，有针对性地使用不同的语言风格，增强针对性，避免“出言不逊”“驴唇不对马嘴”的现象，增强网络舆论处置的针对性，提高处置效果，否则的话，不但不能解决问题，反而会“火上浇油”，导致网络舆论持续升温，难以平息。

3. 语境要素

语境，即语言环境，主要是指人进行语言交流和语言表达时所处的自然语言环境和人文语言环境。自然语言环境主要指进行语言交流与传播时所面对的时间、场合、机会等因素；人文语言环境主要是指进行语言交流与传播时所面临的社会心理特征、思想意识特征、社会事件背景等主要因素。

面临的语境不同，话语含义和表达效果也会不同，一个人说出的同一句话，在甲场合与乙场合所传达的意思就会不同；同样的，在同一个场合，不同人说出的同一句话，所产生的效果也会不同。一般情况下，在自然语言环境的表达过程中，一些辅助性的非语言手段，如表情手势、语气语调、服饰装扮、篇章结构等，能起到非常关键的作用；在人文语言环境的表达过程中，当时的社会心理特征、思想意识特征和社会事件背景等对语言的要求非常高，语境对语言的限制作用十分明显，语言表达要认真准备，谨言慎行，表达要清楚明白，不要发生歧义和误解现象。这对表达者的要求很高，合适的表达和错误的表达对于事件的解决所起的动力作用截然相反。

网络舆论中的语言修辞需要考虑到语境因素，当网络语言符合当时语境特征的时候，舆论就是平和的、理性的；当网络语言不符合当时语境特征的时候，舆论就是混乱的、感性的。一旦参与问题讨论的多方语言修辞都不切合语境的时候，就会激化矛盾、节外生枝，从而推升网络舆论的热度和分裂度。

4. 修辞方法

总体而言，修辞方法的作用是为了增强表达效果，使语言的表情达意更加准确无误，使沟通更顺畅，它能使舆论主体和客体在互相交流信息时降低理解的难度，消除信息交流的障碍和梗阻，把个人或组织的认知、情感、态度、意见和价值观表达得更加全面、具体。

例如：借代能突出事物的本质特征，增强语言的形象性，使文笔简洁精炼，语言富于变化，能增强幽默感；比拟能引人联想，使表达收到形象突出、特点鲜明、具体生动的效果；设问能引起注意，启发读者思考，使语言层次分明，结构紧凑，可以更好地描写人物的思想活动；反问能加强语气，发人深思，激发读者感情，加深读者印象，增强文中的气势和说服力；比喻能使说理浅显易懂，使人容易接受，把一些不好想象的东西具体地说出，借其他类似事物加以说明，使人更加清楚明白，使概括的东西形象化，给人深刻的印象；对偶能使句子整齐匀称，节奏感强，高度概括，易于记忆，有音乐美感等。

常用的修辞格主要有比喻、比拟、借代、拈连、夸张、双关、映衬、对偶、排比、错综、仿词、设问、反问。

5. 语言的感情色彩

语言的感情色彩主要是指语言中的词义所反映出来的主体对客观对象的情感倾向性，主要由情绪、态度、评价要素组成。语言的感情色彩包括褒义、贬义和中性三类，如“英明”“英雄”等词含有赞美感情色彩，“奸臣”“腐败”等词含有贬义感情色彩，“骷髅”“僵尸”含有恐怖感情色彩，“成功”“捷报”等词含有喜悦感情色彩，“失败”“失恋”等词含有痛苦感情色彩，“秋风”“落叶”等词含有悲凉感情色彩，“山”“水”“跑”“走”等词属于中性色彩。另外，在不同的语境之下，有些词义会有两种或两种以上的感情色彩，如“艾滋病”既有憎恶的贬义感情色彩，又同时具有恐怖感情色彩。人对于不同事件会有不同的主观感受，可以是褒义、贬义或中性。

在通常情况下，表示对人或事物的褒扬、喜爱、尊敬等感情，要用褒义词；表示贬斥、憎恶、鄙视等感情，要用贬义词。但在特定的语言环境中，为了达到讽刺或幽默效果，可以采用“说反话”的方法。在这种情况下，用褒义词表示的是贬义，用贬义词则表示的是褒义。

6. 视图语言修辞

对于文字符号而言，除了褒义、贬义和中性三种感情色彩之外，还具有不同的视觉感受和意境色彩等。网络舆论中的符号系列，除了文字性的符号，还有大量的视图符号，视图符号的使用讲究视图语言的修辞，不同色系和色调具有不同的修辞效果。第一，冷暖感受。红、橙、黄色常常使人联想到旭日东升和燃烧的火焰，有温暖的感觉；蓝青色常常使人联想到大海、晴空、阴影，因此有寒冷的感觉。第二，轻重感。色彩的轻重感一般由明度决定，高明度具有轻感，低明度具有重感；高明度基调的配色具有轻感，低明度基调的配色具有重感。第三，软硬感。色彩软硬感与明度、纯度有关。凡明度较高的含灰色系具有软感，凡明度较低的含灰色系具有硬感；纯度越高越具有硬感，纯度越低越具有软感；强对比色调具有硬感，弱对比色调具有软感。第四，强弱感。高纯度色有强感，低纯度色有弱感；有彩色系比无彩色系更有强感，有彩色系以红色为最强；对比度高的具有强感，对比度低的有弱感。第五，明快感与忧郁感。明度高而鲜艳的色具有明快感，深暗而浑浊的色具有忧郁感；低明基调的配色易产生忧郁感，高明基调的配色易产生明快感；强对比色调有明快感，弱对比色调具有忧郁感。第六，兴奋与沉静感。凡是偏红、偏橙的暖色系具有兴奋感，凡属蓝、青的冷色系具有沉静感；明度高的色具有兴奋感，明度低的色具有沉静感；纯度高的色具有兴奋感，纯度低的色具有沉静感。因此，暖色系中明度最高纯度也最高的颜色兴奋感觉强，冷色系中明度低而纯度低的色最有沉静感；强对比的色调具有兴奋感，弱对比的色调具有沉静感。有彩色系的具有华丽感，无彩色系的具有朴素感；运用色相对比的配色具有华丽感，反之具有朴素感；强对比色调具有华丽感，弱对比色调具有朴素感。

网络舆论的修辞机制不得不考虑上述这些语言因素，正确使用能增强表达效果，让网民感受到语言所具有的特殊魅力，容易获得认同感，增强凝聚力；反之就会激化网民的不良情绪，让网络舆论的分裂度越来越高，难以达成共识。不管哪种语言修辞，不论使用哪种修辞手段或情感色彩，都要充分发挥语言修辞的积极作用，促进舆论事件的解决；否则，就会形成阻碍，进一步激化网络舆论的矛盾。

第六节　网络舆情处置的动力机制

互联网已成为众多新闻事件信息的发源地，社会舆论的集散地。不论是国际重大事件，还是国内敏感问题，只要有导火索或契机，就能迅速在网络上形成热点，产生巨大的舆论压力。这些舆论拥有极强的渗透性、延展性、互动性和流动性，常常能促使局部问题全局化、简单问题复杂化、个体问题公众化、一般问题热点化。任何一件处置不好的网络舆论，都会激起一场更大的舆论风波，吸引亿万网民的注意。境外一些敌对势力常常习惯于借机暗中操控“网络水军”和“意见不同者”进行恶意炒作，给网络舆论引导工作带来巨大挑战。所以，网络舆情的处置也是网络舆论发展、变化的重要动力之一。

一、网络舆情处置的基本内涵

网络舆情处置有狭义和广义之分。广义的网络舆情处置涵盖网络舆情监测、研判、预警、处置和评估五大环节，形成了“五环工作链”，这是网络舆情管理工作中的“大处置”。狭义的网络舆情处置主要是指在舆情事件发生后的舆论处置，一般包括网络信息公开、网络舆论引导、网络舆情管控等措施。本节集中分析“五环工作链”中的网络舆情处置这一环节。

理解网络舆情处置，需要弄清网络舆情处置与网络事件处置的联系和区别。具体来说，两者的联系主要表现在：

第一，网络事件是物质存在，网络舆情是意识反映。网络事件是第一性的，网络舆情是第二性的。

第二，网络舆情处置与网络事件处置需要密切配合。网络舆情是随着网络事件的处置而发展变化的。没有网络事件的妥善处置，网络舆情的处置会面临许多无法应对的困境。网络舆情处置需要“线上处置”和“线下处置”两种方式的密切配合。

网络舆情处置与网络事件处置虽然相互联系，但它们之间的区别也非常明显，这主要表现在：

第一，网络舆情处置对象与网络事件处置对象不同。网络事件处置对象是现实社会中存在着的一系列突出问题、突发事件和各类矛盾冲突；而网络舆情处置的对象是网络空间中存在着的思想意识冲突、价值观冲突等相关情绪、态度、意见、信仰、信念等。

第二，网络舆情处置方式与网络事件处置方式存在差异。网络事件处置需要遵循《中华人民共和国突发事件应对法》《国家突发公共事件总体应急预案》等相关法律法规，合理有序做好突发事件的预防、监测与预警、应急处置与救援、事后恢复与重建等工作。网络舆情处置除需要遵循上述法律法规，还需要遵循《中华人民共和国政府信息公开条例》等相关法律政策，认真做好信息公开、新闻报道、舆论引导、网络管控等工作。

二、网络舆情处置的基本原则

1. 事件处置与舆情应对同步开展、同步部署

“两个同步”原则是网络舆情处置的最主要原则，指的是网络事件处置与网络舆情处置要同步部署、同步开展，也叫“嵌入式”原则，意指网络舆情处置需要同步“嵌入”网络事件处置过程之中，形成高度契合、紧密衔接的表与里的互动关系。除了少数造谣生事的情况，多数舆情都是和事件本身联系在一起的，如果事件不能得到妥善处置，舆情最终很难平息；反之亦然，如果只有事件的有效处置，没有网络舆情的处置，就会形成信息不对称，影响并干扰事件处置的进程。因此，事件处置与舆情处置必须紧密协同起来，同步部署、同步展开，形成一个完整的工作反馈系统。网络舆情处置工作做得好，可以有力促进网络事件的处置；反之，就会加剧事态向坏的方向继续发展，酿成更激烈的网络事件。网络舆情管理部门与网络事件管理部门需要建立高效协调的动力机制，保证在网络舆情预警信息发出之后，能得到相关主管部门的积极回应与有效应对，做好事件处置与舆情处置的协同工作，正确引导舆论。

2. 快报事实、慎报原因、重报态度、准报结果

一般来说，在新媒体时代，突发事件发生后，信息公开工作和舆论引导

工作应遵循16字原则，浓缩起来就是“快报事实、慎报原因、重报态度、准报结果”。

(1)快报事实

快报事实就是及时公布信息，公布事件发展的状态。在突发事件舆情处置中，信息公开是原则，不公开是例外。谣言往往止于真相，要不断强化时效观念，第一时间发布权威信息，第一时间公布事实真相，提高时效性，增加透明度，赢得话语权，先入为主，掌握主导权。做到及时、客观、透明，最大限度地消除突发事件所带来的负面影响，挤压掉谣言与流言传播的空间，促进事态朝着良性方向发展。同时，事件是一个动态的过程，不仅要第一时间快报，而且要根据社会关切程度不断地快报。

(2)慎报原因

重大突发事件、情况复杂事件的原因往往很复杂，调查起来需要时间，也需要一定的专业能力和技术手段，在未准确查明事件原因之前，对事件、事态不要轻易下结论，对事件的性质、事件的处置方式等相关信息的公开也要慎重，直到有了确切的定论方可公开，这是尊重科学和规律的表现。不然就会侵害网民的知情权，激起更大的网络舆情。对于不怀好意者，切忌授人以柄、激化矛盾。

(3)重报态度

重报态度就是要表明积极回应社会关切的态度，诚恳地回答网民的相关质疑，谦虚面对媒体和公众，宣示涉事部门在网络事件处置过程中应该切实承担的责任和义务，诚邀公众监督事件处置的过程，鼓励公众举报网络事件处置过程中存在的问题，吸纳公众关于事件处置所提供的意见和建议，舒缓公众的不满情绪。

(4)准报结果

准报结果就是在认真仔细地核实网络事件爆发和处置的各个环节、各个细节之后，准确发布事件处置的相关措施和相关情况，紧密跟踪、及时发布事件处置的进展，保证处置结果科学、准确，并及时发布事件处置的过程，不引发网民的误读、误解和误传。

3. 低开低走、网来网去、就事论事不论战

低开低走，就是不能把舆情处置、新闻发布的级别很快提到很高程度，尽量让事件处置和舆情处置限定在事件发生地所处的级别。例如，原本发生

在一个村里的事件，地级市马上召开新闻发布会，几天后，省里出面召开新闻发布会，这样很快就把问题的处置集中到省级层面，社会关注度必然会更高，更容易引发聚焦和炒作，回应和处置的难度就会更大，最终陷入比较被动的境地。因此，在研究网络舆情处置措施时，可以省、市、县几级联动，起草新闻发布稿也可以请上级帮忙把关，但出面处置的层级最好限定在事件发生地所处的级别。

网来网去，就是网络关注的热点，一般不要用平面媒体回应，否则有可能将事态扩大、升级，导致后续处置工作没有回旋余地。但是，如果遇到重大舆情需要权威声音以正视听时或涉及广大人民群众生命财产安全时，要借助新华社、《人民日报》、中央电视台等中央媒体以及地方党报党台发出权威声音。

就事论事不论战，是指要有针对性地回应社会关切，而又不针锋相对地进行论战，这样比较主动，有回旋余地，有利于网民接受，有利于热点降温。

三、网络舆情引导策略

在网络舆情处置过程中，信息公开是首要环节。“流言始于封锁，谣言止于公开。”在网络信息高速发展的今天，想要依靠封锁信息蒙混过关几乎是不可能的，那种对突发事件进行“捂盖子”的做法往往适得其反，会被网民抓住“猛打”，以致事件被不断放大。所以说，在突发事件舆情处置中，“说不说”是态度问题，但“如何说”却是一门艺术，在很大程度上决定着整个舆论事件发展的动力。

1. 第一时间发布权威信息，第一时间掌握话语权

在智能化新媒体语境中，每逢重大突发事件特别是灾难性事件，受众越来越习惯于接受来自第一时间、第一现场的信息。信息一旦错过最佳公开时机，虚假的、不良的信息就会通过智能新媒体渠道快速复制传播，造成流言肆虐、事态恶化的严重后果，进而迅速升级为危机事件。从突发事件的传播规律和受众的接受心理来看，“传闻是新闻的替代品”。在突发事件舆情处置中，相关单位和部门必须坚持快速介入、先声夺人，在第一时间发布权威信息、第一时间掌握话语权、第一时间抢占舆论先机，及时公布事实、揭露真相、回应社会关切，最大限度地缩小各种谣言和负面信息的传播空间，从而

掌握网络舆论引导的主动权。

很多重大突发公共事件的起因在短时间内往往难以查清，因而部分地方政府要求新闻媒体“待原因查明后再报道”，这从情理上说是有道理的，但错失了引导舆论的先机。在信息社会，舆论引导的滞后往往意味着把事件的描述权、解释权、评论权拱手让人，放弃了舆论主导权。一旦谣言盛行，政府尽管一再公布事实真相予以解释，但公众仍然持怀疑的态度。道理很简单：发布是主动的，解释总是被动的。在突发事件传播中，最可怕的不是记者抢发新闻，而是记者抢发的不是政府发布的新闻。谁第一时间发布新闻，谁就掌握了舆论的主动权、事件处理的主导权。白岩松在谈到突发事件的公布时认为：“不能等到定性时才一次性发布，要采取滚动发布的原则。第一时间发布的信息，不一定是全面的。这没关系，有了进一步的信息，滚动发布，不断发布最新情况，对过去由于情况不清晰而发布的不准确的信息要立即纠正，这一点记者也会非常理解的。”[①]“突发事件发生时，要保持畅通的媒体应对通道，做好报道安排，应及时成立新闻中心，统一口径，用一个声音发言；注重掌控事件处置的第一手信息，及时发布，有效引导舆论。”[①]

2. 科学选择信息发布的方式和渠道

在网络舆情事件的信息发布中，新闻通稿能起到公布事实真相、引导社会舆论、遏制谣言的重要作用，对于发布信息的媒体选择也是非常重要的。一般来讲，一般性的网络舆情事件，信息公开时选择同级别的新闻网发布是比较科学的。市级和省级新闻网站可以帮助推送和转载。对一些重大突发事件，可以直接在省级新闻网站发布信息，更具权威性和传播力。

2012 年 6 月 11 日上午，武汉市部分地区出现了能见度低于 1 千米的雾霾天气，民众议论纷纷，网上出现了多种传言。事件发生后，武汉市有关部门、企事业单位通过其官方网站、官方微博等途径向公众辟谣。武汉中心气象台实时发布动态信息，《湖北日报》、湖北电视台、武汉电视台等主流媒体及时发声，特别是荆楚网等网站运用各种网络技巧，争取直接与网民沟通对话，减少和消除不实谣言和传闻的负面影响。武钢总值班室称该企业未发生任何事故，并通过其官方微博“幸福武钢”辟谣。在新媒体语境中，官方要善于使用各种新型传播媒介，便于更好地和网民沟通，以保证信息传播效率的

① 戴敦峰：《国新办举办培训班提升媒体突发事件处置软实力》，央视新闻网，http：//www. cctv. com/news/china/20050811/100276. shtml ，访问日期：2020 年 6 月 1 日。

提升。

3. 真实准确地陈述事实，积极回应公众的关切点和问题焦点

在突发事件的信息发布过程中，一些单位或涉事领导习惯采取隐瞒不报或大事化小的做法。这种做法在智能新媒体语境中完全行不通，信息渠道的多元化使得事实真相极易浮出水面，瞒报或错报一旦查明，只会激起更大的负面舆论，严重损害政府公信力。对于媒体和公众关注的重大事件，政府新闻发布应该遵循新闻报道的客观性原则，新闻内容要陈述事实，表达真诚意愿，做到“事实层面”上客观报道，“意见层面”上主观引导。

除了要真实准确地陈述事实，积极回应公众的关切点和问题焦点也很重要。例如，某些权力丑闻被媒体曝出，当事者还抵死狡辩，露出权力倨傲的神情，这只会令政府威信扫地。与之相反，那些设身处地、将心比心，将自己置身于广大民众的立场中，用心体味民意诉求，并在能力限度内积极回应这种民众诉求和社会关切的政府部门或官员，有时能将影响地方形象的公共危机化于无形，甚至会因为诚信回应，得到民众理解认同，从而扭转尴尬局面。

4. 增强“对话意识”，全面平衡地表达

突发事件发生后，涉事相关部门要在第一时间作诚恳谦卑的表态，以召开新闻发布会或者新闻通稿的形式告知媒体和公众现在情况如何，最初的信息发布要用最简单的语言公开核心信息，如什么人、什么时间、什么地点、发生什么事、什么原因、怎样发生、已经采取什么措施、政府态度等。不必一次性披露所有信息，只要简明扼要地把几个核心问题讲清楚就行了。在随后的时间里，要根据事情进展不间断地发布信息，对于过去由于情况不清晰而发布的不准确、不全面的信息给予必要的纠正和补充，把事故处理的最新情况及时公布；即使在事故得到妥善解决后，也可以采取小型通报会等形式，将突发事件的来龙去脉及处理情况、经验教训告知媒体与公众。

对外发布的所有信息都要经过精心准备、严格审核，不能信口开河、即兴发挥，避免舆情回应中说大话、空话、套话、假话和官话。媒体有关突发事件的负面炒作出现后，涉事相关部门首先要积极与媒体沟通，开诚布公，讲清事件真相，指出媒体报道的错误并要求媒体停止炒作。

第七节　大数据技术的驱动力机制

随着新一代信息技术的迅猛发展以及信息化的全面覆盖和不断深化，大数据成为社会生产新要素，数据越来越多地渗透到各个行业和各个流程中，以前所未有的规模和速度进行积聚与扩张，在移动通信、社交网络、电子商务、政府管理等方面产生了纷繁复杂的海量数据资源，近几年更是达到了泽字节数量级，全球人均拥有100G以上。据统计，进入21世纪以来人类所产生的数据量已经远远超过了具有文字信息记载历史以来直至20世纪末所产生的数据量的总和，世界已然拉开了大数据时代的序章。

在社会发展领域，大数据为我们提供了全新的洞察世界的方法和视角，全方位地改变着我们的生活、工作、思维，解构和重构现有的社会秩序，从而对社会治理的科学化与精细化产生了重大影响。中国有着世界第一的网民数量、市场规模、应用前景，大数据信息技术在社会重构、企业转型和个人重塑方面有着广阔前景，在各种场景的网络舆论生产、引导过程中，发挥着巨大作用。

一、大数据技术

1980年，著名未来学家托夫勒在《第三次浪潮》中预测到“大数据”将成为“第三次浪潮的华彩乐章”。2008年9月，《自然》杂志推出了名为“大数据”的封面专栏。2009年起，“大数据”成为互联网技术行业中的热词。2010年2月，维克托·迈尔-舍恩伯格在《经济学人》上发布了长达14页的研究大数据应用的文章《数据，无所不在的数据》。“2011年6月，麦肯锡研究院发布了题为《海量数据，创新、竞争和提高生成率的下一个新领域》的研究报告，提出了数据逐渐成为重要的生产因素的观点。”①2012年3月，白宫网站发布了《大数据研究和发展倡议》，将数据定义为“未来的新石油”，将数字主权视为继边防、海防、空防之后的另一个大国博弈空间。“2012年7月，联合国发布了名为《大数据促发展：挑战与机遇》的政务白皮书，提出了如何利用包括社交网络在内的大数据资源造福人类的命题。”①2012年7月，阿里巴

① 周季礼、李德斌：《国外大数据安全发展的主要经验及启示》，载《信息安全与通信保密》，2015年第6期，第40-42页。

巴集团在管理层设立“首席数据官”一职，负责全面推进“数据分享平台”战略。2014 年 4 月，世界经济论坛以“大数据的回报与风险”主题发布了《全球信息技术报告(第 13 版)》。2014 年 5 月，白宫发布了 2014 年全球“大数据”白皮书的研究报告《大数据：抓住机遇、守护价值》。

2013 年，维克托・迈尔-舍恩伯格和肯尼斯・库克耶在《大数据时代》中提出，大数据带来的信息风暴正在变革我们的生活、工作和思维，大数据已经开启了人类的思维变革、商业变革和管理变革的序幕，是一次重大的时代转型。“大数据是人们获得新的认知、创造新的价值的源泉；大数据还是改变市场、组织机构，以及政府与公民关系的方法。”①他的富有洞见的“相关关系”正在逐渐替代传统的“因果关系”，这样的思维方式正在逐渐被越来越多的人接受，颠覆了千百年来人类的思维惯例，对人类的认知和与世界交流的方式提出了全新的挑战。

2014 年和 2018 年，中国工业和信息化部分别制定了《大数据白皮书》和《大数据标准化白皮书》，在 2018 年的白皮书中提出了七个建议，其中包括“加强大数据标准化在数据治理领域的推进作用”和“加快大数据标准化人才队伍的培养”两个主要部分，提出了“提升数据治理能力”“提升数据价值”“提升国际话语权”的要求。

二、大数据的动力机制

在古代农业社会，劳动力和土地是主要生产要素，土地的数量和质量是推动社会发展的重要动力，土地成为社会联结的重要联结点。在近代工业社会，资本和企业家成为主要生产要素，资本家和企业家的质量是推动社会发展的重要动力，资本和企业家成为社会联结的重要联结点。在信息化社会，技术和信息成为主要生产要素，技术和信息既是社会联结的重要联结点，也是推动社会发展的重要动力。技术是人类在实践的基础上通过不断的经验总结、科学研究和科学实验等方式发明和创造出来的，一旦获得重大突破，就会对社会的发展产生革命性的影响，比如造纸术的发明、电的发现、计算机技术的发展等。技术主要以知识的形态存在，具有很强的创造性和自我更新性，拥有高质量的使用价值。技术本身可以形成独自的产业，也可以衍生出

① 维克托・迈尔-舍恩伯格、肯尼斯・库克耶：《大数据时代》，盛杨燕、周涛译，杭州：浙江人民出版社，2013 年，第 9 页。.

各种各样的上游和下游产业，所以，“科学技术是第一生产力”的论断已经形成普遍共识。

信息社会的本义是信息化社会，它是以信息技术为基础，以信息产业为主要支柱产业，以信息产品生产为主要标志，以信息化的价值追求为主要目标的新型社会形态。通过技术性手段，把原始社会、农业社会和工业社会的所有生产要素整合在一起，通过数字化、编码化、文字化、图表化、音像化、标准化等信息化技术的处理，全部转化成智力信息，供人类共同使用，成为推动社会发展的重要资源，形成了人类社会的生产、交换、分配和消费等活动的基本特征和基本规律。互联网催生了大数据信息技术，大数据信息技术又进一步促进了互联网的飞速发展，二者相辅相成，奠定了当今信息社会的基础。

大数据信息技术在网络舆论方面形成的动力机制主要有：社会联结方式的重构增强了人们的不确定意识，新的思维模式和交流模式激发了人们获取信息和表达诉求的欲望，扁平化交流平台激活了人类潜藏已久的使用信息的能量，各种思想文化的碰撞引发了网络舆论的热潮。

1. 社会联结方式的重构增强了人们的不确定意识

信息论创始人香农认为：“在信息论中可以用熵作为某事件不确定度的度量，体系的结构越有规则，功能越完善，不确定度越小熵就越小，信息量越大；体系的不确定度越大，熵就越大，信息量越小。信息量为负熵。”[①]事实上，信息是物质及其物质属性的标识性集合，也是精神及其精神属性的符号性组合。及时获知与个人或组织生存、安全、发展相关的信息是人类与生俱来的一种基本诉求，其目的是消除生活或生命过程中的某种不确定性，从而确定个人或组织生存、发展的方式方法。

大数据信息技术重新建构了人类社会联结的基本方式，改变了传统社会里以物质空间的分割来界定个人或组织之间的界限，从而确定不同人、不同群体之间的联结方式和行为。农业社会里，个人或组织之间的重要联结点是土地，以土地区域的划分来确定具体的联结方式；工业社会里，个人或组织之间的重要联结点是资本和企业家，资本是最强有力的联结力量，企业家是生产生活的决定者，在这样的联结动力影响之下，人们跨越陆地、海洋的界限，在全世界范围内流动，人们对于世界认知的不确定性的消除能力远远高

① 胡乔木等：《中国大百科全书·物理学卷Ⅱ》，北京：中国大百科全书出版社，1987年，第913页。

于原始社会和农业社会。而到了信息化社会，人们的联结除了传统的实体空间，还有互联网上的虚拟空间。价值观的联结和工作内容交流的联结是虚拟网络空间与传统实体空间的最大区别。大数据信息技术的全网信息搜集、分析、研判与预测能力保障了人们拥有充分的生活、工作、娱乐和价值分享的机会，这种场景的丰富性和广阔性是以往传统社会里无法想象的。这种场景带来了两个方面的影响：一方面是拥有信息越多的人获取信息的能力和欲望越强；另一方面，由于信息技术的壁垒，拥有信息较少的人获取信息的能力和欲望较弱。这就形成了两种效应，第一种效应是“二八定律理论”之下的“信息差”越来越大，就是所谓的强者越来越强、弱者越来越弱；信息技术造成人们的社会认知水平的差异化，这种差异化的逐渐扩大催生出许多网络舆论热点，信息精英群体和信息大众群体之间的价值观之争以及对信息技术具有明显的态度上差异会以多种方式表现在网络舆论之中。第二种效应是以信息技术“赋能”为核心的“意见领袖”和普通网民之间的“羊群效应”愈加明显，信息社会的网民不同于传统社会的受众，他们拥有很强的质疑能力和叛逆精神，使得“羊群效应”的结构变得更加复杂多变，舆论的不确定性因素明显增多。

人们获得了摆脱现实空间的局限得以与其他空间领域的群体进行交往的机会，这种新的机会让人获益很多。然而，获得利益之前会有一个不确定性的焦虑期，焦虑的主要原因来自对崭新群体的不信任感、不适应性和极强的参与意识，以及这三者之间互相交叉融合而产生的矛盾。依据埃弗雷特·罗杰斯(Everett M. Rogers)的创新扩散理论，创新扩散过程主要有五个阶段，分别是知晓、劝服、决定、应用、确定。创新扩散是一种基本的社会过程，个人或组织的主观感受来自创新信息被传播的数量和质量，这是一个社会化构建的过程，创新的意义是通过媒介来完成的社会化建构的过程逐渐显现出来的，在罗杰斯的研究中，他把参与创新扩散的群体分为五类，并以数字化比例的方式表示出来。首先是创新者(innovator)：2.5%；其次是早期使用者(early adopters)：13.5%；再次是早期大众(early majority)：34%；第四是晚期大众(late majority)：34%；最后是落伍者(laggards)：16%。[①] 罗杰斯的研究发现，对于参与创新扩散的群体起决定作用的是使用者的认知和态度，认知是一种能力，态度是一种情感倾向性，个体或群体在形成认知和态度的过

① Everett M Rogers：Diffusion of Innovations，New York：The Free Press，1983.

程中会伴随各种各样的学习过程和讨论过程，学习能力取决于学习者的学习动力和学习者对相关知识先验性的掌握程度，态度取决于个体或群体的认知能力。从创新扩散的五类群体中可以看出：早期大众和晚期大众占比 68%。由此可见，基于网络空间的交往，多数人常常受制于传统空间观念的影响，对网络空间的交往具有一定的迟滞性，这种迟滞性源于人们对网络空间的认知和态度，以及由此产生的不确定性焦虑。所以，社会联结方式的重构所引起的不确定性焦虑会在网络上生成并蔓延，基于当前网络流行的“多数人原则”的潜意识，占 68%比例的人群的声音往往主导着网络舆论的发展趋势和结束方式。

2. 新的思维模式和交流模式激发了人们获取信息和表达诉求的欲望

由于大数据研究问题是基于全数据模式而不再是随机样本，所以，大数据能够通过模型的建设在纷繁混杂的数据之中进行精确的研究，传统的归因研究的思维模式受到了严峻挑战。人们研究问题时进行归因的主要目的是对各种社会行为进行有意识的解释，探寻因果关系，总结特征，推测未来发展趋势，目的是能在未来更有效地控制和适应环境。大数据时代由于是全数据研究模式，可以让数据自己“说话”，所以，因果关系并不重要，相关关系日益凸显出其重要性。在探索未来世界的过程中，知道“为什么”变成了次要逻辑关系，知道“是什么”变成了主要逻辑关系。这就意味着，人类探索世界的方式方法发生了改变。

除了思维模式的变化，人们的交流模式也发生了根本性的改变，这种改变主要表现在三个方面：互动式交往模式极大激发网民参与社交的积极性，价值观交流和工作内容的交流成为主要内容；移动新媒体的普及带来交流的即时性，增加了网络交流的频次，网络舆论爆发的频率变得更高；与网络空间多样化群体的互动交流增强了网络交流内容的丰富性，极大地拓宽了网络舆论的讨论话题。

“在互联网渗透进人类社会交往方式之前，人们的社会网络的形成主要是基于亲缘、地缘、业缘与偶遇这四种方式的。”①传统社会的交往方式只能局限在一个固定的狭小范围，交往的相似程度和重叠程度大大高于现代化的网络交流。所以，信息化社会的网络交流模式极大地激发了多样性的议题，

① 任志安、毕玲：《网络关系与知识共享：社会网络视角分析》，载《情报杂志》，2007 年第 1 期，第 75 页。

大到国际政治、经济、文化、生态环保话题，小到社区和朋友圈里涉及的民生、健康、道德伦理、日常工作等话题。话题的多样性、交流的高频率、价值观的异质性、态度和意见的易变性等多种因素交叉融合，很容易引发观点碰撞和激烈争议的话题，从而形成具有广泛影响力的话题，产生一个又一个具有广泛争议的网络舆论。

3. 扁平化交流平台激活了人类潜藏已久的使用信息的能量

网络信息交流平台是一个扁平化的平台，它成功地避开了传统媒体平台在信息传递过程中的多种层级关系和耗时耗能的弊端，实现了传者和受者之间几乎“面对面”传播的理想，大大缩短了信息在传播通道里所消耗的必要时间，减少了信息传递的时间成本和信息在传播过程中所遭受的信息损毁和信息变形。这种扁平化交流平台优化了人际传播的功能，降低了大众传播的不确定性成本和反馈困难的劣势，实现了类似于现实场景中的人与人之间面对面的“精准传播”和“即时互动”。尤其是来自政府高层、业界精英、域外重大事件的信息传播内容，已经下沉到社会草根阶层，这给予了草根阶层参与重大问题讨论的机会。由于知识结构、社会经历等多方面差异的存在，对问题意义的理解各不相同，达成共识的难度很高。所以，我们经常看见的很多网络舆论都是因为对问题理解的程度不同而造成的。但是，在这种扁平化交流平台上几乎是“一点对多点”的“点对点”传播互动，增强了传播的效率，这也是驱动不同阶层更愿意使用网络讨论的方式来解决问题的基本动力之一。

扁平化交流平台超乎传统的开放性、包容性、共享性、交互性、集成性和多媒体综合性能够汇集全世界最主要的信息，信息获取便捷、信息透明度高、信息互动性强、信息使用价值高。尤其是新浪、腾讯这样世界级的扁平化交流平台，用户黏度非常高，它们价值观的多样性和信息的可信任性为它们赢得了声誉，用户在这样的信息平台上可以直接找到个人需要的“硬核”信息，去除冗余的、繁杂的、厚重的信息干扰。这样就史无前例地调动了用户获取信息、使用信息、交流信息、进行信息增值的积极性和主动性，用户的参与度空前提高，这也就意味着网络舆论爆发的概率也空前提高了。

在互联网时代，网络生产信息的能力强大且不断繁殖、增长，人们找到共同兴趣的群体变得易如反掌，而且也更容易与兴趣领域的专家们建立联系。美国前总统奥巴马很早就在脸谱网上开启了他自己的个人主页，这样不仅仅是美国公民，全世界的网络社区的用户都可以通过脸谱平台给奥巴马总统留言，查看他分享的照片。以前对这些名人生活信息的报道，群众往往只能通过大众传媒获得相关的资讯。而现在通过网络社区，人和人之间的交流似乎变得越来越私人和直接，不需要第三方机构来传递，这就使得身处互联网时代的人们拥有了更多交流的机会①。扁平化交流平台激活了人类潜藏已久的信息能量，生产者和使用者的队伍空前壮大，使用信息的激情也在不断提高。中国国家互联网信息办公室副主任杨小伟在2019年中国国际大数据产业博览会上发言称："全球数据量每40个月就会翻一番，2018年全球的数据量超过33个GB，预计到2025年会超过175个GB，年平均增长30%，2018年我国产生的数据量7.6GB，约占全球的23%。"②

通过这种趋势可以看出，公民的知情权、参与权、表达权和监督权除了传统的法律与制度的保障，还可以通过扁平化的网络信息平台得以有效实现。知情权是国民主权原则的基本前提，只有充分获取有关信息，才能在网络空间准确发言；参与权是网络舆论产生的关键，这样才能保证网民具有充分表达自己意见的机会；表达权是保障网民言论自由的本质，这样网民才有充分表达自己意志的能力；监督权是人人共享的一种基本权利，也是实现公民表达自由的一个基本方式。

从当前的传播实践来看，网络平台是一种普通公民实现知情权、参与权、表达权和监督权的快捷途径，这种扁平化的传播结构和交流方式也极大激发了网民的参与意识。这样就形成了一个逻辑层次非常清晰的网络舆论生成机制：自由表达的驱动力—从网络上获取相关信息—通过网络讨论实现参与权—进行网络表达并形成有效力量—进行网络舆论监督—意见得到尊重—目标实现。在这个过程中，议题大小、刺激程度和网民情绪三大因素是网络舆论的蝴蝶效应、群体极化现象的决定性力量，同时，网络上的反沉默螺旋现象、雪崩现象也会经常产生，两者互相交织，就构成了当前此起彼伏的网络舆论的壮阔景象。

4. 各种思想文化的碰撞引发了网络舆论的热潮

不管是原始社会过渡到农业社会，还是农业社会过渡到工业社会，每一

① Ellison N B, Steinfield C, Lampe C: The benefits of Facebook "friends": Social capital and college studentsuse of online social network sites, Journal of Computer-Mediated Communication, 2007, 12(4): 1143-1168.

② 【视频】国家互联网信息办公室副主任杨小伟：《2018年我国产生的数据量约占全球的23%》，贵州广播电视台"新闻"，https://www.gzstv.com/a/f1a14396da1c4a4a99c70e20ba212e61，访问日期：2020年6月1日。

次社会形态的重大变化都会带来社会结构的变化。在社会结构变化的过程中，会伴随着激烈的思想文化方面的碰撞，社会结构的变化与思想文化的变化相辅相成，互为逻辑，彼此都会经历一段很长的时间方能稳定下来。这个很长的时间往往又可以细分为不同阶段，比如早期、中期、晚期。每一个时期往往呈现出不同的特色，产生不同的动力。为了论述方便，我们暂时可以把始于21世纪、信息化技术高速发展时期给社会带来一系列深层变革，尤其是对于促进社会形态结构变化起着巨大推动作用的大数据信息技术时期，称作早期的信息化社会时期。

这一时期，通过手机、计算机和互联网促进了社会生活各种层面的网络化发展，向人们展现了十分复杂且微妙的变化。其中，最突出的变化莫过于网络舆论频次的快速增加、网络空间结构的迅速扩张、社会再认同力量的深刻重构。这三种变化起源于社会心理的变化，并且共同推动着社会心理结构的再变化，引起各种网络思想文化的互相碰撞，从而引发了一次又一次网络舆论热潮。近几年国际和国内社会发生的一系列重大社会事件表明，网络推进社会变革已经成为不可否认的广泛事实。中外学术界对社会生活网络化引起的各种变迁进行了丰富多彩的研究，他们各抒己见、莫衷一是，有时候在一些重大问题上很难形成统一认识，反映出网络社会问题和网络社会变迁的复杂性，这种复杂性是推动网络舆论生成的动力机制之一。

这种动力机制的主要模式是：生产力中的最活跃因素——科学技术的进步引起了生产关系的变化，生产关系的变化引起了社会意识的变化，社会意识的变化引起了思想文化的碰撞，思想文化的碰撞引发了一个又一个网络舆论，网络舆论又重构了社会意识，社会意识的重构反过来又推动了社会结构的继续调整，如此反复。

就目前状况而言，大数据信息技术正在按照既有的逻辑和规律不可阻挡地迅猛发展，使得既有的生产关系不得不进行与之相应的调整，这就引发了社会结构的调整，主要包括经济结构、政治结构、文化结构和意识结构，这些调整所引发的重大社会事件、思想文化变化都是形成网络舆论的重要源头。

信息化社会在形成过程中，网民会在网络上重新组成新的社会群体或部落，突破传统社会地理空间的限制。相对而言，基于传统社会地理空间的界限而组合在一起的社会群体或部落具有相对稳定的趋势，其思想文化方面的变化速度相对较慢，碰撞力相对较弱。网络空间的社会群体或部落就不同了，它们的重构或重组相对容易，经常会跨越传统的地理空间，始终处于不断变化的过程之中。而且，异域文化或异质性思想的吸引力较强，更能得到青年人的青睐，参与度也会更高。

第八节　国际复杂多变的舆论思潮的影响力

2019 年 9 月 12 日，美国国会众议院司法委员会以 24∶17 票的比例表决通过了“弹劾总统调查”的相关调查准则，理由是“特朗普对美国民主制度构成威胁”“我们有义务应对这样的威胁”。特朗普前竞选经理莱万多夫斯基出席了 9 月 17 日举行的首场听证会。

这是特朗普当选总统后一直面临“被弹劾”的舆情进程中的一个重要环节。特朗普的财务状况、私人生意、行政政策一直都是网络舆论关注的焦点。他所奉行的国际孤立主义政策，让美国与盟国的关系日益恶化，甚至降到冰点，他全面否定了前任总统奥巴马的政策，退出或撕毁了之前美国签订的多个协议，多次引发世界网络舆论的强烈批评，严重损害了美国政府的形象。

几年来，特朗普在网络舆论中“任性妄为”“唯利是图”“专横强硬”的公众形象已经深入人心。《纽约时报》给予了特朗普“粗俗、反智的特征，同时充满了对移民、穆斯林、女性的污蔑与攻击，用词也多采用贬义词汇。通过反智的言论与行为使得这些从不参与政治的民众出来投票实现反转。反智者希望通过这次大选改变精英的统治现状。主流媒体的报道受到其利益立场、服务读者等驱使，在此次大选中基本抛弃了客观性立场”①。《人民日报》则给予了“受质疑的打破常规者、逐利的美国至上主义者、善变的强硬派务实者的特朗普形象”②。

西方的网络媒体和传统媒体在报道政治人物形象方面有着截然相反的优势和劣势，网络媒体快捷方便、直观多元，但容易失真和滋生民粹主义；传统媒体虽然权威理性、善思多辩，但缺乏及时主动性和多元包容性。特朗普的风格和舆论形象迎合了网络空间多元化的意见和民粹主义潮流，赢得了国内网民的高支持率，但是却让国内精英阶层忧心忡忡，也让美国之外的国家

① 曹济舟：《〈纽约时报〉对特朗普反智主义媒介形象的建构研究》，硕士学位论文，南京：南京大学，2017 年，第 17-22 页。

② 王莉：《关于〈人民日报〉对特朗普报道的研究》，硕士学位论文，甘肃：兰州大学，2019 年，第 2 页。

“深感焦虑”。特朗普及其主导下的政府机构几乎挥霍掉了美国在世界上积累的几十年的良好政治形象。所以，“特朗普对美国民主制度构成威胁”的理由基本上反映出美国传统精英分子和国际社会对特朗普不满的根源。

从近期国际网络舆论反映出来的情况来看，当今国际形势的发展主要有四大趋势：世界多极化、经济全球化、国际关系民主化、发展模式多样化，这是主流。同样，国际形势中也存在着与之逆反的暗流，即反多极化、反全球化、反民主化、反多样化现象。四大趋势是社会生产力和科学技术发展到一定水平的客观要求和必然规律，追求“平等、互惠、共赢、共存”是世界主流思想。主流思想框架之下的各种非主流思想按照各自的逻辑运行，霸权主义、强权政治、新保守主义、新自由主义、新“炮舰政策”、新经济殖民主义、“新干涉主义”、贸易霸凌等问题在互联网环境下，在全世界范围内滋生蔓延，究其本质，不过是旧殖民主义思维方式嫁接在互联网土壤里，经过互联网基因的改良，变得更有欺骗性，成为种植在发展中国家和落后国家门前的罂粟花。在不同的区域范围内，因种族、宗教和领土等问题引起的地区冲突此起彼伏，跨国犯罪、环境恶化、南北发展失衡等问题依然存在，民族分裂势力、宗教极端势力、暴力恐怖势力仍在制造各种武装冲突和战争，国家之间出于维护自身利益或者扩大国际利益而产生的冲突错综复杂。国际社会真正互联起来，成为“你中有我、我中有你”的命运共同体的理想面临着多种挑战，世界一体化趋势在整合的过程中面临着许多不确定性风险。

从广度上看，互联网真正把全世界联结成了一个“地球村”，无远弗届，互不相识的陌生人可以不受传统社会身份和地位的约束在网络平台上自由交流信息、讨论共同关切的问题，结成基于共同价值观的亲密关系；从深度上看，网络信息传播实现了人际交往的扁平化互动模式，不再受阻于传统社会等级森严的交流模式的阻隔。在当今互联网信息传播的框架里，信源和信宿之间流通的信道缩短，信息减损和信息增值现象减少，精准传播、即时交流得以实现，这也意味着意见近似的信息能实现面对面的直接交流，意见相反的信息在交流的过程中由于缺少了中间人的“润滑剂”作用而导致直接碰撞，不管哪种情况之下，舆情瞬间爆发的概率远远高于传统社会国际传播的框架。

探讨国际复杂多变舆论思潮的影响必须首先明确当前国际社会存在着哪些主要矛盾，这些主要矛盾都不同程度地反映在网络舆论争议的框架之下。当前国际网络舆论的主要问题可以归结为以下几点。

1.“美国优先”策略的溢出效应成为国际网络舆论爆发的主要源动力

溢出效应(spillover effect)主要指的是一个组织在从事某项活动时，不仅可以获得本组织预期的效果，也会对组织之外的个人或其他组织产生社会性的影响。作为超级大国的美国本身具有全球性政治、经济和文化的影响力，特朗普的对外政策不但奉行备受争议的“美国优先”策略，而且善于利用网络社交媒体传播这一思想，躲过传统主流媒体对其策略的传播限制，从而在网络上形成一个个舆论热点，帮助传播其国家治理的策略，引发国际社会和美国国内的广泛关注和批评。从废弃《跨太平洋伙伴关系协定》(TPP)到退出《巴黎协定》《中导条约》《伊朗核协议》、联合国教科文组织，并且还通过税改法案引发全球减税浪潮、扬言要退出世界贸易组织(WTO)。

执政四年作出这么多政策调整实属罕见，不仅动摇了世界政治、经济秩序，而且也偏离了美国传统政治、经济策略调整的传统规律，这不仅仅是特朗普个性使然，也体现了基于互联网时代的国际关系框架下的政治、经济关系重构的“快餐化”特色。互联网起源于美国，特朗普风格所表现出来的、带有美国式互联网基因的思维方式并不能让国际社会普遍接受。所以，“美国优先”政策逻辑下催生出来的孤立主义和保护主义加剧了美国与世界各国之间的矛盾，也使得美国与盟友之间的距离渐行渐远，引起了一些国际关系调整的行动。从这个角度上来讲，当前世界上的很多舆论动力的源头都来自特朗普创造的“美国优先”政策。

2. 网络空间安全面临严峻挑战

从斯若登的“棱镜门事件”到特朗普的“通俄门事件”，从北非和苏联加盟共和国的“颜色革命”到阿拉伯世界的“阿拉伯之春”政治运动，从网络黑客入侵到叙利亚和乌克兰局势的冲突，国际基于网络间谍战的舆论此起彼伏，引起世界各国担忧，这些事件背后都有一个共同的“网络推手”：美国联邦调查局。世界各国在谴责美国联邦调查局的同时，开始构建自己的安全网行动计划，维护本国网络安全。这样就形成了网络间谍战和反间谍战的新型“军备竞争”，在技术层面和内容层面形成了类似于传统社会军事攻防形式的网络攻防对垒。这是引发国际网络舆论的又一源动力。

此外，跨国网络犯罪和全球暗网组织逐渐成为人们关注的焦点事件。2017 年 6 月的章莹颖遇害事件暴露了跨国网络犯罪和世界暗网组织的危害性。他们在全球范围内从事大规模的毒品交易、武器交易、非法药物和有毒化学品交易等。其组织结构非常复杂，而且多层匿名，给世界各国带来安全隐患，已成互联网公敌。

3. 核危机舆论和恐怖主义舆论此起彼伏

核危机舆论主要包括朝鲜半岛核导危机、伊朗核危机、南亚半岛核危机、美俄之间的核竞争等；恐怖主义危机主要存在于阿拉伯国家，美国、欧洲和亚洲部分地区。核危机和恐怖主义是个灾难性的世界难题，“各人自扫门前雪”的狭隘保守主义思想给核危机和恐怖主义提供了滋生的土壤，难以形成世界共治，形成了“社会责任分散效应”，导致灾难性的事件经常发生。在责任承担的问题上，能担负责任的大国习惯于“撇清关系”“首先推责”和寻找“背锅侠”的思维怪圈，而不愿意直面问题，消除危害人类安全的这一“肿瘤”顽疾。

整体来看，防止核危机和打击恐怖主义的政治共识在不断增强，网络上增加了防核与反恐信息共享力度，但是，国际社会仍然没有形成统一的防核与反恐的准则，包括各国对网络防核和网络反恐的范围界定还存在诸多分歧，影响了国际防核和反恐体系的建立。

4. 民粹主义和新自由主义思潮借助互联网的力量在世界各地蔓延

全球爆发金融危机以来，世界经济一直低迷不振，贫困人群生存愈加艰难，恐怖袭击事件频繁发生、多元文化受挫、保守孤立主义盛行、逆全球化民间运动日益蔓延，这些现象都足以证明：民粹主义和新自由主义思潮开始席卷西方世界，并开始向世界各地蔓延。特朗普的“美国优先”政策、日本军国主义思想抬头、英国“退出欧盟”事件等，都是民粹主义思潮下的政治运动。新自由主义思潮主要体现在经济领域，借助“新自由主义”的幌子，行新殖民主义之实，大力推行国际垄断资本主义思维，摧毁各国经济体系。备受世界关注的“中美贸易战”就是新自由主义者导演的一个贸易霸凌主义样板。

5. 网络社交媒体缺乏一致的法律规制与公共伦理责任

网络社交媒体传播的开放性是一把双刃剑，在现代国际政治活动、经济活动和文化活动中的地位越来越重要，是世界各国各种势力相互角逐的新型网络空间，其法律规制缺乏世界一致性的特征，致使其治理面临着严峻挑战。“2017 年 7 月，牛津大学发布《网军、巨魔和麻烦制造者：社交媒体操纵组织全球清单》(Troops, Trolls and Troublemakers ：A Global Inventory of Organized Social Media Manipulation)，比较了 20 多个国家的网络空间活动。如英国军方的‘77旅’专注于在脸谱网和推特上对敌人进行非致死性心理作战。”①多国政治团体多次利用网络社交媒体干扰他国和本国大选的政治事件经常发生，使得一些国家的政治选举活动严重背离了真实民意。

网络社交媒体的一些传播活动严重背离了人类公共伦理：直播杀人视频、煽动民族仇恨、恐怖主义、虐待、谋杀等舆论事件此起彼伏，引起世界各国和网络社交媒体的重视。

以上主要问题都是国际复杂多变的舆论思潮催生出的许多网络舆论的源头性问题，它们是隐匿在社会中、经由网络舆论暴露出来的、影响世界和平稳定和健康发展的重要问题。网络舆论监督的主要职责是聚焦这些问题，引起人们思考和关注，形成巨大的网络舆论压力，促使问题解决。

① 卢永春：《2017年国际互联网舆论与治理趋势》，中国警察网，http：//www.cpd.com.cn/n15737398/n26490097/c40077147/content_5.html，访问日期：2020年7月2日。

第四章 核心价值观网络舆论引导机制

价值观是指导人们思想行为的根本准则，它“是某种文化体系当中，与民族的经济、政治秩序同构，体现其文化的核心精神，并决定民族个体成员设定社会文化和人生生活的追求方向的稳定的价值标准、价值信念、价值目标和价值理想。它根植于一定历史时期的经济、政治、文化、宗教、道德和心理习惯等综合构成的现实基础，集中体现一个民族共同的文化——心理倾向，又被作为生活于这一社会历史时期的每一成员所恪守的行为准则的价值观念形态”①。

“核心价值观是一个国家和民族价值体系中最本质、最具决定作用的部分，它支撑和影响着所有价值判断，因而应当是对整个人类发展历史和未来走向的总概括。”②核心价值观具有民族性、崇高性、普遍性，是判断是非善恶的根本标准，凝聚着全社会共同的思想价值体系，引领着社会变革和发展方向，是维系社会发展和民族生命力的精神力量，对内凝聚全民共识，对外塑造国家形象，提升话语权和文化软实力，增强国际影响力。因此，核心价值观的塑造是每个国家和民族都非常重视的大事。

从历史经验来看，核心价值观是人类在漫长的历史发展过程中逐渐形成、完善，并稳固下来的对天地自然生命的一种真理性追求的思想意识。它存在于舆论之中，又依靠舆论的支持得以完善。黑格尔认为：“作为民族精神的国家构成贯穿于国内一切关系的法律，同时也构成国内民众的风尚和意识。”③“个人所享有的形式的主观自由在于，对普遍事务具有他特有的判断、意见和建议，并予以表达。这种自由，集合地表现为我们所称的公共舆论。”③在他的认知里，真理和无数错误往往直接混杂在一起，政府要重视公

① 陈寿灿：《西方社会价值观演进对“我们的价值观”的启示》，载《浙江社会科学》，2012 年第 5 期，第 8 页。

② 钟明华、黄荟：《社会主义核心价值观内涵解析》，载《山东社会科学》，2009 年第 12 期，第 14-18 页。

③ 黑格尔：《法哲学原理》，范扬、张企泰译，北京：商务印书馆，1961 年，第 291 页。

共舆论，但要避开舆论的影响，公共舆论需要正确的引导。[①] 这种经验在后来许多国家的实践中得到证明。就核心价值观而言，通过正确的舆论引导，廓清真理与错误，对世界形成真理性的认知，塑造追求真理的人文精神。

第一节　西方社会核心价值观舆论引导

西方社会对于核心价值观的舆论引导及核心价值观之争由来已久。苏格拉底、克里同、色诺芬等一批早期的西方古代哲学家经常把自己当作神赐的使者，在雅典的街头、广场到处找人谈话、讨论问题，探求真理和智慧，形成了当时蔚为大观的“广场文化”，讨论的议题既有诸如虔诚、民主、美德、勇气、真理等精神层面的问题，也有涉及诸如工作、生活、知识、技能等实用性的内容。苏格拉底所宣扬的价值观念与当时雅典统治阶级所奉承的奴隶主民主制的价值观念格格不入，最后以“藐视传统宗教”“引进新神”“腐化青年”和“反对民主”的罪名被统治阶级判处死刑。他的弟子柏拉图继承了他的价值观念，除了在雅典传播思想，还在埃及、北非、意大利岛、西西里岛等地区进行舆论传播，并且对他所到过的国家和地区的政治制度进行比较分析、综合总结，设计出一种“新”的理想型政治制度，这就是他的“理想国”。柏拉图的学生亚里士多德的研究范围远远超过了苏格拉底和柏拉图，内容涉及逻辑学、修辞学、教育学、心理学、政治学、美学等多个方面，是那个时代的核心价值观的集大成者，他的著作被西方社会尊为“古代的百科全书”，对西方社会核心价值观的形成与发展产生了深刻影响。他的著作在上古及中古时期就被译成拉丁文、叙利亚文、阿拉伯文、意大利文、希伯来文、德文和英文，他的思想成为中世纪基督教思想和伊斯兰经院派哲学的支柱。伊斯兰教最重要的思想家阿威罗伊将伊斯兰的传统学说与亚里士多德的理性主义融合成自身的思想体系；犹太教最有影响的思想家迈蒙尼德用理性主义解释犹太教义，调和科学、哲学和宗教三方思想的价值观念。亚里士多德的《修辞学》是西方最早的系统阐释修辞原理的著作，书中精辟地阐述了价值观舆论引导的方式方法，让修辞学真正成为一门合乎逻辑的“说服的论证”。亚里士多德的学生亚历山大被奉为“欧洲历史上最伟大的四大军事统帅之首”，建立了当时世界上面积最大的国家，“他在古希腊的文化繁荣和东西方文化价

① 黑格尔：《法哲学原理》，范扬、张企泰译，北京：商务印书馆，1961年，第290-334页。

值观念的交流方面，做出了杰出的贡献，对人类社会文化的进展产生了重大的影响"①。

可以这么说，苏格拉底通过"广场讨论"的形式传播思想、引导舆论，所针对的主要对象是青年人。柏拉图通过"聚众讲学"的方式传播思想、引导舆论，他特别重视教育的舆论引导功能，强调以精神意识引领为主的引导方式。亚里士多德主要通过学校演讲和著书立说的方式进行舆论引导，特别重视引导效果，并把精英人物作为意见领袖来传播他的思想，引导舆论，为此他经常结交当时的豪门望族，连亚历山大也成为他的忠实门徒；同时他特别注重引导者的品德修养，他认为："这些就是说服的工具，要掌握所有这一切，要求一个人看起来是可信任的，他能逻辑地说理，能根据品德分析人的性格，并且能分析各种情绪的本性和特质，利用使之激动的手段和方法。"②亚历山大接受过亚里士多德的系统教育，亚里士多德主要利用亚历山大的统治者地位来传播自己的文化思想和政治意识，兴办博学园和图书馆吸引大批优秀学者前来进行学术研讨，既繁荣了学术，又形成舆论氛围引导核心价值观。

苏格拉底、柏拉图、亚里士多德、亚历山大的关于核心价值观思想及其舆论引导方式，开启了西方社会价值观舆论引导的源头，欧洲的中世纪时期、文艺复兴时期和启蒙运动时期的许多思想家从他们这里探寻核心价值观舆论的源泉，形成了一波又一波舆论思潮及多样化的舆论引导机制。

总体而言，西方社会对舆论和舆论引导的研究比较完备，角度也各不相同，卢梭在他的《社会契约论》中首次将拉丁文字体系中的"公众"与"意见"两个词汇联系起来，用来表达人们对于社会性的或者公共事务方面的意见，即"舆论"（法文原词 Opinion Publique）③。黑格尔从哲学的高度辩证地理解舆论，他认为，公共舆论中真理和无穷错误直接混杂在一起，需要用辩证的思维方式来看待公共舆论④。法国历史学家丹纳（Taine）认为，舆论可以自行达到修正、平衡，带有理想化的色彩。美国舆论学者赫伯斯特（Herbst）认为，

① 李金凤：《论希腊化时代东西方文化交流与融合》，硕士学位论文，北京：中央民族大学，2011 年，第 17-19 页。

② 威尔伯·施拉姆、［美］威廉·波特：《传播学概论》，何道宽译，北京：中国人民大学出版社，2010 年，第 220-221 页。

③ 卢梭：《社会契约论》，何兆武译，北京：商务印书馆，2003 年，第 69-71 页。

④ 黑格尔：《法哲学原理》，范扬、张企泰译，北京：商务印书馆，1961 年，第 290-334 页。

舆论借助大众媒介自上而下地扩张和流动①。美国学者多伊奇和杰拉德着重于舆论对社会影响的研究，他们认为，舆论对社会的影响主要是纳入社会规范的社会影响（normative social influence）和信息式的社会影响（informational social influence），突出了舆论在社会中的重要作用，但是对即将形成的舆论的作用和影响考虑不足，同时，也忽略了非规范性舆论、意见的影响作用。②捷克作家昆德拉则站在文化经营的角度对舆论进行了研究，更多地考虑舆论在商业化社会中的非理智影响③。李普曼是公共舆论研究的集大成者，他第一次对公众舆论做了全景式的描述，至今仍然保持着权威地位。他卓有成效地梳理了舆论研究中一系列难以回避的问题，对成见、兴趣、公意的形成和民主形象等问题做了精辟而深刻的探讨，为后人的研究奠定了基础。③

在当前的互联网时代，鉴于网络舆论特有的影响力，网络舆论自然成为各国进行核心价值观引导的重要途径。美国情报局设立“开放指引项目”和“开放源中心”两个机构，自动采集来自全世界的网络信息，进行舆论监测和识别，形成每日分析报告，递交白宫作为参考。

在网络舆论引导、控制方面，美国形成了比较成熟的“软控制”方法。首先，通过白宫的新闻发布体系形成完善的信息沟通制度引导网络舆论，引导公众关注的焦点和对于重要政策、焦点事件的看法；其次，通过政治活动来引导网络舆论，比如总统选举、重大事件新闻发布会、特朗普在推特上发表推文等；第三，通过司法审查制度来管理网络舆论，主要包括以保护青少年名义的审查和保护国家及大多数人民安全名义的审查。具体做法主要有：“在网络舆论引导与管控实务中改变语词框架。加强各个部门的联动机制，并提高信息控制的规范性。善用网络做好政治传播，在美国白宫的网站上，各种信息都可以一键分享到社交媒体，从而扩大了信息的传播效果”④。实行“软控制”的国家还有英国、法国，他们除了基本的法律规定了媒体要进行主流价值观的舆论引导之外，主要通过政府与主流媒体保持良好的协同互动关系的方式进行即时引导，尤其重视网络舆论方面的引导。新加坡、德国、日

① 刘建明、纪忠慧、王莉丽：《舆论学概论》，北京：中国传媒大学出版社，2009年，第51-55页。

② 陈力丹：《舆论学：舆论导向研究》，北京：中国广播电视出版社，1999年，第75-87页。

③ 沃尔特·李普曼：《舆论》，常江、肖寒译，北京：北京大学出版社，2018年。

④ 赵高辉、徐换歌：《美国网络舆论引导和管理的策略》，载《网络传播杂志》，2016年第12期，第93页。

本的舆论引导政策正好与美、英、法三国相反，他们主要通过严格立法、严格执法的方式进行“硬控制”。新加坡有“三个严格”：“一、严格立法，虽然新加坡的宪法赋予了公民言论、权利的自由，但也明确了政府拥有绝对的权力管控公民的言论自由。二、严格的管制制度，主要采取三个手段：分类许可及注册登记制度、审查制度、明确管制内容。三、严格的审查制度，对网络上发布的不符合社会主流价值观、违反国家精神、扰乱政府正常秩序的网络言论进行审查和监督。”①日本和德国通过制定较为完备的网络管理法律体系保持对社会核心价值观的舆论引导。德国还有严格的网络审查和问责机制优化价值观的引导，对“破坏国家民主秩序”的网络言论从不手软，他的联邦刑警局和“青少年有害媒体审核署”负责实施“网页内容审核”。“2009年，德国政府先后199次要求谷歌公司提供网络用户资料或屏蔽特定网页，数量在全球仅次于巴西，其中94次要求谷歌在搜索结果中不显示特定网站，10次要求屏蔽‘违法博客’。此外，若涉及本地科、教、文、卫领域问题，各联邦州政府也可下令关闭网站。政府在媒体编辑部内设有‘意识形态监察员’一职，所有文章均须通过‘鉴定’后方可发表。”②

第二节　中国当前核心价值观舆论引导研究状况

中国学者对于舆论和舆论引导的研究起步较晚，较多地借鉴了美国学者的理论，初步形成了自己的特点。刘建明认为：“舆论是显示社会整体知觉和集合意识，是具有权威性的多数人的共同意见。”③喻国明认为：“舆论是社会或社会群体中对近期发生的、为人们普遍关心的某一争议的社会问题的共同意见。”④孟小平认为：“舆论是公众对其关心的人物、事件、现象、问题和观念的信念、态度和意见的总和，具有一定的一致性、强烈性和持续性，并对有关事态的发展产生影响。”⑤他们分别描述了舆论的主体、客体以及主客体之间的关系，试图揭示出舆论的本质，具有一定的代表性；而有的学者从传播学和社会治理的角度来阐述舆论的基本功能，例如，童兵认为：“传播

① 张誉方：《国外公共突发事件政府网络舆论引导的特点浅析》，载《商业故事》，2015年第30期，第30页。

② 宗青：《德国怎样遏制网络谣言》，载《党政论坛(干部文摘)》，2013年第8期，第55页。

③ 刘建明：《基础舆论学》，北京：中国人民大学出版社，1988年。

④ 喻国明、刘夏阳：《中国民意研究》，北京：中国人民大学出版社，1993年，第227页。

⑤ 孟小平：《揭开公共关系的奥秘——舆论学》，北京：中国新闻出版社，1989年，第36页。

媒介在一定时期内选择某个议题，实行强化报道，使其成为社会舆论的中心议题，目的旨在使其议题对改变或坚定公众态度产生强大效果，形成共识，引起普遍关注和重视……使受传者对经强势处理的人物与事件产生深刻印象，有利于正确的舆论导向的实现和社会共识的形成。”①陈力丹认为：“领导的艺术就在于如何使不一律的舆论达到某种程度的一律，使它服务于中心工作。作为一种宣传上的策略，保持一定的不一律的状态也是需要的，它往往能比坚持舆论一律取得更大的宣传效果。”②

至于智能媒体背景下社会主义核心价值观网络舆论引导机制研究，还处于刚刚起步阶段，有很多问题需要展开和深入，目前研究多集中于强调社会主义核心价值观舆论引导的重要性上，其次是提出一些实用性的方法。具体情况如下：2006 年 10 月，中共十六届六中全会通过的《中共中央关于构建社会主义和谐社会若干重大问题的决定》首次提出了“社会主义核心价值体系”的重大命题。2012 年 11 月 8 日党的十八大报告明确提出“三个倡导”，即“倡导富强、民主、文明、和谐，倡导自由、平等、公正、法治，倡导爱国、敬业、诚信、友善，积极培育社会主义核心价值观”。自 2013 年 12 月 23 日中共中央办公厅印发《关于培育和践行社会主义核心价值观的意见》以来，关于“社会主义核心价值观”和加强“社会主义核心价值观舆论引导”的研究成了党和政府非常关注的重要课题，是国家“新常态”战略背景下和“互联网+”行动计划中国家意识形态建设的一个重要组成部分。党的十八大提出了“培育和践行社会主义核心价值观”的重大战略任务，目的是加强社会主义核心价值体系建设，掌握意识形态工作领导权和主导权，坚持正确导向，提高引导能力，壮大主流思想舆论，并首次用二十四字明确了社会主义核心价值观的主要内容：“富强、民主、文明、和谐，自由、平等、公正、法治，爱国、敬业、诚信、友善。”

王泽应认为，我国社会价值取向多元化的现实迫切需要尽快确立社会主义核心价值观，保证有中国特色社会主义事业的健康发展。③ 夏立丹认为，新的价值观体系的确立能够为社会的经济发展、政治民主、文化繁荣和人的全面发展以及社会的全面进步提供理论支撑和理论引导。④ 朱剑昌认为，社

① 童兵：《理论新闻传播学导论》，北京：中国人民大学出版社，2000 年，第 107 页。

② 陈力丹：《马克思主义新闻思想概论》，上海：复旦大学出版社，2003 年，第 294 页。

③ 王泽应：《社会主义核心价值观的基本特征》，载《光明日报》，2007 年 4 月 3 日第 9 版。

④ 夏立丹：《转型期社会主义核心价值观建构的理论意义和实践价值》，载《理论观察》，2007 年第 4 期，第 46 页。

会主义核心价值观起着统率社会价值理念、社会价值尺度的核心和灵魂的作用。[①] 邹贤启认为，媒体人要增强思想自觉，认清职责使命，在增强认知认同上下功夫，找准宣传教育与人们道德情感的契合点，树立和宣传好群众身边的典型，把正面宣传与舆论监督结合起来，把社会热点问题引导与群众道德评议结合起来，自觉做核心价值观的践行者、推动者、引领者。[②] 张博颖和冯宏良认为，舆论引导策略是当前社会主义核心价值体系建设过程中不容忽视的问题，要坚持舆论引导情感共鸣的策略，引起受众的共鸣，从而使受众获得更大程度的满足。[③]

粟迎春认为，面对主流媒体和新媒体并存、社会舆论多元、多变的局面，必须不断提高网络舆论引导能力，使其在价值观念引导和社会主义核心价值观确立的过程中发挥积极作用。[④] 龚超认为，随着网络媒体、自媒体等新兴媒体的出现，如何牢牢掌握意识形态工作的领导权和主导权，坚持正确舆论导向，提高舆论引导能力，壮大主流思想舆论潮流成为党和政府各级宣传主管部门迫切需要考量的重要课题……面对新时期的挑战，应该规范舆论引导责任机制，提升舆论引导能力，帮助公众树立正确的社会价值观。[⑤]

李毅弘和宁娜则认为，以社会主义核心价值观集聚高校网络舆论引导合力，可以在整体协调中发挥各自优势并体现先进性和适应性，着力提高网络舆论引导主体的引导力和协同力，发挥整体大于部分之和的强大威力，从而切实提高高校网络舆论引导的实效。[⑥] 学者邢云文的研究比较全面、深入，她有四个观点很有价值：第一，深化理论研究，以理论的彻底性增强说服力，强化舆论引导，增强社会主义核心价值观宣传的传播力和感染力；第二，以青少年为重点，将社会主义核心价值观教育融入国民教育全过程；第三，丰富实践形式，将社会主义核心价值观融入人们的学习、工作和生活

---

① 朱剑昌：《对社会主义核心价值观的探析》，载《湖湘论坛》，2008 年第 1 期，第 77-79 页。

② 邹贤启：《发挥新闻媒体宣传核心价值观主渠道作用》，载《人民日报》，2014 年 10 月 30 日第 7 版。

③ 张博颖、冯宏良：《舆论引导与社会主义核心价值体系认同》，载《光明日报》，2015 年 3 月 17 日。

④ 粟迎春：《民族地区社会主义核心价值观教育的思考》，载《新疆财经大学学报》，2013 年第 4 期，第 57-58 页。

⑤ 龚超：《论现代舆论引导在社会主义核心价值观培育中的运用》，载《湖北社会科学》，2014 年 7 期，第 194-200 页。

⑥ 李毅弘、宁娜则：《以社会主义核心价值观集聚高校网络舆论引导合力》，载《思想理论教育导刊》，2015 年第 11 期，第 72-76 页。

中；第四，注重示范引领，形成人人践行社会主义核心价值观的良好局面。[①] “要加强各主流媒体的‘四个意识’教育，确保其能够坚持正确政治方向和舆论导向，全面宣传习近平新时代中国特色社会主义思想，努力推送内容丰富、品味高雅的先进文化产品，从而让正面的声音占领网上舆论阵地，形成正面舆论优势。”[②]

这些研究考虑到了智能媒体环境下网络舆论生态的复杂多变性，考虑到了智能媒体背景下社会主义核心价值观舆论引导能力建设的紧急需要，针对当代青年人的思想意识实际状况，立足于大数据技术背景，从实践应用的角度切入，增强研究的针对性，为实践中的社会主义核心价值观网络舆论引导能力建设提供切实可行的理论支持和策略支持。但仍然有一些不足之处，主要表现在以下几个方面：第一，实践性研究比较多，主要强调舆论引导的合理性和策略性分析，学理性分析不够充分；第二，全球化意识不够强烈，没有关照到当前复杂多变的国际网络舆论生态环境；第三，对智能媒体背景下社会主义核心价值观的网络舆论引导机制的研究很少，缺乏系统性、整体性和全局性的视角，实际应用性不强。

第三节　网络舆论引导机制的构成要素

按照《科学发展观百科辞典》的解释，舆论导向又称舆论引导，是一种运用舆论影响人们的意识，引导人们的意向，从而指导人们的行为，使他们按照社会管理者制定的路线、方针、规章从事社会活动的传播行为。主要包括三个方面内容：第一，对当前社会舆论的评价；第二，对当前社会舆论及舆论行为的引导；第三，就某一社会事实设置舆论主题。[③] 事实上，《科学发展观百科辞典》的解释是关注了世界各国舆论生态后进行的具有世界性意义的解释，对我国而言，舆论引导的目的是运用舆论指导人们的思想意识，引导人们形成正确的价值观念，规范人们的行为方式。当社会上出现重大问题的时候，主动进行议程建构，进行正确的舆论引导，廓清视听，避免错误的思想侵蚀人们的思想意识。

① 邢云文：《把握培育和践行核心价值观的着力点》，载《学习月刊》，2014 年第 7 期，第 6-7 页。
② 余晓青：《新时代意识形态网络舆情治理探析》，载《马克思主义研究》，2019 年第 3 期，第 98-99 页。
③ 奚洁人：《科学发展观百科辞典》，上海：上海辞书出版社，2007 年，第 112 页。

一、网络舆论引导机制

机制本指有机体的构造、功能及其相互关系。在社会学领域里，主要是指各要素之间的结构关系和运行方式，目的是协调好各个部分之间的关系，使其能够更好地发挥作用。对于网络舆论引导机制而言，网络舆论引导是一种客观存在着的传播活动，这种传播活动的构成复杂多样，需要进行合理协调，以便保证各部分之间按照一定的运行方式科学运行，产生科学的、最佳的引导效果，对现实社会的发展能够产生重要作用。本书所述的引导机制属于“指导-服务式”的运行机制，目的是以指导、服务的方式去协调舆论引导过程中各部分之间的相互关系。

参照社会学和管理学的相关概念，舆论引导机制主要包括：激励机制、制约机制、保障机制、效用机制、服务机制、文化机制和技术机制。激励机制是一种能够调动舆论引导管理活动主体积极性的机制；制约机制是一种保证舆论引导管理活动有序化、规范化的机制；保障机制是为舆论引导的管理活动提供物质和精神条件的机制；效用机制是一种提高舆论引导效率、获得受众支持和普遍认同的机制；服务机制是一种通过提高舆论引导的服务质量的方式来扩大传播领域，提高舆论传播力、影响力、公信力的机制，开拓和占领市场的机制；文化机制是一种通过舆论引导来提高受众文化认知水平、形成正确价值观念的机制；技术机制是一种通过提高舆论引导的技术水平、舆论引导效率以及增强舆论引导能力的机制。舆论引导机制的建立需要一个良好的体制来优化舆论引导组织的职能和岗位的责权分配问题；同时，也需要一个良好的制度来规范舆论引导的边界问题，制度主要包括国家和地方有关舆论引导的法律、法规以及组织内部的一些规章制度。

社会舆论是复杂多样的，不可能完全纳入一个模式，而社会的稳定和发展必然要求有一种代表主流社会核心价值观的舆论导向。随着当代社会组织形式和信息传播方式的变化，主流社会核心价值观不再仅仅通过各种组织和行政力量来推行，更多地要通过网络媒体传播。以高超的治理艺术有效调控各种传统媒体和网络媒体来引导社会舆论，用核心价值观整合多样化的思想观念和多样化的社会舆论，对提升中国文化软实力、建设文化强国，具有十分重要的现实意义和深远的历史意义。

二、网络舆论引导的主体是各种主流网络媒体

在网络舆论引导的系统工程中，网络媒体担当着以正确的导向引导社会舆论的重任，在各种网络媒体中，不仅包括网络媒体管理者，还包括各类网络媒体从业者，都承担着把握正确的舆论导向和践行社会主义核心价值观的责任。

网络媒体既是传播信息的载体，也是形成舆论和影响舆论的工具，必须具有正确导向且具备较高舆论引导能力，方能从正面影响社会舆论。科学的网络舆论引导机制能够准确地把握正确的舆论导向、确立并贯彻网络媒体的宗旨、审查把关重要的新闻作品、科学管理和运营网络媒体。网络媒体从业者能以自己的新闻报道、新闻评论、版面语言、节目形态等直接面对广大公众，具体实施网络舆论引导的计划。他们的舆论引导能力主要表现在：选择优秀的报道选题，发现和使用优质的新闻素材，精心提炼作品的主题，采用合适的报道方式，综合运用多模态符号进行网络编辑，出版能够弘扬主流价值观的网络作品等。

网络媒体管理者的网络舆论引导能力重点表现在：他们能够制定并执行一系列的旨在提高网络舆论引导能力的激励机制、制约机制、保障机制、效用机制、服务机制、文化机制和技术机制，并且保障这些机制科学、合理地运行。在对网络媒体进行领导与管理的过程中，他们的管理思想和管理方式有利于产生最好的舆论引导制度，建立起最好的舆论引导机制，坚持立德树人、以文化人，建设社会主义精神文明，培育和践行社会主义核心价值观的思想，以提高人民思想觉悟、道德水准、文明素养，培养能够担当起民族复兴大任的人才为目的，深刻认识当前思想意识领域工作的严峻性和复杂性，做好各种社会思潮的价值辨析，塑造人民的理想信念、价值理念、道德观念。高度认同中国特色社会主义核心价值观，有利于有效发挥社会主义核心价值观对网络舆论工作的引领作用。

三、网络舆论引导的客体是社会公众

作为舆论引导客体的社会公众，他们的判断力和参政能力直接影响着舆论引导的本体，这是舆论学说的重要议题之一。舆论引导的客体研究经常被置于探讨舆论的起源和发展的议题中，西方社会大致形成了肯定与怀疑两种不同态度和倾向性的流派。两个流派中的代表人物会因时代不同而呈现出不

同的观点，他们对于舆论的认知心态比较复杂。“著名的有柏拉图与亚里士多德的关于‘愚者与智者’的争议，阿奎那与蒙田的‘从宽与从严’问题上的殊途同归，霍布斯与斯宾诺莎的关于‘主权与人权’的争鸣，汉密尔顿与杰斐逊的‘群氓与群英’观念上的对立，圣西门与傅立叶的关于‘重用与利用’的比较等等。”[①]柏拉图与亚里士多德的认知主导着西方社会舆论引导的核心思想，说明了舆论引导的根本目的就是用智者的智慧引导民众，使之成为“智者”，脱离愚昧无知的状态；阿奎那与蒙田争论的是关于“引导方式的问题”；霍布斯与斯宾诺莎争论的是关于“引导的内容”问题；汉密尔顿与杰斐逊争论的是关于“对舆论客体的认知态度”问题；圣西门与傅立叶争论的是关于“引导的目的”问题。

我国儒学经典《大学》在论说“大学之道”时就包含着舆论引导的思想，当时主要通过“校”“序”“庠”“学”这样专门的教育机构的引导，以及制度条文传播、书籍传播、人际传播和实物传播等。《大学》在论说“大学之道”开篇就明确概括了我国古代舆论引导的核心问题：“大学之道，在明明德，在亲民，在止于至善。知止而后有定；定而后能静；静而后能安；安而后能虑；虑而后能得。物有本末，事有终始。知所先后，则近道矣。”[②]这一点很好地解决了柏拉图与亚里士多德争论的核心问题，我国舆论引导的源头思想就是“明德”“亲民”“至善”和“近道”，然后阐述了培养这种思想的基本路径和终极目的：“古之欲明明德于天下者，先治其国；欲治其国者，先齐其家；欲齐其家者，先修其身；欲修其身者，先正其心；欲正其心者，先诚其意；欲诚其意者，先致其知；致知在格物。物格而后知至；知至而后意诚；意诚而后心正；心正而后身修；身修而后家齐；家齐而后国治；国治而后天下平。”[②]舆论引导的目的是“格物”“致知”“诚意”“正心”“修身”“齐家”“治国”，最终实现“天下平”的目的。舆论引导的对象包括全体社会成员，舆论引导的关键环节是“修身为本”，“自天子以至于庶人，壹是皆以修身为本。其本乱而末治者，否矣；其所厚者薄而其所薄者厚，未之有矣”[②]。

2015 年 1 月，中共中央办公厅、国务院办公厅印发了《关于加强中国特色新型智库建设的意见》，要求新型智库建设必须健全制度保障体系中的舆论引导机制：“着眼于壮大主流舆论、凝聚社会共识，发挥智库阐释党的理

① 董子铭：《舆论引导的学理解读：元理由、概念及其系统特征》，载《四川大学学报（哲学社会科学版）》，2014 年第 5 期，第 194 页。

② 沈淑华：《〈四书章句集注〉引文考证》，北京：中华书局，2019 年，第 2 页。

论、解读公共政策、研判社会舆情、引导社会热点、疏导公众情绪的积极作用。鼓励智库运用大众媒体等多种手段，传播主流思想价值，集聚社会正能量。”①其目的就是，通过一定的舆论媒介向社会传递积极正面的智库思想产品信息，传播社会主义核心价值观，提高社会凝聚力，增强舆论引导的传播力、引导力、影响力和公信力。

社会公众是网络媒体信息的接受者，他们在接受引导主体的舆论引导时，会对其引导能力和效果作出自己的评价。引导主体的舆论引导能力如何，不能依据引导主体的主观感受或臆测作出判断和定评，而是要考察被引导者的态度和意见，主要看社会公众接受引导和认可引导的程度。在通常情况下，主体的舆论引导能力比较强，社会公众对此的认可度就比较高；主体的舆论引导能力比较弱，社会公众对此的认可度也就比较弱。一旦社会公众对舆论主体发布的内容认可度不高，那么主体的舆论引导能力就会受到社会公众的严重质疑。因此，特定主体的舆论引导机制如何，是可以通过对被引导者的调查进行检验并得出结果的。检测的主要内容涉及主体舆论引导能力的各项指标，如舆论引导的制度和理念，舆论引导的运行机制和生产内容，以及所设置的议题和议程，选题策划和报道内容，所采用的叙事方式、言语方式，对民意的尊重程度等。社会公众对上述各项内容的客观评价是衡量网络舆论引导机制健康与否的一个重要标志。

四、网络舆论引导机制的本体是舆论内容

舆论是社会公众针对社会上出现的一些特定事件或特定思潮所表达出来的大致相似的看法，包括观点、态度、意见、信念和信仰等。它是社会意识的一种比较集中的反映，代表着大多数人的态度。给舆论下定义有许多困难。简单的定义是：“舆论是社会中相当数量的人对于一个特定话题所表达的个人观点、态度和信念的集合体。”②也有学者认为：“舆论是在特定的时间和空间里，公众对特定的社会公共事务，公开表达的，基本一致的意见或态度。”③舆论传播的主要内容就是流动的意见，而意见通常是通过情绪、态度、观点、信念、信仰和价值等显示出来的。社会心理学家们习惯于把意见定义

---

① 中共中央办公厅、国务院办公厅：《关于加强中国特色新型智库建设的意见》，中华人民共和国中央人民政府网站，http：//www.gov.cn/xinwen/2015-01/20/content_2807126.htm，访问日期：2019 年 11 月 22 日。

② 美国不列颠百科全书公司：《不列颠百科全书（国际中文版）》第 14 卷，中国大百科全书出版社《不列颠百科全书》国际中文版编辑部编译，北京：中国大百科全书出版社，2007 年，第 5-9 页。

③ 李良荣：《新闻学概论》，上海：复旦大学出版社，2001 年，第 49 页。

为对某种态度、信念或者价值的言语表现。通常，学者们从两个方面来区别态度和意见之间的差异。第一，意见一般来说被认为是对于某个具体刺激(某个问题)所做的语言上的或者其他的明显反应，而态度是更基本的总体倾向，它只对一般性的刺激做出有利或者不利的反应；意见主要取决于当时的形势，具有易变性，而态度则在多种形式下能更持久地发挥作用。第二，态度是一种直接的、直观的心理倾向，而意见是在一个社会母体里，在各种选择性方案之间经过慎重考虑后所产生的理性抉择。

在马克思主义舆论思想中，关于舆论本体的论断更加符合中国当前网络舆论引导的实际情况，马克思主义传播学家的关于舆论引导的合理性解释对于我国网络舆论引导机制的建构而言，更加具有指导性意义。

1. 马克思主义舆论思想承认舆论本体的层次性差异

马克思主义传播学家把舆论本体分为“个人意见”“具体舆论”和“舆论环境”三个层次，以此来解决不同舆论现象中不同层次的问题，这种差异性是导致学者和社会公众对舆论本体持肯定或怀疑态度之争的主要原因之一。对舆论本体持肯定态度的学者着眼于整体舆论环境的演进，对舆论持中立态度的学者考察的是现实的具体舆论，而对舆论持怀疑否定态度的学者则更多地关注个人意见的形成。目前所见的舆论研究多数是在单一或某两个层面上加以讨论，然而在深入研究舆论形成和发挥作用的微观实际的同时，结合宏观环境观察舆论与权力组织间的双向社会互动作用，是当代舆论研究深入发展的必然趋势。

2. 马克思主义舆论思想科学阐释了“舆论”与“舆论引导”的逻辑关系

马克思主义传播学家在充分肯定公众的知情权、参与权和表达权的前提下，辩证地分析了“钳制舆论”和“影响舆论的工作具有革命意义”之间的关系。马克思和恩格斯在述评法国革命报刊中谈到，“报纸是作为社会舆论的纸币流通的，其赖以生存的条件是取信于公众，能够客观公正、准确自由地表达社会舆论；然而，报纸若不能忠实地反映社会舆论，甚至被剥夺了自由表达的权利，成为某些人或利益集团的私有品，那么报纸就变成了令人难以相信的单户期票”①。也就是说，社会舆论本身不可能被左右，但作为社会舆论载体的新闻媒体却需要加以引导和影响，对社会舆论载体的引导和运用正

① 中共中央马克思恩格斯列宁斯大林著作编译局：《马克思恩格斯全集》第7卷，北京：人民出版社，1959年，第523页。

是马克思主义党报思想的理论发端。“党的领导机构有责任领导党的机关报刊，对它施以相当大的道义上的影响，党的报刊应按照党的精神进行工作，有责任在党的纲领、策略和道德范围内，监督和批评党的领导机构和领导人。”[①]但是这种政治纲领性的影响和引导，必须以尊重新闻规律为前提，“不能违背民意和社会运动规律而屈服于某些所谓的舆论”[②]。

对于网络舆论引导机制而言，它的本体内容就是网络媒体里各种“个人意见”“具体舆论”和“舆论环境”。个人意见主要指社交媒体里的网民自发形成的舆论内容；具体舆论主要指网络媒体机构生产出来的舆论，他们有严格的“把关人”，主要是经由议程设置和议程建构方式生产出来的舆论内容；舆论环境主要是指各种网络媒体共同形成的网络意见气候。

五、网络舆论引导的基本原则

1. 党性原则

坚持党性原则就是在思想上坚持马克思主义的指导地位，在政治上与党中央保持一致，在组织上确保党的领导权，在实践中贯彻党的意志，特别是在面临重大挑战的关键时刻，更加需要强有力的思想保证，准确无误地传递党和政府的声音。在新情况、新事物层出不穷的新形势下，一方面必须与时代和社会发展紧密联系，努力适应国内外形势的新变化，创新报道观念、形式、内容和手段，充分认识新闻传播思想工作的特殊地位与重要使命。另一方面要不断提高从业人员特别是年轻新闻传播工作者的马克思主义新闻理论修养，认真学习马克思主义新闻传播理论，增强政治意识、大局意识、责任意识，加强职业道德教育，增强社会责任感，提升广大从业人员的专业素养。

2. 正面引导原则

主要包括四个方面：第一，向社会公众传达党和政府的思想，让受众能够及时、准确、全面地了解和把握党的行动路线和基本方针，对社会公众起到宣传教育和鼓舞作用；第二，产生舆论导向作用，创造有利于社会和谐稳定发展的舆论氛围，赢得人民群众的信任，促进国家政治清明、经济繁荣、文化兴盛、社会和谐、民族团结等；第三，及时提供各方面的咨询，让人们

---

① 陈力丹：《马克思主义新闻学辞典》，北京：中国广播电视出版社，2001 年，第 2 页。

② 王东等：《古今中外争鸣集萃》，北京：中国社会科学出版社，1995 年，第 1154 页。

能够随时了解世界各地的时事动向，增长知识、丰富阅历；第四，对先进人物和事迹进行宣传和弘扬，传递正能量，鼓舞精神，为社会稳定发展奠定基础。在网络舆论引导的实践中，切实落实社会主义核心价值观作为价值共识的引领作用，在帮助国家和社会解难题、寻出路、谋发展的报道中充分发挥核心价值观作为价值共识的“强信心、聚民心”功能，增强核心价值观作为价值共识的“暖人心、筑同心”的作用。

3. 真实性原则

真实性原则体现了网络舆论引导坚持党性与人民性相统一的基本思想，坚持网络舆论引导的党性就要说真话，真实反映人民的呼声，书写人民的真实事实，不偏私，不任意拔高，也不刻意遮盖、贬低，这样才能保证党的舆论引导的正确性和准确性，充分发挥网络舆论引导的效果；坚持网络舆论引导的人民性就是要把党的方针政策、治国理想等准确无误地传达给网民，让他们真实地理解并产生积极的行动，尊重网民们的首创精神和改革创新的成果，尊重网民的合法、合理意见和言论，针对不利于网民身心发展的思想和事件要及时批评、制止，对于损害网民利益的思想和事件要坚决斗争，及时维护网民的合法权益等。真实性原则主要包括三个方面：第一，时刻把舆论引导的真实性放在首位，从源头上杜绝虚假，保持真实，对事实和公众负责任；第二，客观公正，准确无误，尊重事实，按事实的本来面目和固有规律反映事实；第三，坚持严谨求实的工作作风。

4. 科学有效原则

在当今传统媒体和新兴媒体融合发展的过程中，技术在不断革新，平台在不断发展，网络媒体只有坚持以内容为本，科学有效，才能不断提升舆论引导力。科学有效原则主要包括四个方面内容：第一，主动发声，掌握舆情应对技巧，积极回应民众关心的热点问题，并掌握舆论危机应对技巧，把握舆论引导的节奏；第二，改进叙事技巧，增强公众认同感，做到以理服人、以情动人；第三，用数据新闻讲好中国故事，数据新闻最大的功能就是通过大量统计与分析，将数据图表化并展示在传播内容里，可以使受众更加清晰、完整、立体、客观地了解内容事件，大大提升了获取信息的效率；第四，构建和谐的舆论生态环境，逐步完善相关法律法规，提升受众的媒介素养，让受众学会甄别信息，形成良性竞争的环境，相互联动、内容互补，以形成强大的舆论引导氛围和舆论引导合力。

第四节　用大数据思维方式正确引导网络舆论

随着智能终端、网络存储、高速宽带、云计算等技术创新应用的普及，人类社会进入大数据时代。以内容的视角看，大数据就是大规模数据或海量数据，具有体量巨大、类型多样、生产速度快、价值含量高的特点，包括不同来源、不同结构、不同媒体形态的各种数据内容，冲破了传统的结构化数据范畴，囊括了半结构化和非结构化数据。以技术的视角看，大数据就是运用新技术、新手段对海量数据进行的采集、存储、分析、整合和控制，大数据给人类社会的发展和进步注入了新的动力。大数据环境逐渐成为人类信息社会的新形态，成为思想意识活动的新场域。因此，需要深入研究大数据时代网络舆论引导的新特点和新现象，推动社会主义核心价值观的舆论引导机制的创新。

一、大数据信息技术带来的挑战

1.“数据主权”之争逐渐升级

当前大数据信息技术已经成为国家宝贵的战略资源，“网络主权”“数据主权”等概念的提出反映了网络信息时代的国际政治、经济和文化的竞争呈现出崭新的形势。在全球网络空间中，不同国家占有的信息数据资源与拥有的数据处理能力处于不对称状态，因此数据主权的重要性日趋凸显。数据主权和信息技术能力的竞争已经处于国家综合能力竞争的最前沿位置。美国在 2011 年发布了《网络空间行动战略》，2013 年启动了“大数据研究和发展计划”，把大数据信息技术广泛应用于美国国家安全、科学技术、文化教育和商业改革等诸多领域。在新形势下，人工智能、5G 技术已经成为大国竞争的新领域，逐渐成为主导一个国家的信息安全、经济发展、社会稳定的重要资源。我国正处于从网络大国向网络强国转变的过程中，几乎能与西方发达国家并驾齐驱。虽然如此，但我国大数据信息技术的建设还有很多需要提升的空间，我国的网络安全、数据安全的风险依然存在，我国的社会主义核心价值观舆论引导机制建设也有很多亟须解决的问题。

2016 年 12 月 27 日，经中央网络安全和信息化领导小组批准，国家互联网信息办公室发布《国家网络空间安全战略》，目的是维护我国网络安全，贯彻落实习近平总书记关于推进全球互联网治理体系变革的“四项原则”和构建网络空间命运共同体的“五点主张”，指导中国网络安全工作，维护国家在网络空间的主权、安全、发展利益，给我国社会主义核心价值观的网络舆论引导工作提供一个良好的契机。

2. 数据污染与侵蚀现象普遍存在

随着数据爆炸性增长，数据“洪流”在全球的政治、经济、文化生活中奔腾。海量、开放、复杂的数据环境必然要面对数据污染的问题。一般而言，数据污染有两种典型的情况：一种是收集的数据中含有大量虚假、错误信息；另一种是数据库遭到入侵，数据被篡改。由于大数据呈现出的社情民意、网络心态、舆情热点、社会思潮等是我国政治、经济领域的重要决策参考，也是网络文化建设的有机组成部分，因此有效应对大数据污染的问题与我国社会主义核心价值观的网络舆论引导工作息息相关。

在文化领域，反华势力利用大数据技术侵蚀中国的文化安全。他们刻意制造网络谣言、颓废文化、暴力文化、宗教迷信等违背社会主义核心价值观的有害信息，严重侵蚀我国青少年身心健康，败坏社会风气，误导价值取向，危害文化安全。网络上经常呈现出来的道德失范、诚信缺失、人肉搜索、网络攻击等现象也非常值得注意。

网络上各种思想文化相互激荡、交锋，优秀传统文化和主流价值观面临冲击。

网络恐怖和违法犯罪等破坏社会安全的一系列事件也与反华势力利用大数据技术入侵我国网络空间有关。恐怖主义、分裂主义、极端主义等势力利用网络煽动、策划、组织和实施暴力恐怖活动等，直接威胁人民生命财产安全、社会秩序。计算机病毒、木马等在网络空间传播蔓延，网络欺诈、黑客攻击、侵犯知识产权、滥用个人信息等不法行为大量存在，一些组织肆意窃取用户信息、交易数据、位置信息以及企业商业秘密，严重损害国家、企业和个人利益，影响社会和谐稳定。

二、加强大数据信息技术的服务机制建设

在新形势下，把握大数据信息环境的特点和规律，掌握社会主义核心价值观网络舆论引导的主导权、主动权和话语权，是当前加强我国社会主义核心价值观工作的策略选择。

1. 充分树立大数据意识

当前，我国社会主义核心价值观工作的重点、难点问题就在互联网上，而大数据又是当前互联网发展的新特征、新趋势、新机制，因此需要深度研究当前形势下互联网信息环境的深刻变化，把握大数据时代人的认知规律、实践方式，以及给社会各领域带来的发展变化等，加强意识形态方面的大数据平台建设，充分树立起大数据思想意识，努力探索大数据背景下社会主义核心价值观网络舆论引导工作的规律和方法，牢固掌握舆论引导的领导权。

2. 加强大数据平台建设

全面分析和研究当前大数据背景下网络信息内容的类型、结构和形态变化，推动基于大数据应用的社会主义核心价值观舆情分析和思想舆论主导能力建设。在一定意义上，大数据平台克服了用以往传统的方法和工具无法进行的捕捉、存储、分析、管理和数据处理等多项任务的功能性缺陷，体现出了从海量规模、形态多样、快速变化的数据中发现新知识，提炼新价值的高效率特征。因此，在大数据发展趋势下，实现社会主义核心价值观主导权的重要目标之一就在于赢得关键性信息内容的采集、分析、加工和传播主导权，掌握网络传播和舆论发展的主导权。要建立起大数据信息挖掘、加工和再生产的能力优势，构建起议程建构、观点阐释、理论传播、价值导向的新框架。根据社会主义核心价值观具有多样化内容形态的特点，充分利用大数据信息技术深度挖掘信息的功能，从事实类信息、评论类信息、理论类信息等基本信息类型的划分和分析入手，对于网络热点事件、热点舆论、争议性很强的思想理论等意识形态领域的各种内容进行及时、持续的数据挖掘和分析，建立起针对社会热点议题的数据挖掘、知识提供、价值引导机制，实现以内容生产能力为依托的舆论引导新模式。

3. 研究大数据环境下媒介的演变趋势

大数据环境在一定意义上是信息媒介不断创新演化所形成、积淀和发展的媒介信息环境。传播学者麦克卢汉提出，媒介是人的延伸，媒介即信息。他认为，任何媒介(即人的任何延伸)对个人和社会的任何影响都是由于新的尺度产生的，我们的任何一种延伸(或者说任何一种新的技术)，都会在媒体上得到体现。在网络传播条件下，一种新的媒介往往能够聚合新的用户群体，形成新的信息流动结构，产生新的价值认同空间，进而影响到舆论传播格局和整个意识形态环境。不同类型的媒介在信息传播特性、话语表现形式、思想意识影响等方面具有各自的特征与方式，对其影响效果的把握不仅要注重传播效果的经验分析，更要审视媒介社会影响的议程效应。当前以微博、微信、微视频等为代表的新媒体蓬勃兴起，引发我国社会主义核心价值观传播信息流动模式、舆论话语形态、价值观引导方式的巨大变化。因此，大数据变革趋势要求我们立足新型信息媒介的发展演变、传播规律和社会影响，把握网络技术创新应用的前沿和网络思想政治教育的发展特点，探索基于"媒介—信息—用户"逻辑关系链条的理论模式，建构起把握思想意识工作主动权的新机制。

4. 提升网络舆论引导主体的技术能力

人是信息生产、传播、共享、使用的主体，网络舆论引导主体需要把握大数据环境中信息使用客体的思想和行为，尤其是把握网络意见领袖的思想和行为，提高具有影响力的自媒体用户的价值认同感，凝聚共识。习近平总书记2016年2月19日在党的新闻舆论工作座谈会上指出："媒体竞争关键是人才竞争，媒体优势核心是人才优势。"[①]2019年1月25日，中共中央政治局在人民日报社就全媒体时代和媒体融合发展举行第十二次集体学习，习近平总书记发表重要讲话时指出："随着5G、大数据、云计算、物联网、人工智能等技术不断发展，移动媒体将进入加速发展新阶段。要坚持移动优先策略，建设好自己的移动传播平台，管好用好商业化、社会化的互联网平台，让主流媒体借助移动传播，牢牢占据舆论引导、思想引领、文化传承、服务人民的传播制高点。从全球范围看，媒体智能化进入快速发展阶段。我们要增强紧迫感和使命感，推动关键核心技术自主创新不断实现突破，探索将人工智能运用在新闻采集、生产、分发、接收、反馈中，用主流价值导向驾驭'算法'，全面提高舆论引导能力。"[②]

大数据领域是国际竞争的前沿领域，也是社会主义核心价值观舆论引导的新场域，要建设一支具备大数据能力的骨干队伍，不断加强学习，善于运用大数据信息技术挖掘和分析思想意识领域的大众信息需求，分析和预判社会意识的舆情趋势，深入挖掘和分析各类细分群体的思想和行为状况，努力掌握网络新媒体意见领袖的引导方法和工作规律。

① 《习近平：坚持正确方向创新方法手段 提高新闻舆论传播力引导力》，新华网，http：//www. xinhuanet. com//politics/2016-02/19/c_1118102868. htm，访问日期：2021年4月20日。

② 《习近平：加快推动媒体融合发展 构建全媒体传播格局》，中华人民共和国中央人民政府网，http：//www. gov. cn/xinwen/2019-03/15/content_5374027. htm，访问日期：2021年4月20日。

第五节　建构网络舆论引导的服务机制

建构网络舆论引导服务机制的主要目的是通过提高网络舆论引导的质量来拓宽社会主义核心价值观的传播领域，提高传播效果，增强网络舆论的传播力、影响力和公信力。这是顺应时代发展的大趋势，服务于国家和社会发展的需要，满足人民心理期待的必然要求，也是尊重社会发展的客观规律，尊重人民群众历史主体地位的具体体现之一，符合当前社会的主流价值观念。建构服务机制是一个系统性工程，主要内容包括：密切关注新型舆论场发展态势、主动调控网络敏感舆情、积极进行网络舆论传播的法治建设、加强中国传统文化的网络传播与引导工作、弘扬爱国主义精神和社会正气，以及建构网络舆论引导的服务机制。

一、密切关注新型舆论场发展态势

每个社会都有主流价值观念和价值取向，以此来凝聚社会共识和社会力量，在信息化时代，网络传播在弘扬主流价值观方面具有其他传统主流媒体无可替代的重要作用，必须有一个与互联网时代相符合的新型舆论引导机制，科学发挥网络舆论引导的功能，维护社会主义核心价值观的统领地位和核心地位，构建起核心价值观引导的框架，发展主流意识形态，整合社会意识，发挥网络舆论的“强信心、聚民心”功能，增强核心价值观作为价值共识的“暖人心、筑同心”作用。

密切关注新型舆论场发展态势，这是建构网络舆论引导服务机制的首要任务。要围绕关系群众切身利益的社会问题设置议题，聚焦社会关切，反映群众呼声；围绕党和政府中心工作精心设置专题，开展正面宣传；积极努力引领微博、微信、微视频和其他社交媒体等新型舆论场，熟练使用社交网络的多模态语言和多模态传播方式，密切关注新型舆论场发展态势，增强对话意识和话语权意识。关心并高度重视网民群体的心理诉求和价值观的变化，主动设置与他们具有高度接近性的议题，采取积极的、富有针对性的引导策略。掌握新型舆论场的各种传播技术，有效应用“三微一端”等网络社交媒体，进行有的放矢的高质量舆论引导。

二、主动调控网络敏感舆情

舆情具有政治属性，会对一定时期的政治生态产生变革性的影响，“舆情是指在一定的社会空间内，围绕中介性社会事项发生、发展和变化，作为主体的民众对作为客体的国家管理者产生和持有的社会政治态度”①。同时，舆情具有公共属性，关系到社会公众生存与发展的需求，“舆情是由个人以及各种社会群体构成的公众，在一定的历史阶段和社会空间内，对自己关心或自身利益紧密相关的各种公共事务所持有的多种情绪、意愿、态度和意见交错的总和”②。舆情是公众在特定的政治事件或社会公共事件形成舆论过程中的某个阶段所表现出来的总体意见的态势，舆情的动态演化体现了舆论形成的动态过程，并最终转化成舆论。因此，做好网络舆论引导必然要关注网络热点舆情，坚持问题导向，增强主动性，引导网络舆情朝着有利于社会稳定、促进社会进步的方向发展。

在互联网舆论引导机制尚不健全的情况下，紧密跟踪重大突发舆情，增强舆论引导的针对性、主动性是最佳选择，这样能够迅速控制事态，抢抓时效，尽早处理，争取事态由大化小，由热变冷，由强变弱，防止其蔓延扩大。舆论引导工作者需要紧密跟踪网络舆情生成、演化的生命周期，并配合网络舆情的发展过程做好应对工作。在网络舆情的潜伏期，要注重舆情预警，做好提前预案；在网络舆情的发生期，要注重有效发布，做好阐疑释惑的工作；在网络舆情的发展期，要注重设置议题，做到主动出击；在网络舆情的平息期，要注重持续跟踪，做到严防复燃。

建立灵活的动态反应机制是一种行之有效的方法，主动利用主流网络媒体做好正面宣传报道，灵活和熟练运用各种网络传播技巧，争取直接与网民沟通对话，减少和消除不实谣言和传闻的负面影响。针对某些负面舆情，一旦调查属实，建议涉事主体迅速采取必要的行动，主动曝光并且及时处理当事人，及时做好网络舆情引导工作和形象修复工作。

三、积极进行网络舆论传播的法治建设

互联网曾被称为“无国界、无法律、无管制”的“三无世界”，由此产生了

① 毕宏音：《网民的网络舆情主体特征研究》，载《广西社会科学》，2008 年第 7 期，第 166-169 页。

② 刘毅：《网络舆情研究概论》，天津：天津人民出版社，2007 年，第 51-53 页。

大量的互联网相关问题。当前，加大对互联网舆论信息的管控力度已成为各国共识。如何让网络舆论在法律的框架内有序传播，如何保障公众的知情权、参与权、表达权、监督权，我们的网络舆论在现行制度中到底存在什么问题，这些问题都值得深入研究。总体来说，坚持依法管理、科学管理、有效管理的法治理念，积极进行网络舆论传播的法治建设工作。

维护网络法治化的根本目的就是维护基本的社会秩序和人民群众的根本利益，网络舆论的法律规制已成为目前日益紧迫的问题。我国目前有治理谣言传播的法律法规，如《中华人民共和国治安管理处罚法》第二十五条规定，“有下列行为之一的，处五日以上十日以下拘留，可以并处五百元以下罚款；情节较轻的，处五日以下拘留或者五百元以下罚款”，其中第一条就是“散布谣言，谎报险情、疫情、警情或者以其他方法故意扰乱公共秩序”的行为。但是，对于网络舆论的引导而言，我国还存在很多法治盲区。加拿大使用法律规范的方法治理网络舆论引导的问题，他们将负面的网络舆论信息分为非法信息和攻击性信息，用法律手段治理非法信息，用行业自律和用户自律的方法治理攻击性信息。英国通过《3R互联网安全规则》治理网络舆论引导中的非法信息传播问题，美国通过《传播净化法案》对网络舆论进行管控。我国通过《中华人民共和国网络安全法》虽然可以有效治理网络安全方面的问题，但是对于网络舆论的引导与管控，仍然无法解决一些紧迫性的危险问题，比如，对一些“高级黑”“低级红”采用一些隐晦手段曲解社会主义核心价值观，进行意识形态渗透等，无法及时有效地进行法律责任的归属、认定，以及进行有效的、及时的防范与惩治。

宏观而言，可以参考《中华人民共和国网络安全法》制定“网络舆论法”，为正确的网络舆论提供法律保障，防范网络舆论安全风险。微观而言，可以参考《关于办理利用信息网络实施诽谤等刑事案件适用法律若干问题的解释》制定相关条例，严肃处理危害社会主义核心价值观网络舆论引导的问题。

四、加强中国传统文化的网络传播与引导工作

中国传统文化历史悠久，内涵丰富，是独一无二的、具有世界普适性价值的精神财富，指引着中国上下五千多年文明发展的历程。西周的礼乐思想，春秋战国时代的诸子百家，秦汉时代的法、道、儒思想，魏晋时期的玄学，隋唐时期的儒释道三教并重，宋元时期的程朱理学，明清时期的陆王心学等，成为中国古代社会几千年超稳定结构的精神支撑，“礼义廉耻，国之

四维”，对于中国人的道德伦理观念影响深远。历史经验表明，核心价值观具有稳定、强盛国家的功能。目前而言，传播和践行社会主义核心价值观具有凝聚共识，形成统一思想、统一意志和统一目标的基本功能。我国人口众多，多元价值观念共存，需要核心价值观念进行规范、引领和主导，统一思想、提高认识，杜绝价值观念和人生信仰缺失、偏离的行为。

我们用七十多年的时间走过了西方国家二百多年走过的路，取得了巨大成就，时空高度压缩，西方二百多年间发生的问题短时间内在中国集中出现，各种社会思潮纷纷涌起。这些多元、多样、多变的社会思潮代表着经济社会领域中的不同利益和价值取向，交锋激烈，它们竞相争夺话语权、主导权，并试图影响现实。在这种情形之下，只有加强我国传统文化的网络传播与引导工作，提炼精粹，继续发挥其稳定社会、强盛国家的功能，有效调节多种社会思潮，形成求同存异、相互包容、共同发展的格局，最大限度地形成社会共识，巩固我国和谐的思想道德基础，在全社会形成共同的理想信念和强大的精神支柱。

五、弘扬爱国主义精神和社会正气

在中华民族历史上，曾经涌现出不胜枚举的民族英雄、革命英烈和模范人物，代表着我国历史进步和时代发展的主流方向，应该在网络上进行大力宣传，以此为主要平台来弘扬爱国主义精神和社会正气。用正确的历史观来评价中国历史和中国历史人物，准确传播民族英雄、革命英烈、模范人物的事迹，弘扬社会正气。严格防范国际历史虚无主义思想对我国意识形态进行渗透的行为，并防止历史虚无主义思想在我国网络空间的传播和蔓延。我们的网络思想文化传播工作要解决舆论引导的根源性问题，“文艺要反映好人民心声，就要坚持为人民服务、为社会主义服务这个根本方向……文艺不能当市场的奴隶，不要沾满了铜臭气”①。多生产思想内涵丰富的作品，杜绝简单追求轰动效应的空洞作品，用思想深邃和精神崇高的作品感染人，锻炼当代青年人的灵魂，培养理想精神和忧患意识，弘扬社会主义核心价值观。

六、建构网络舆论引导的服务机制

首先，国家经济、政治、文化、社会、生态文明网络治理的各个层面、

① 《习近平：坚持以人民为中心的创作导向　创作更多无愧于时代的优秀作品》，人民网，http：//cpc. people. com. cn/n/2014/1016/c64094-25843852. html，访问日期：2020 年 4 月 20 日。

各项治理的具体实践都要体现社会主义核心价值观所倡导的理念，把核心价值观的基本要求转化到治国理政的政策、制度之中，形成有利于传播和践行核心价值观的政策导向、利益导向和体制机制。建立健全有效的激励机制和约束机制，注重在日常网络管理中体现价值导向。

其次，做好传播和践行社会主义核心价值观的仪式感。中国是“礼仪之邦”，古代“礼仪”的仪式感很强，一般都有严格的规范和形式，要求内心虔诚无欺，表里如一。礼仪主要有政治礼仪和生活礼仪，前者如国家庆典、重要的国事活动、军事行动等，都有比较固定规范的程式和仪式感，庄重严肃；后者如普通人的婚丧嫁娶、开业庆典、开学仪式等，形式多样、不拘一格；不管哪种“礼仪”的仪式感，都蕴含着丰富的文化内涵和思想价值。当前，我们可以有计划、有目的地把社会主义核心价值观建立在一些礼仪制度和规范之中，进行网络传播。在完善各种市民公约、乡规民约、学生守则和健全各行各业的规章制度过程之中，体现核心价值观的基本精神，成为人们日常工作生活的一个组成部分。

第三，建立国家、社会和个人联动机制。把核心价值观的舆论引导贯穿到依法治国的实践过程中，落实到立法、执法、司法、普法等方面，用法律的权威推动核心价值观建设。各行业和各种社会生活可以结合各自的职能，把核心价值观建设纳入目标管理责任主体之中，制定规划，完善措施，使国家、社会和个人形成联动机制，分别形成舆论氛围并进行舆论引导。

第六节　用好“时、度、效”的效用机制

网络舆论引导的效用机制是一种旨在提高网络舆论引导效率、获得网民普遍支持和认同的运行机制。效用理论源于经济学，主要用来分析决策者在决策的过程中充分考虑到市场因素和消费者行为之后对待风险与成效的理论。效用用来衡量决策者在执行决策的过程中所感知到的满足程度。“效用理论是研究消费者如何在各种商品和劳务之间分配他们的收入，以达到满足程度最大化的理论。消费者的最优选择就是要把有限的收入合理地用于不同的商品，以便从消费商品中获取最大利益。所以，对消费者最优行为的理论考察要分析消费者获取商品的动机、收入约束及实现目标的条件。”①所以效

① 高鸿业：《西方经济学》，北京：中国人民大学出版社，2011 年，第 102 页。

用机制要充分研究消费者的消费行为、消费意向和消费特征。

2014年2月27日，习近平总书记在中央网络安全和信息化领导小组第一次会议上指出：“做好网上舆论工作是一项长期任务，要创新改进网上宣传，运用网络传播规律，弘扬主旋律，激发正能量，大力培育和践行社会主义核心价值观，把握好网上舆论引导的时、度、效，使网络空间清朗起来。”①习近平总书记在这里强调的是网上舆论引导要注重激励机制、创新机制和效用机制问题，目的是让“网络空间清朗起来”。2016年4月19日，习近平总书记在网络安全和信息化工作座谈会上指出：“网民来自老百姓，老百姓上了网，民意也就上了网。群众在哪儿，我们的领导干部就要到哪儿去，不然怎么联系群众呢？各级党政机关和领导干部要学会通过网络走群众路线，经常上网看看，潜潜水、聊聊天、发发声，了解群众所思所愿，收集好想法好建议，积极回应网民关切、解疑释惑。”②习近平总书记在这里强调的主要是网络舆论引导的价值观接近性机制和服务机制的问题。提高主动性是建立和发挥网络舆论引导机制的关键性要素，需要充分考虑到网民的信息接受习惯和使用习惯，坚持“时、度、效”的原则，提高网络舆论引导的系统性、科学性、艺术性和公信力。

一、提高网络舆论引导的方式方法

方法论是关于方法的学说或理论，其目的在于研究如何运用客观规律自觉地认识世界和改造世界。从哲学层面看，舆论引导是人们认识世界和改造世界的活动，必然存在着方法论；从社会实践层面看，舆论引导是社会管理者及大众传媒按照一定意图将社会舆论引向特定方向，以实现社会控制目标的行为和过程。因此，舆论引导又是一项长期、复杂而系统的社会工程。“社会工程是人们改造社会世界、调整社会关系、控制社会运行的实践活动过程。这是一种目的性、选择性、计划性、操作性极强的系统工程活动。”③舆论引导作为一项复杂系统的社会工程，无疑需要具体操作方法来推进实施，但是，这些具体方法如果没有更高层面的方法论统筹指导，只会停留在

① 《中央网络安全和信息化领导小组第一次会议召开　习近平发表重要讲话》，中华人民共和国国家互联网信息办公室网站，http://www.cac.gov.cn/2014-02/27/c_133148354.htm?from=timeline，访问日期：2020年9月5日。

② 《在网络安全和信息化工作座谈会上的讲话》，人民网，http://politics.people.com.cn/n1/2016/0426/c1024-28303544.html，访问日期：2020年4月20日。

③ 田鹏颖：《社会工程哲学》，北京：人民出版社，2008年，第78页。

“术”的低级状态，无法为作为一项社会工程的舆论引导提供规范、全面、系统的技术支撑。可以说，“正确有效的新闻舆论引导是社会安定的重要保障……为提高新闻舆论引导的有效性，须从哲学、社会学、心理学等诸多相关学科的角度，对‘传播—引导方法’进行精心研究。吸取科学的哲学方法论的深厚底蕴，从社会学的理论和方法中进行借鉴，借助于心理学研究成果准确把握受众心理，达到传者与受众心理相契合的境界……有效的新闻舆论引导方法，无不具有科学的哲学方法论的深厚底蕴”①。舆论引导方法论是提高舆论引导效果的重要手段，它反映的是舆论引导方法应用的普遍规律，具有方法论原理的基本特征。舆论引导的方法论与方法是相互贯通的：作为一般方法原理，舆论引导方法论是具体方法应用的逻辑前提，具体方法应用如果脱离方法论，舆论引导就会缺乏宏观、整体和系统的把握，流于琐碎、短期和功利，陷于事务性、随意性和盲目性之中；此外，舆论引导具体方法应用是其方法论的体现和实践操作，方法论如果不转化成具体的方法应用，就是游离于实践之外的空洞说教，难以达到实际效果。

2013年8月19日，习近平总书记在全国宣传思想工作会议上指出，舆论引导“关键是要提高质量和水平，把握好时、度、效”②。“时、度、效”作为舆论引导的“关键”被中央高层正式提出，成为新形势下对舆论引导工作的新概括和新要求。从实践层面看，“时、度、效”并非一种微观、具体、可操作的舆论引导方法，相反，是对一般舆论引导方法应用的经验总结和抽象升华，它超越了具体感性的方法操作层面，是衡量舆论引导效果机制的基本依据，对舆论引导实践具有普遍的适用性，具有哲学方法论的本质特征。

二、“时、度、效”效用机制的内涵

当前学界对“时、度、效”的效用机制展开了较多探讨，但他们的理解和阐释方式不太统一，各有偏颇。具体而言，他们在对“效”的理解上较为一致，而对“时”和“度”的理解差异性较大。比如，有些人认为：“时，就是什么时候说，关键时刻不失语，重大问题不缺位；度，就是把握好节奏、力度和分寸”③；“时，即时新、时宜。度，适度，指说话的分寸与火候”④。另一

① 丁柏铨：《新闻舆论引导方法论》，载《南京大学学报（哲学·人文科学·社会科学）》，2001年第2期，第151页。

② 《习近平：胸怀大局把握大势着眼大事　努力把宣传思想工作做得更好》，载《人民日报》，2013年8月21日第1版。

③ 杨桂华：《习近平总书记宣传思想的辩证法》，载《天津日报》，2014年8月18日。

④ 蔡小伟、任君翔：《时、度、效——新时期新闻工作的着力点》，载《新闻战线》，2014年第7期，第13页。

些人认为："时，就是识时务、看时机、懂时令；度，就是精准度、求速度、增精度；效，就是见成效、促长效。"①这些理解上的差异性，给正确理解和使用"时、度、效"的效用机制带来了一定难度。在信息全球化趋势下，准确、全面把握"时、度、效"丰富的内涵不仅可以引导好国内网络舆论，而且能有效处理好国际网络舆论的引导工作。

准确和使用"时、度、效"机制需要考虑四个基本因素：一是习近平总书记关于宣传思想工作的重要论述；二是网络新闻与传播的专业准则；三是中国网络发展与舆论引导的实际情况；四是全球性网络舆论发展态势。综合这四个因素，对"时、度、效"效用机制的阐释如下。

1. 时

"时"是效用机制的一个重要因素，它主要考虑三个维度：时机、时势和时效，三者是有机统一体。时机，指的是网络舆论引导具有时间性的客观条件或特殊机会，在进行网络舆论引导时，把握准时机，体现舆论引导的及时性，例如，某地突发重大安全事故、政府颁布某项重大决策等，这类事件的社会影响力很大，每当此类情况发生时，网民自然而然地产生极强的"求知"欲望，想尽快知晓事件真相，以便采取与之相应的行动，满足心理需求和生活需要，提前合理规划并安排自己的行动计划。时势，指的是网络舆论引导时需要具有宏观意识、大局意识，合理把握当前社会发展的大趋势，具备审时度势、总揽全局的把控能力，顺应历史发展趋势，提供与之相应的舆论引导内容，例如，中美贸易战，既有现实因素也有历史因素，既是经济冲突也是政治冲突，非常复杂，网络舆论引导时，需要把握好时势，要求很高。时效，指的是面对不同的网络热点舆论，不仅要争分夺秒抢占"第一时间""第一落脚点"，赢得更多的点击量和阅读量，还要考虑网民阅读后的心理变化。在规划舆论引导计划的时候，做好预案，把时效作为一个重要考量指标，一旦中间出现变数，可以及时调整引导方式方法，提高网络舆论引导的效率。时机、时势和时效，三个不同的维度，如同"北斗卫星导航"定位系统一样，确定着网络舆论引导机制的时间精准度问题，满足网民舆论需求的时间性刚需法则。

2. 度

"度"主要有两个维度：尺度和程度。尺度是一个数量概念，在这里指的

① 吴笛：《舆论引导工作要把握好"时度效"》，载《学习时报》，2013 年 10 月 21 日。

是在网络舆论引导的过程中，把握好舆论内容发布的具体数量和数量比。首先是选择好舆论引导的符号系统，诸如文字、图像、图表、视频的数量和数量比，以及它们之间的结合度。其次是选择好诸如消息、深度报道、系列报道、新闻评论、新闻特写题材的数量和数量比，以及它们之间的结合程度。第三是内容供应的时间安排，集中一次性报道，还是分阶段、分批次的渐进式的内容呈现等。程度是一个相对模糊的量的概念，意思是指舆论引导时需要掌握好分寸与火候，可以用李克特量表来表示，分别为：很高、高、一般、不高、很不高，分别记为5、4、3、2、1，每次舆论引导的程度所得的总分就是“度”的效果之一，这一总分可以说明舆论引导程度的强弱状态。除了程度方面的理解，还有“法度”方面的理解，即：是否符合法律规范、条文准则，是否符合新闻传播规律和行业规范，是否违背了相关法规政策，既要考虑舆论引导的业务问题，也要考虑舆论引导的政治、法律问题。如果涉及大数据信息技术，则需要考虑数据使用的规范问题、数据使用的伦理道德方面的问题。

3. 效

“效”的机制主要指建立一个能提高网络舆论引导效果和效率的机制，业界和学界的认知比较一致。这里需要讨论的主要问题是：实践中对于“时”和“度”的理解和执行情况的不同，在网络舆论引导实践中所取得的效果或效率也会有所不同，甚至会出现截然相反的情况。也就是说，“时”与“度”的因素对“效”的因素影响巨大，做好“效”的机制，必须做好“时”“效”的机制，三者之间不能简单归结为因果关系，但是绝对属于强相关关系。效果主要指的是网民受到舆论引导之后会产生怎样的心理变化，包括态度、情感、意见、信念和价值观，这一点可以通过被引导前后的民意调查研究中得出结论，也可以使用李克特量表标识出来，重点看结果。而效率则是一个与“时”有着密切联系的概念，既有态度层面的考量，也有时间层面的考量，关键看投入与产出之间的比例问题，主要包括人力和财力成本与回报的问题，影响力的衡量问题，引导之后产生的变化问题，以及引导前后产生的数量比问题。

总而言之，时、度、效三者组成了一个有机的概念体系，互为依托，互相融合。在网络舆论引导实践中，往往需要进行协同考虑。“时”解决的是网络舆论引导的及时性和时机性的问题；“度”解决的是网络舆论引导的艺术性和科学性的问题；“效”解决的是网络舆论引导的有效性和影响力的问题，三者统一于一个完整的网络舆论引导机制发挥作用的过程之中。

三、“时、度、效”效用机制的本体性特征

1. 系统性

系统论创始人冯·贝塔朗菲认为：“系统可以定义为相互作用着的若干要素的复合体。”①作为社会科学方法论之一，“时、度、效”的效用机制同样具有系统的特征，“时”是先行条件，“度”是执行过程中关键性要素，而“效”是根本，是“时”“度”的最终目的。三者联系紧密、相互作用，具有结构性的功能和特征。正是这三者之间的紧密关系，使“时、度、效”的效用机制呈现出系统论所突出强调的“组合性”特征。否则的话，就是割裂了“时、度、效”的有机联系，犯了机械主义的思想错误。因此，在应用的过程中，必须三者同步考虑，做好协调工作。

2. 科学性

是否符合对象事物发展的客观规律，是判定一种方法论是否科学的核心标准。传统舆论引导过于注重引导者的主观意图和功利性目标，却因忽视新闻传播和舆论引导的内在规律而难以在实践中发挥效用。在网络舆论引导机制里，由于大数据信息技术的充分利用，效果的反馈机制及时有效，更方便舆论引导者及时掌握舆论引导“时、度、效”的科学性问题，及时调整方式方法，因此，“时、度、效”的效用机制更加科学合理，是网络舆论引导的大势所趋。维护“时、度、效”的科学性特征，需要有相应的制度性保障和相应的激励机制、制约机制、服务机制、文化机制和技术机制的协同支持，不仅为网络舆论引导提供科学的世界观、认识论和方法论，也为网络舆论引导机制提供制度上、艺术上和技术上的功能支持。

3. 本土性

网络舆论引导，既有世界性一面，也有区域性的特征，在遵循新闻与传播规律的前提下，需要考虑国家和地方特色，立足实际情况，满足现实社会发展的需要，不可千篇一律、机械复制。在当代中国，不能把网络媒体简单地理解为纯粹的信息传播与交流的平台、进行产业化运作的平台，它还是党和政府极为重要的、有力的思想宣传工具，是传播中国传统文化、实现中华

① 冯·贝塔朗菲：《一般系统论：基础、发展和应用》，林康义等译，北京：清华大学出版社，1987年，第51页。

民族伟大复兴的良好信息环境的建构者。这是我们理解当代中国网络舆论引导工作所有具体问题的基础和前提。“时、度、效”的效用机制正是对我国新闻传媒多重属性和功能在舆论引导领域的集中反映，是新闻传播业务属性与中国政治生态相统一的舆论引导效用机制的内在要求。

4. 艺术性

“时、度、效”的效用机制要求网络舆论引导主体具有很高的政治智慧、新闻与传播学的专业素养、高度的人文情怀，还要能够把握全局、统筹协调、准确判断和快速反应，具有高度的艺术性特征。在变幻莫测的网络舆论具体实践中，既要有思想性、大格局，又要掌握一系列操作方法，提高舆论引导的新闻性、贴近性、知识性和趣味性，让广大网民喜闻乐见，达到“润物细无声”的舆论效果。遇见网络舆论斗争的境况，则需要“知己知彼”，掌握舆论引导的“攻防策略”，不鲁莽、不贪功、不授人以柄，提高舆论引导的艺术性、逻辑性、真理性，有的放矢、熟悉目标、手法多样，以“恰当、合规、有效”为最高境界，提高网络舆论引导的吸引力、感召力和影响力。

5. 开放性

由于网络的开放性特征，网络舆论引导的“时、度、效”的效用机制不是一种封闭静止、一劳永逸的引导机制，而是与引导实践保持紧密联系并在实践中不断发展完善的方法论系统。开放性原理强调，方法论系统总是与客观外界的一切实践领域进行物质、能量和信息交换，从而保持着密切联系。“时、度、效”的效用机制在网络舆论引导实践中产生，同时作为理论手段反过来又指导网络舆论引导实践，这正是“时、度、效”的效用机制在舆论引导过程中的开放性优势。它既可以吸纳一切科学的、有价值的方式方法，拥有创新性思维，又可以通过不断创新、不拘泥于简单粗暴的教条主义思想，提高网络舆论引导的时效性、科学性和艺术性。

四、“时、度、效”效用机制的目的性

1. 建构网络舆论的公信力

网络舆论引导的实质是舆论主体在网络信息传播与交流的过程中针对舆论客体施加的一种旨在取得对方信任的劝服行为，具有明显的目的性。劝服行为是否成功取决于网络舆论的公信力，网络舆论公信力主要由网络媒体的公信力、舆论主体的公信力、舆论内容的公信力和舆论环境的公信力四个方

面共同组成的。网络舆论环境的公信力主要是指一定时期范围内，网络舆论环境能客观、真实地反映环境中的网民们共同的态度、情感、意见和价值观念，具有能够赢得他人信赖的力量。公信力建构的主体包括网民媒介的所有者、从业者和其他方式的参与者。在意见纷繁复杂的网络环境中，公信力是网络舆论引导的核心竞争力。

美国传播学家卡尔·霍夫兰的信源可信性效果研究表明："在宣传或说服活动中，人们首先要根据传播者本身的可信性对信息的真伪和价值做出判断。"[①]联合国教科文组织的《多种声音，一个世界》中表明："舆论是一种常常难以进行确切的科学分析的集体现象，它是同人的社会性紧紧联系在一起的……不仅仅是各种意见的总和，而且是在广泛的知识和经验的基础上不断比较和对比一些意见的一种连续的过程。"[②]霍夫兰把"信息的真伪和价值"作为舆论公信力的判断基础；《多种声音，一个世界》则强调通过"不断比较和对比"的"连续过程"来判断舆论的公信力。

一般来说，信源的可信度越高，其说服效果越好；可信度越低，说服效果越差。根据人民网舆情监测室的监测显示，目前我国社会公信力正处于下降后的回升趋势，这与近几年政府加大对网络空间的大力治理密切相关。"习惯性不信任"已经成为过去，"塔西陀效应"正在逐步得到改变。

一般而言，网络媒体的公信力高、舆论主体的公信力高、舆论内容的公信力高、舆论环境的公信力高，网络舆论引导的公信力就高，这四个变量因素中，随着全球化进程加速、智能媒体技术日新月异，信息接受者更加看重舆论主体的公信力，这是决定网络舆论公信力的核心要素。

2. 舆论公信力建构方法

在英国社会学家安东尼·吉登斯的观念里，现代社会的信心是一种持续的自我认同感，即"本体性安全"，对周围环境拥有恒常的安全感，这种认同感来源于对他人或系统的信任程度，信心缺乏是信任机制受损的表现[③]。法国社会学家布尔迪厄认为，公信力是一种"符号力"，这种符号的构建是一种"视而可见""闻而可信"的力量，当它能够得到人们认同的时候，公信力的功

① 郭庆光：《传播学教程》，北京：中国人民大学出版社，2011 年，第 187 页。

② 联合国教科文组织国际交流问题研究委员会：《多种声音，一个世界》，北京：中国对外翻译出版公司，1981 年，第 268-270 页。

③ 安东尼·吉登斯：《现代性与自我认同》，赵旭东、方文译，北京：生活·读书·新知三联书店，1998 年，第 93-96 页。

效就发挥了出来[①]。基于吉登斯和布尔迪厄的理解，我们可以得出这样的论断：舆论公信力是由“符号力”建构起来的一种被社会公众所普遍信赖的内在力量，是网民对网络空间感知出来的一种“本体性安全”。它是舆论自身品质和网络媒体形象在公众心目中的一种正面体现，舆论公信力的高低决定其对公众影响力的大小。建构网络舆论公信力要求网络平台发布及时、真实、客观、公正、平衡的消息，遵循新闻与传播的专业精神和专业的业务规范，在坚持正面报道的同时，认真履行好监测环境的职能，即：要能够代表网民充分发挥好网络舆论监督功能，维护国家利益、社会公众利益和网民利益，履行舆论引导的职能。

美国学者菲利普·梅耶倾向于通过信任维度(believability)和社会关系维度(community affiliation)这两个维度来考察传媒的公信力问题[①]。“社会关系维度指的是传媒对于社会群体及个人的功能性标准的实现程度，如公众知情权的满足、舆论监督的实现程度、关注公共利益和社会福祉、贴近百姓生活、与公众有良好的互动沟通等。”[①]从网络舆论引导的维度上来看，这两个维度各项构成要素的总和就是公众对舆论的社会期待，其满足程度与舆论的公信力呈正相关关系。这属于感受和认知的主观范畴，因此舆论的公信力程度主要由社会公众来评判，而不是舆论传播者本身。至于“时、度、效”的效用机制，“效”是公信力的核心要素，“时”是表层，“度”属于中层范围。它是一种由内而外的建构，社会公众通过舆论引导的“时机”来知晓并理解舆论引导的“尺度和程度”，最后产生预期“效果”。

五、“时、度、效”效用机制的运行模式

“时、度、效”效用机制最终的目的是指导网络舆论引导实践。运行模式有用来指导具体操作的各种方法，具有同一性和灵活性，不同的社会舆论有着并不完全相同的适应性要求，会有所侧重，需要对“时、度、效”三种因素进行仔细权衡，综合考量。“效”是舆论引导的结果性要素，在执行“时”和“度”操作的时候，需要将“效”的要求进行前置考虑并贯穿始终。

1. 正面引导

“正面引导为主”是我国新闻与传播学领域一个重要的工作方针，重点在于对“时势”的把握。要从纷繁复杂的事物表象中准确把握社会发展的大趋势

① 陈力丹、张勇锋：《传媒公信力与公众信心凝聚》，载《人民论坛》，2013年第2期，第12页。

和主旋律，准确把握社会思潮和社会心理特征，通过卓有成效的网络舆论引导，准确解决社会发展过程中遇到的重大问题，积极回应网民们的社会关切，向全社会传播主流价值观念，反映时代主旋律，营造积极向上的舆论环境，凝聚国人共识。在舆论引导的过程中，尊重客观实际，实事求是。在内容设计上，传播社会公众切实关心的事件和思想动向，在编辑设计上，把握好版面、时段、频率和报道数量上的配比，进行客观公正的平衡性报道。摒弃空洞呆板的宣传思维，准确把握网民的思想动向，用群众语言、身边事例、鲜活方式来诠释政策措施，讲好故事。重点关注青年网民的关注点和兴趣点，着眼于未来，进行积极的、正面的舆论引导。

2. 关注社会热点

对于社会公众普遍关注的、众说纷纭的社会热点问题，引导主体要及早发现、及时介入，充分运用各种机构、网络媒体以及微博、微信、微视频和各种客户端，以权威身份第一时间发声，主动回应，释疑解惑，防止热点事件发酵酿成群体性事件。及早发现舆论的苗头性信息，在舆论热点尚处于苗头之际，通过充分的、周密的分析研判，针对问题焦点以权威声音发布真实可靠的信息，不能隐瞒、遮掩、犹疑、拖延。

在热点事件的舆论引导过程中，秉持公平、公正、公开原则，把握好舆论引导的尺度和程度。符合舆论传播规律，秉持真实、客观、全面、公正等专业原则，防止报道片面、偏颇、失实。遵从新闻与传播学行业的职业规范，防止哗众取宠、过度煽情。在态度方面，不能有任何敷衍和缺乏诚意的言行。直面社会热点的核心问题，及时为公众进行释疑解惑，避免简单说教或成为政府信源的传声筒。

3. 充分满足公众的知情权

自然灾害、重大事故、群体性事件、暴恐事件等往往是社会公众关注的焦点问题，它们最大的特征是突发性强、影响面广、对社会造成伤害程度深。因此网络舆论引导主体必须第一时间发声，充分满足社会公众的知情权。充分利用好各种“三微一端”，及时传播真相，防止谣言滋生蔓延，维护人心安定和社会稳定。

在报道的时候，坚持“快报事实，慎报原因”，根据事件处置进展情况实时发布信息。突发事件发生后，公众对事件发生的起因、过程、危害等十分关心，同时对调查过程、善后工作以及处理结果也密切关注。要做好突发事件核心议题、次生议题的分级动态引导，提高舆论引导的针对性和实效性。对于灾难性事件的报道，应恪守新闻伦理规范，避免过度煽情，避免对报道对象造成新的伤害。

满足公众知情权是突发事件网络舆论引导取得实际效果的关键。要以事件本身和事件中当事人的命运为报道重心，避免“各级领导高度重视、亲临一线、靠前指挥”等过于官方的模式化报道，“灾害不是新闻，抗灾救灾才是新闻”，在报道灾害事实的前提下，做好抗灾救灾的报道，避免引起公众反感的报道套路。

根据“霍夫兰的说服模式”，媒体对受众的说服力受三个方面的影响。第一，说服者的条件(或者说信息的来源)，即媒体本身的知名度、权威性等条件，是国家媒体还是地方媒体，是大媒体还是小媒体，这直接影响受众与媒体的接触广度和深度。第二，信息本身的说服力以及信息的接收者，包括受众对问题的关注程度，受众接收信息的习惯等。第三，信息的传播表达方式：如传达信息过程中信息的排列技巧，表达时理由是否充分，论据是否确凿，采用的传达方式是理性诉求还是感性诉求或是二者结合，不同信息的表达顺序等。[①] 在智能媒体环境下，在社会主义核心价值观的网络舆论引导机制建设的过程中，既要注重理论指导，又要讲究具体方法的灵活运用，科学把握“时、度、效”核心原则。

---

① 张鑫：《基于霍夫兰说服模式的高校图书馆个性化服务》，载《情报探索》，2015年第1期，第119页。

第五章　基于网络安全的舆论引导机制

自从1994年2月18日中华人民共和国国务院令第147号发布《中华人民共和国计算机信息系统安全保护条例》起，到2020年4月27日国家互联网信息办公室等12个部委机关联合发布《网络安全审查办法》止，我国政府部门已经公开颁布了61个用于“网络安全”管理的法规条例。其中，2016年2月至2020年4月期间颁布得最多，5年时间共颁布了31个法规条例。这说明，涉及“网络安全”管理的事项越来越多、越来越细致，国家“依法治网”的理念越来越强，更加具有国际化特色。在立法立规的过程中，关于“网络安全”的网络舆论此起彼伏，社会公众的“网络安全”思想意识逐渐增强。随着信息技术的迅猛发展和互联网普及程度的不断提升，目前“网络安全”的话题主要集中在以下几个方面：信息安全保护、网络视听节目管理、网络文化管理、用户个人信息保护、网络传播权保护、网络出版服务管理、互联网新闻信息服务管理、互联网信息内容管理、网络音视频信息服务管理、网络信息内容生态治理、网络强国建设、网络安全审查等。近几年来，随着人工智能技术的迅猛发展，传统网络治理模式和手段面临挑战，治理理念不断创新，网络综合治理的特征愈加明显，“网络安全”的网络舆论引导工作更加紧迫。

第一节　基于网络安全的舆论引导研究的现状

从文献搜索的情况来看，还没有搜索到以“基于网络安全的舆论引导”为题的文献。2020年5月16日，笔者在中国知网输入“基于网络安全的舆论引导现状”，搜到0份文献。以“舆论引导”为主题关键词的文献很多，共搜索到2779篇文章。同一天，笔者输入“网络安全”主题关键词，搜索到网络安全类文章111 077篇。由此可见，研究“网络安全”的文章数量是研究“舆论引导”的文章数量的39.97倍，而把这两大主题结合起来的文章却没有搜索到。

一、"舆论引导"研究概况

2020年5月16日，笔者在"中国知网"进行"高级检索"，输入"舆论引导"主题词，从全部数据库里检索出文献2779篇，文献发表年度趋势如图5-1所示。检索条件是按照"主题=中英文扩展(网络安全，中英文对照)"进行模糊匹配式检索。

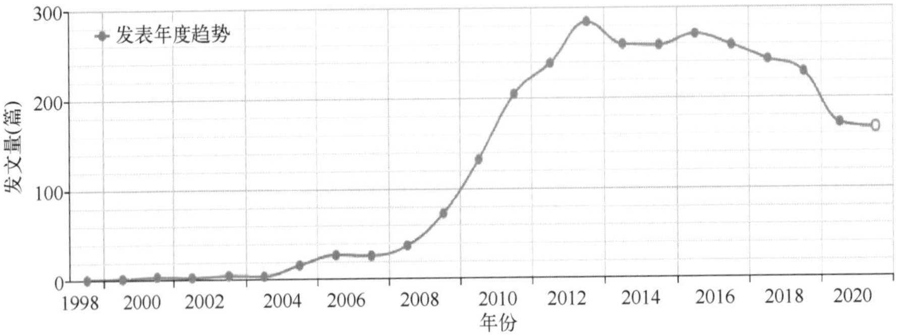

图5-1 "舆论引导"类文献发表年度趋势

1. 按照主题类型分类

从主题类型角度看，舆论引导1128篇，网络舆论1014篇，网络舆论引导819篇，网络舆情306篇，网络媒体280篇，第四媒体254篇，突发事件204篇，突然事件173篇，传统媒体155篇，主流媒体150篇，引导策略139篇，引导舆论139篇，意见领袖117篇，新媒体106篇，网络传播84篇，舆论场81篇，引导力79篇，网络舆论引导能力78篇，高校网络舆论73篇，网上舆论70篇，校园网络舆论69篇，媒体时代65篇，引导机制64篇，新闻网站64篇，舆论引导能力62篇，网络舆情引导59篇，信息传播59篇，网络空间54篇，网络舆论监督53篇，影响力53篇，舆情引导53篇，议程设置53篇，网络舆论场51篇(见图5-2)。

2. 按照资源类型分类

从资源类型角度看，期刊论文2332篇，硕士论文262篇，博士论文7篇，报纸文章132篇，国内会议论文28篇，国际会议论文3篇。

3. 按照学科类型分类

从学科类型角度看，新闻传播1914篇，教育350篇，公共管理233篇，社会164篇，政治130篇，公安60篇，马克思主义48篇，军事43篇，法学

39篇，通信经济37篇，计算机28篇，工商管理15篇，文化11篇，公共卫生与预防医学6篇，工业经济6篇(图5-3)。

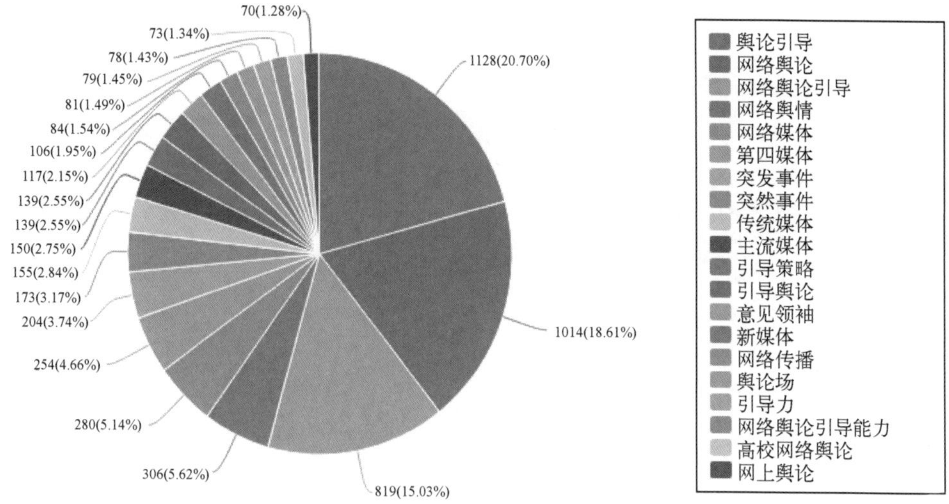

图5-2 “舆论引导”类文献按照主题类型分布(排名前20的主题)

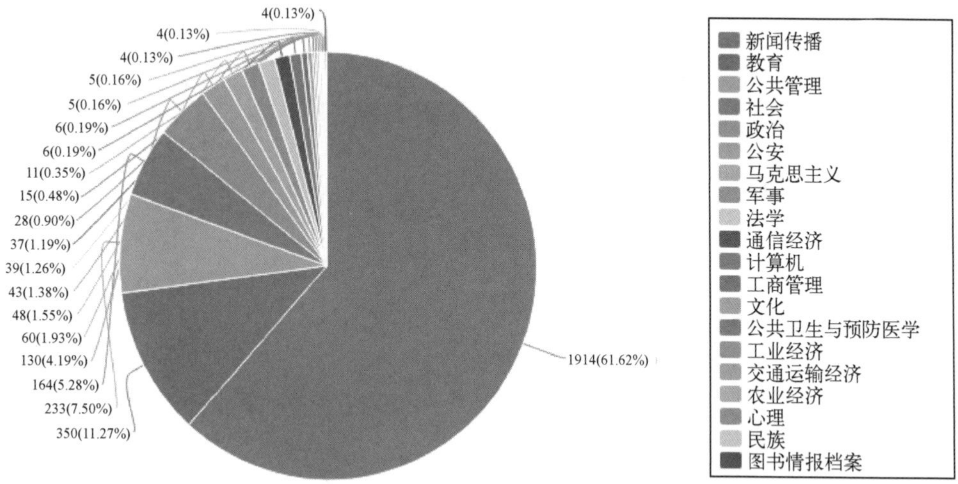

图5-3 “舆论引导”类文献按照学科类型分布(排名前20)

4. 按照文献来源分类

从文献来源的角度看，新闻导刊94篇，青年记者60篇，新闻战线38篇，新闻传播37篇，西部广播电视34篇，今传媒34篇，新闻前哨30篇，新闻爱好者27篇，新闻与写作26篇，东南传播23篇，新闻知识21篇，军事记者20篇(见图5-4)。

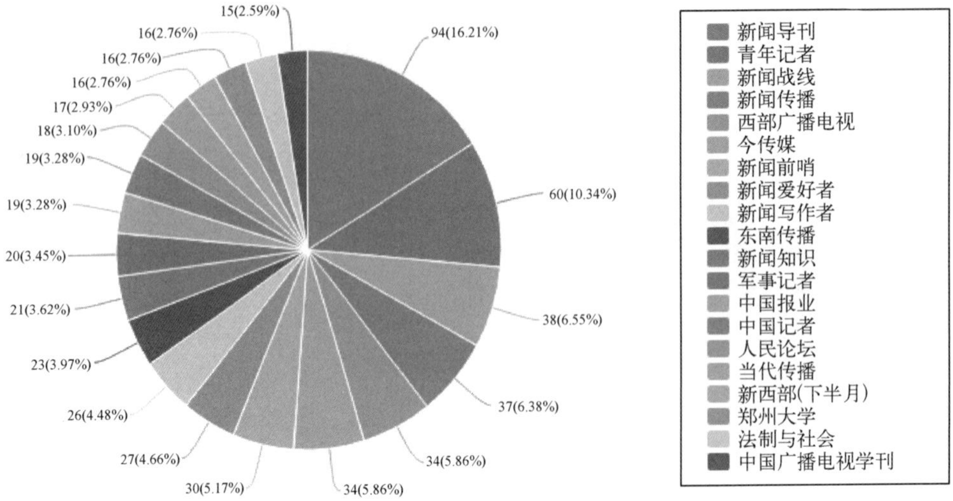

图 5-4 “舆论引导”类文献按照文献来源分布(排名前 20)

二、“网络安全”研究概况

2020 年 5 月 16 日，笔者输入“网络安全”主题词，从全部数据库里检索出的文献总数为 111 077 篇，检索条件同样是按照“主题=中英文扩展(网络安全，中英文对照)”进行模糊匹配时检索而来。通过对比可以看出，研究“网络安全”的文献数量远远高于研究“舆论引导”的文献。“网络安全”文献总体趋势在 1998 年后迅猛增长(图 5-5)。

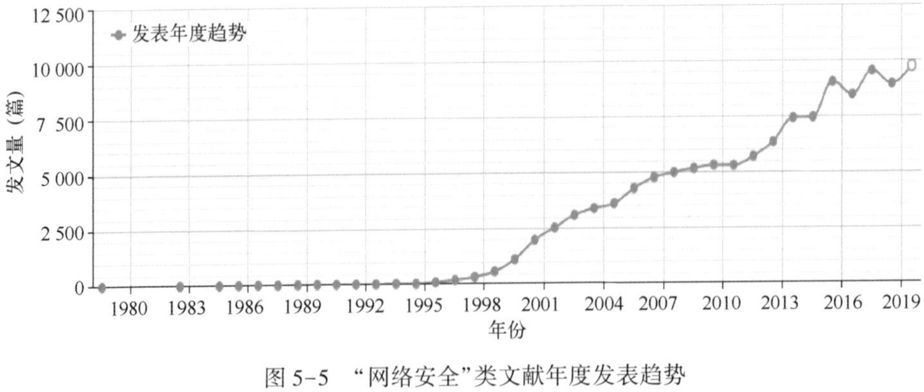

图 5-5 “网络安全”类文献年度发表趋势

1. 按照文献主题分类

从文献主题分类看，网络安全类 35 298 篇，防火墙类 8634 篇，计算机类 7205 篇，计算机网络安全类 6531 篇，计算机网络类 5969 篇，信息安全类

5920 篇，网络信息安全类 3649 篇，计算机病毒类 3364 篇，网络安全问题类 2906 篇，网络安全技术类 2889 篇，网络攻击类 2052 篇(图 5-6)。

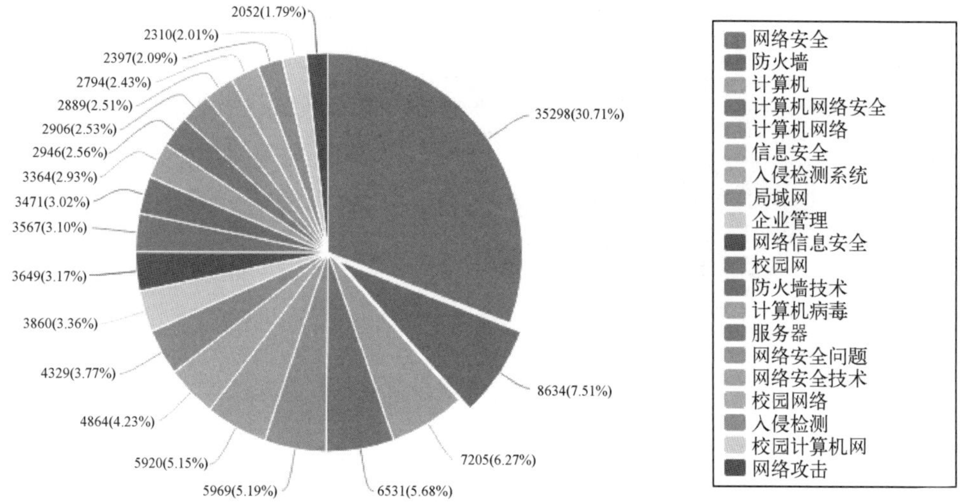

图 5-6　“网络安全”类文献按照文献主题分布(排名前 20)

2. 按照资源类型分类

从资源类型角度看，期刊论文 91 405 篇，硕士论文 12 198 篇，博士论文 921 篇，学术辑刊论文 140 篇，报纸文章 2490 篇，国内会议论文 2697 篇，国际会议论文 1224 篇。

3. 按照学科类型分类

从学科类型角度看，计算机类 67 833 篇，信息通信类 9553 篇，通信经济类 4743 篇，控制工程类 3692 篇，法学类 3570 篇，工业经济类 3130 篇，教育类 2896 篇，电气工程类 2240 篇，政治类 1820 篇，图书情报档案类 1604 篇，工商管理类 1469 篇，金融类 1433 篇，商业经济类 1389 篇，新闻传播类 1369 篇，公安类 1282 篇(见图 5-7)。

4. 按照文献来源分类

从文献来源角度看，网络安全技术与应用类 3643 篇，信息安全与通信保密类 2128 篇，电脑知识与技术类 2089 篇，信息网络安全类 1800 篇，计算机安全类 1443 篇，计算机与网络类 970 篇(见图 5-8)。

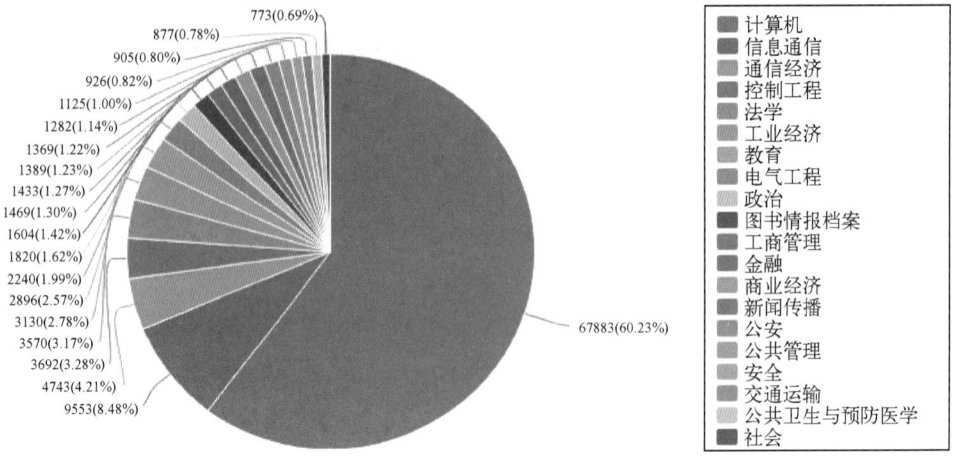

图 5-7 “网络安全”类文献按照学科类型分布(排名前 20)

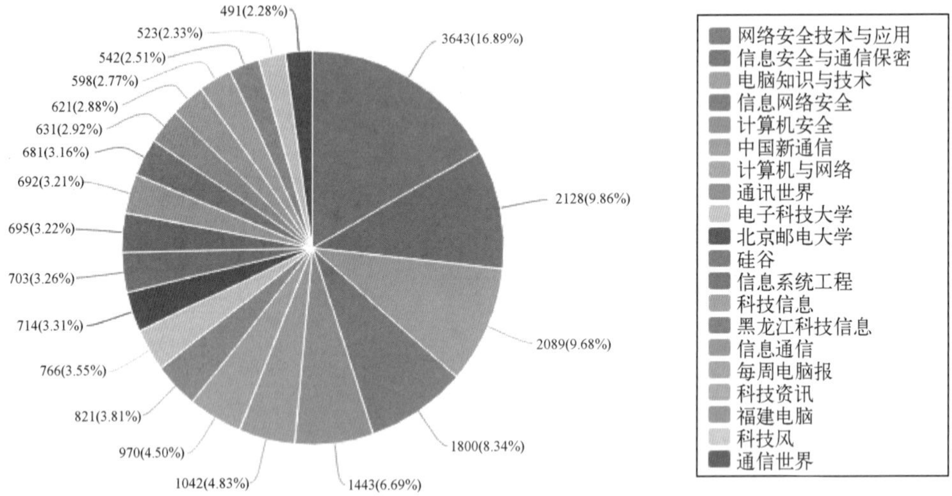

图 5-8 “网络安全”类文献按照文献来源分布(排名前 20)

三、存在的主要问题

1. 舆论引导研究缺乏网络安全的视角

当前的舆论引导研究主要集中在舆论引导的主体与客体、引导效果、舆论引导工作规律、舆论引导的方式方法、公共政策舆论引导，以及如何提高舆论的传播力、影响力、引导力和公信力等方面的研究。“当前舆论引导研究存在着一些具有普遍性的问题，主要包括研究学科相对单一，过于关注网络媒体的舆论引导，过于关注突发、危机事件、负面事件的舆论引导，不够注重对科学研究方法的运用。”①从中国知网全部数据库里检索出的 2779 篇文献中，没有一篇是基于网络安全视角的研究，这对于当前国内国际的形势发展变化而言，有点遗憾。

增强网络安全保障能力已成为国家安全的一个重要组成部分。2016 年 4 月 19 日，习近平总书记在网络安全和信息化工作座谈会上提出：“网络空间是亿万民众共同的精神家园。网络空间天朗气清、生态良好，符合人民利益。网络空间乌烟瘴气、生态恶化，不符合人民利益。谁都不愿生活在一个充斥着虚假、诈骗、攻击、谩骂、恐怖、色情、暴力的空间。互联网不是法外之地。利用网络鼓吹推翻国家政权，煽动宗教极端主义，宣扬民族分裂思想，教唆暴力恐怖活动，等等，这样的行为要坚决制止和打击，决不能任其大行其道……形成良好网上舆论氛围，不是说只能有一个声音、一个调子，而是说不能搬弄是非、颠倒黑白、造谣生事、违法犯罪，不能超越了宪法法律界限。”②所以，网络空间的内容是网络安全的重要组成部分，网络空间的内容本身就是舆论的重要组成部分，依法加强网络空间治理需要加强网络内容建设，做强网上正面宣传，用社会主义核心价值观和人类优秀文明成果滋养人心、滋养社会，为广大网民特别是青少年营造一个风清气正的网络空间。

2. 网络安全研究缺乏舆论引导的视角

从中国知网全部数据库里检索出的“网络安全”研究文献共计 111 077 篇，整体上缺乏舆论引导的视角。这些文章的研究主要集中在计算机信息安全，网络结构安全，网络系统安全，网络应用安全，网络安全教育，安全等级制度建设，网络安全法律法规，网络安全管理、技术、策略、机制、标准、规范，以及网络安全的防范措施等，它们主要集中在物理安全、制度安全、安全教育等方面，忽略了意识形态安全、网络文化安全、网络政治安全等几个方面的舆论引导内容。

3. 缺少对舆论客体的系统性研究

对舆论主体研究得比较多，对舆论客体研究的比较少，主要表现在：第

① 方建移：《舆论引导研究的现状、问题与走向》，载《浙江工业大学学报(社会科学版)》，2016 年第 3 期，第 351-352 页。

② 《在网络安全和信息化工作座谈会上的讲话》，人民网，http：//politics. people. com. cn/n1/2016/0426/c1024-28303544. html，访问日期：2020 年 4 月 20 日。

一，使用“魔弹论”的观点进行研究，把客体当成一击即倒的“靶子”式被动的信息接受者，而忽略了受众对舆论信息的选择性；第二，对信息接受者的认知心理缺乏系统性研究，致使一些研究成果变成工作策略式的对策研究，学理性不足；第三，注重信息的编码研究，缺乏信息的译码研究，缺乏传播双向互动的视角。

4. 研究视角有待优化

首先，空间上的研究视角需要扩大。当前中国正处于从传统工业化社会向信息化社会转变的过程中，全球化程度不断深入，来自海外的舆论风险系数逐渐上升，舆论安全问题渐渐成为社会各界关注的焦点，亟须全球化的整体性研究视角。

其次，技术革新与内容生产相结合的视角需要完善。随着云计算技术、人工智能技术、移动互联网技术、数据挖掘技术的不断发展，媒体中需要大量的基于数字化技术的优秀作品，比如数据新闻、可视化内容、语音化内容等。在媒介融合趋势不断推进的背景之下，传统媒体内容创作模式正在逐渐被解构和重建。新闻与媒体话语修辞的建构形式渐趋多模态化，多模态化产品是信息化社会对媒介内容的客观性需要，也是网民客观性的“需要与满足”，急需技术革新与内容生产相结合的研究视角。

第三，对于符号意义复杂性的理解需要进一步深入。当前社交化媒体更加灵活多变，影响巨大，新闻与传播更加注重小众化、精准化和互动性。“算法”新闻、“模式化”新闻、“机器式”新闻得到广泛应用。新闻创作从网络化、数字化开始转向“智能化”，大众传播从传统的“广播”转向了“窄播”。文字符号、语音符号、视频符号、图像图表符号等各种语言资源获得了极大的组合空间，用以表达不同的叙事和意义。新闻与传播在运用多种符号来表达概念意义、人际意义和语篇意义的同时，需要相互协作，把音频、字幕、视觉等多模态信息融合在一起作为表现手段和研究手段，形成倒逼机制，倒逼着舆论安全引导策略的研究逐渐走出零碎化研究的局限，进行整体性研究。

第二节　基于网络安全的舆论引导主要特征

基于网络安全的舆论引导的基本任务就是引导网民树立正确的网络安全

观。网络安全是整体的、共同的、动态的、开放的、相对的，而不是割裂的、孤立的、静态的、封闭的、绝对的。网络安全的舆论引导需要把所有“网络安全”的法规条例看成一个有机的整体，不能互相割裂；网络安全的根本目的是维护全体人民的利益而不是少数人的利益；网络安全是随着时代的发展不断向前发展的一个动态过程，而不是一劳永逸的静态过程；它是一个开放的体系，针对不同的情况进行调整，吸纳最新的智慧和成果，而不是封闭的、绝对的概念。维护网络安全是全体社会成员共同的责任，需要政府、企业、社会组织、广大网民共同参与，共同维护。

基于网络安全的舆论引导具有如下几个特征：网络空间主权性、公共利益导向性、多组织协同引导、信息公开透明、杜绝网络谣言。

一、网络空间主权性特征

网络空间主权特征是网络舆论引导重点中的重点，主权具有神圣不可侵犯性、全民共享性和责任共担性特征。网络空间主权是国家主权在网络空间中的自然延伸和表现，它覆盖国与国交往的各个领域，具有空间性和时间性的边界性特征，边界点和边界线有职业守卫者，任何人、任何组织的越界行为都意味着侵略，会受到无可争议的反击。《中华人民共和国网络安全法》适用于我国境内网络以及网络安全的监督管理制度，我们自主选择适合我国国情的网络发展道路，制定符合中国国情的网络管理模式和互联网公共政策，并且具有平等参与国际网络空间治理的权利。

网络媒体时代，中立立场、客观报道只适合于纯净的事实性新闻报道，针对这样的传媒内容，要做问题的客观反映者而不是被动的顺从者，把事实性的信息传递给网民群体，让他们知晓，这是客观性原则的基本要求。客观性不仅仅是媒体人职业精神的关键性信条，也是一种保护机制，可以保护网络内容发布者的公民权利和安全性需求，保护新闻舆论工作者的合法权益。

涉及价值观判断问题和舆论导向问题，必须有所作为，有所不为，做好“把关人”，用正确的舆论引导民众，监督并制止网络空间安全的越界者和越界行为。舆论引导不仅是指通过新闻媒体报道的方式引导社会公众形成正确的意见、态度和价值观，也包括针对其他各种媒介所进行的舆论引导。这些舆论引导不仅要坚持正确的舆论导向，符合党和政府的路线方针政策，符合真实、全面、客观、公正的基本原则，还要维护国家网络空间的主权安全。当前，网络舆论引导已经成为舆论引导的一个重要组成部分，常常代表着社会舆论的发展前沿，在一定程度上成为反映社会主流意见的“风向标”，引领并建构维护网络空间主权安全的舆论环境。

二、公共利益导向性特征

“舆论导向正确，人心凝聚，精神振奋；舆论导向失误，后果严重。”①舆论导向正确不仅是对思想宣传工作部门和新闻媒体单位提出的政治方向要求，也是维护社会公共利益的客观性需要。无论是针对当前网络舆论的评价与引导，还是基于某一社会事实而进行的网络议程设置，在坚持正确政治方向的基础上，必须坚持公共利益导向，这样就能对社会发展产生推动和促进作用，从而消除破坏性和阻滞性的负面影响。

目前，网络媒体主要有五种属性：政府媒体、商业媒体、公营媒体、协会媒体和自媒体，每种媒体都有各自的传播框架、议程设置和议程建构的模式。属性不同，服务的对象不同，媒体服从于所有者的利益，无可厚非。但是媒体从诞生的那天起，就有一个天然属性：服务于社会公众，代表社会公众的基本利益，反映他们的思想和诉求。所以，媒体首先是公共产品，然后才是所有者的产品，媒体内容必须履行法律义务和社会责任，遵守法律法规、社会公德，承担社会责任，对公共利益负责。过分强调商业集团的利益或者自媒体所有者的利益，就会出现偏颇，甚至走向极端。所以，把媒体当成一种私器，是一种悖逆社会责任、危害社会利益的行为，网络舆论引导机制必须坚守公共利益导向性特征。

三、多组织协同引导

传统社会安全治理的主体是政府主导下的多方组织，这主要包括各种社团组织、协会组织和商业组织等。与网络社会相比，传统社会具有相对稳定的特征，人的思想和社会心理变化的速度相对缓慢。而网络社会，由于其超级链接性和海量互动的本性，网络社会组织种类繁多且具有很强的不稳定性，跨越地域范围、跨越文化边界的组合很多，各种思想交锋、融合现象频繁，所以，网民的思想和网络社会心理变化的速度远超从前，给网络安全带来了严峻挑战。

基于这种背景，网络空间安全的舆论引导仅仅依靠政府和传统社会组织

① 程曼丽、乔云霞：《新闻传播学辞典》，北京：新华出版社，2013年，第50页。

是无法完全实现的，它需要政府、企业、社会组织、技术社群和普通网民等网络利益相关者的共同参与，在基于人类命运共同体的话语框架之下，进行多组织协同引导，维护社会公众的共同利益。《中华人民共和国网络安全法》开宗明义地阐明了坚持共同治理原则，那么，网络舆论引导主体需要鼓励全社会共同协同参与，在政府部门的主导之下，网络建设者、网络运营者、网络服务提供者、网络行业相关组织、学校、社会其他团体及普通网民等，根据各自的角色，形成“协同共治”的舆论引导话语语境，参与到网络安全舆论引导的工作之中。

四、信息公开透明

网络媒体是一种极具现代性的社会公器，承担着整合社会成员共同发展的功能，网络舆论引导工作的目的是服务公众利益，而不是服务小集团或个人的利益。网络舆论引导主体是社会动向的观察者、新闻事实的报道者、社会思潮的反应者，而不是用来维护某些集团少数人不当利益的私器。舆论引导工作主体是信息流通的“把关人”和“引航员”，其职业行为的基本准则是维护社会主流价值观念，维护社会的和谐稳定，而不是维护某些狭隘的偏见，也不能导致社会动荡。网络媒体需要以实证科学的理性态度来评判事实的真假，及时公开信息，不能因为某些政治主体或经济势力的干涉而掩盖事件真相。

信息公开透明是进行正确舆论引导的基本准则，网络空间治理的根本目标就是为了维护网络空间安全，进而维护社会稳定，保护人民群众的生命财产安全和思想意识安全。网络舆论引导要熟知网络安全的基本要求和主要目标，明白网络安全的重点领域、安全政策、工作任务和工作措施等。中国参与国际互联网治理的核心思想是“本着相互尊重、相互信任的原则，深化国际合作，尊重网络主权，维护网络安全，共同构建和平、安全、开放、合作的网络空间，建立多边、民主、透明的国际互联网治理体系”①。这是我国向世界宣示我国网络空间的治理目标，明确表达了我国网络空间治理的科学诉求。我国网络治理公共政策具有很高的透明度，这与中国的网络大国地位相称，符合“负责任大国”的形象定位，提升了我国在网络空间的国际话语权和

① 《习近平向首届世界互联网大会致贺词强调　共同构建和平、安全、开放、合作的网络空间　建立多边、民主、透明的国际互联网治理体系》，载《人民日报》，2014 年 11 月 20 日第 1 版。

规则制定权。所以，信息公开透明是我国网络舆论引导工作的重要特色。

五、杜绝网络谣言

《辞海》将谣言定义为“没有事实根据的传闻，捏造的消息”①。《现代汉语词典》将其定义为“没有事实根据的消息”②。《韦伯斯特英文大字典》则认为谣言是“一种缺乏事实根据，或未经证实，公众一时难以辨别真伪的闲话、传闻或舆论”③。奥尔伯特等于 1947 年研究了谣言传播的公式：“流行谣言传播广度 = 相关人员的重要性 ÷ 主题证据的含糊性。”④根据网络传播的规律，我们可以优化这个公式：谣言传播力 = 事件的重要性 ÷ 事实的模糊性。这里“事件的重要性”包括：重要人物、重要地点、重要时间点、事件影响力等；“事实的模糊性”指的是事实公开的程度。这说明：谣言的传播力与事件的重要性成正比关系，与事实的模糊性成反比关系，事件越重要而且越模糊，谣言的传播力越大。表面看，终止谣言传播的最好方式就是及时披露事件的真相，“谣言止于真相”。但是对于一些别有用心的政治和思想领域里的人为操纵的谣言而言，并非如此，恰恰相反，因为造谣没有“真相”可言。所以，辟谣只是治理谣言的一种手段，可以通过公开事实真相的方式予以澄清；另一种手段就是禁谣，禁谣主要是针对那些无事实依据的谣言，无“真相”可以提供，只能通过禁谣方式予以禁止，并使用法律手段对造谣者进行惩罚，公开宣布造谣者的动机，否则，谣言会像二元方程一样不断繁殖，严重混淆视听，影响社会安全。谣言产生并流行的更深层次的原因是：谣言操纵者借助潜藏在人们内心深处的某种情感倾向性，有计划有预谋地建构起一种虚幻的、一群人恶意传播的、一般人无法识别的“谣言”，比如国际上一些邪恶的政治势力、思想意识形态领域的“异见分子”常常借助某些重大事件进行网络造谣，混淆视听，企图达到不可告人的目的；生活中也有一些“愤世嫉俗者”“泄私愤者”故意造谣中伤他人，满足个人的私心杂念。特定社会环境下，一些人常常容易受某些社会思潮的影响，具有听信并传播某些稀奇古怪事件的情绪冲动，这是谣言滋生并传播的基本土壤。

“网络的出现则迅速改变了谣言的传播渠道与方式，使得谣言的传播突

① 夏征农：《辞海》，上海：上海辞书出版社，1999 年，第 1158 页。

② 中国社会科学院语言研究所词典编辑室：《现代汉语词典》，北京：商务印书馆，2005 年，第 1583 页。

③ 罗娜·莞斯：《对因特网“颜色”的反思》，载《新闻与传播研究》，2000 年第 3 期，第 78 页。

④ 奥尔伯特等：《谣言心理学》，刘水平、梁元元、黄鹂译，沈阳：辽宁教育出版社，2003 年，第 25–26 页。

破了熟人社会的限制，进入到社会的公共传播领域；同时，网络谣言在传播速度与规模上远超传统谣言；而网络谣言由于传播门槛低，极易分化出不同版本的谣言；最后，网络谣言极大地增加了证伪和辟谣的难度。因此，网络谣言极易发展为失控的社会舆论力量，给社会的公信力造成严重危害。”①网络时代的谣言危害性极大，它传播速度飞快，常常无法被快速证伪，甚至还没来得及被证伪就被其他信息掩盖，只给网民留下一种似是而非的印象，徒增怀疑。久而久之，就强化了网民对于网络社会的不信任感，损害某些组织的公信力，潜在性地增加了社会动乱的不安全心理。网络谣言主要是指通过网络介质传播的、没有事实依据却带有攻击性、目的性的不实话语，主要伴随着突发事件、公共卫生事件、重大决策事件、政治人物事件，以及一些颠覆传统、离经叛道等事件的发生而发生。他们利用灵活无序的网络传播，速度更快、破坏力更强，对人、对事、对社会都会构成严重威胁，甚至危害到网络安全和国家安全。“2020 年初，欧盟委员会启动对《欧盟反虚假信息行为守则》实施效果的全面评估，以此来检验社交媒体和搜索平台在打击网络谣言方面的行动力。”②“2018 年，欧委会所作的一项大型民意调查显示，欧盟地区内 85%的受访民众认为假新闻和网络谣言在自己的国家已‘成为社会问题’，37%的受访者表示自己‘每天或几乎每天’都接触到虚假信息。欧委会的另一份报告显示，在欧盟国家，网络谣言涵盖政治、经济、社会等诸多领域，不仅造成经济损失，还引发思想混乱，严重撕裂社会。有媒体指出，在 2019 年 5 月欧洲议会选举前几天，欧盟各国有 600 多个团体在社交媒体页面散布虚假信息和仇恨言论，严重影响网络秩序。”②

清华大学新闻与传播学院教授沈阳认为：“网络谣言能不能根治，这是一个群体博弈过程。随着治理力度的加大，存活下来的网络谣言必然变得更加难以分辨、发现和消除，网络谣言的制造者也会变得更加‘聪明’，也许会出现‘智慧谣言’。这样，相应的治理也将进入智慧治理阶段。这个博弈过程将长期存在，这也是纷繁复杂网络生态的一种客观演化过程。我们的任务就是要尽最大可能压缩虚假信息传播，提升真实信息的触达率和转化率。”③网络谣言对于网络安全的影响极大，舆论引导主体需要提高舆论

① Ringo Ma：Spread of SARS and War-Related Rumors through New Media in China Communication Quarterly Vol. 56, No. 4, November 2008：376-391.

② 张明辉：《欧盟加强打击网络谣言力度》，载《人民日报》，2020 年 2 月 4 日。

③ 沈阳：《网络谣言需要智慧治理》，载《人民日报》，2015 年 9 月 21 日。

引导的智慧：一方面，提高谣言治理技术，在时间和空间场域里尽力消除谣言存在和传播的隐患；另一方面，不断提升网民有效识别谣言的媒介素养，不断降低谣言传播的概率，杜绝谣言在网络空间存在的可能性。

第三节　基于网络安全的舆论引导机制

以维护网络安全为目的，把握网络舆论引导规律，坚持正确舆论导向，这是健全新时代网络舆论引导机制的重要任务。随着人工智能技术的日臻成熟，中国信息化社会发展速度加快，同时也面临着多种风险。在这种情况下，发展成为一项关系国家长治久安的事业性工作，迫切需要加强对网络安全形势的整体性认识和把握，加深对网络舆论引导的规律性认识，掌握方法，因势利导，提高我国网络安全的治理水平，“使互联网这个最大变量变成事业发展的最大增量……敏锐抓住信息化发展的历史机遇，自主创新推进网络强国建设……要加强网上正面宣传，旗帜鲜明坚持正确政治方向、舆论导向、价值取向……加强互联网内容建设，建立网络综合治理体系，营造清朗的网络空间……坚持网络主权理念，推动全球互联网治理朝着更加公正合理的方向迈进……在践行新发展理念上先行一步，让互联网更好造福国家和人民”①。

一、政府主导下多方参与的网络舆论引导机制

为了保障我国网络安全，维护网络空间主权，保护国家安全和社会公共利益，2016 年 11 月 7 日，全国人民代表大会常务委员会颁布了《中华人民共和国网络安全法》。“网络安全是指通过采取必要措施，防范对网络的攻击、侵入、干扰、破坏和非法使用以及意外事故，使网络处于稳定可靠运行的状态，以及保障网络数据的完整性、保密性、可用性的能力。”②2020 年 4 月 27 日，“国家互联网信息办公室、国家发展和改革委员会、工业和信息化部、公安部、国家安全部、财政部、商务部、中国人民银行、国家市场监督管理总局、国家广播电视总局、国家保密局、国家密码管理

① 《第五届世界互联网大会将开幕　重温习近平网信工作金句》，人民网，http：//media. people. com. cn/n1/2018/1106/c120837-30383557. html，访问日期：2020 年 11 月 21 日。

② 全国人民代表大会常务委员会：《中华人民共和国网络安全法》，北京：中国法律出版社，2016 年，第76 条。

局共12个部门联合发布《网络安全审查办法》，于2020年6月1日起实施”①。至此，我国的网络安全法律规范已经比较完善，全国范围内形成了以“网络安全”为主题的、政府主导下的、多方参与的网络舆论引导机制。

1.“国家网络安全宣传周”的舆论引导机制建设

中央网络安全和信息化领导小组办公室(中央网信办)联合新闻出版广电总局等七个部委，于2014年11月24日至30日在北京举办了首届国家网络安全宣传周。宣传周的主题是“共建网络安全，共享网络文明”，主要针对社会公众关注的热点问题举办网络安全体验展等活动，“帮助公众更好地了解、感知身边的网络安全风险，增强网络安全意识，提高网络安全防护技能，保障用户合法权益，共同维护国家网络安全”②。以后每年举办一场，2015年第二届国家网络安全宣传周的主题也是“共建网络安全，共享网络文明”，2016—2020年的主题都是“网络安全为人民，网络安全靠人民”③。为了更清楚地展示每年的具体活动内容，笔者进行了统计，参见表5-1。

表5-1　2014—2020年中国国家网络安全宣传周基本资料

届别	时间	地点	主题	参加者	主要活动
1	2014年11月24—30日	北京	共建网络安全，共享网络文明	三大电信运营商，八大主要银行，阿里巴巴等40余家知名互联网企业和网络安全企业，30余家媒体	党政机关网站统一标识推广、知识普及、专家访谈、讲座、短视频、安全意识传播
2	2015年6月1—7日	北京	共建网络安全，共享网络文明	全国31个省、自治区、直辖市统一举行	腾讯与中国信息安全测评中心签署全面战略合作协议
3	2016年9月19—25日	武汉	网络安全为人民，网络安全靠人民	全国31个省、自治区、直辖市统一举行	教育部、共青团等六部门联合印发《国家网络安全宣传周活动方案》

① 《12部门联合发布〈网络安全审查办法〉6月1日起实施》，人民网，http://it.people.com.cn/GB/n1/2020/0427/c1009-31690037.html，访问日期：2020年5月17日。

② 《首届国家网络安全宣传周》，人民网，http://it.people.com.cn/GB/119390/389886/，访问日期：2020年5月17日。

③ 《2017年国家网络安全宣传周》，人民网，http://media.people.com.cn/GB/22114/414215/index.html，访问日期：2020年5月28日。

续表

届别	时间	地点	主题	参加者	主要活动
4	2017 年 9 月 16—24 日	北京	网络安全为人民，网络安全靠人民	全国 31 个省、自治区、直辖市统一举行。互联网企业参加网络安全周，重视网络安全形势、安全意识、安全人才培养，承诺永远守护网络安全	院士、大型互联网和网络安全企业负责人演讲，在华美国、俄罗斯、芬兰等国企业高管和专家演讲
5	2018 年 9 月 17—23 日	成都	网络安全为人民，网络安全靠人民	全国 31 个省、自治区、直辖市统一举行	中宣部部长黄坤明讲话、网络安全博览会、网络安全技术高峰论坛
6	2019 年 9 月 16—22 日	天津	网络安全为人民，网络安全靠人民	全国 31 个省、自治区、直辖市统一举行	网络安全博览会、网络安全技术高峰论坛、网络安全主题日等活动
7	2020 年 9 月 14—21 日	北京 郑州	网络安全为人民，网络安全靠人民	全国 31 个省、自治区、直辖市统一举行	北京召开新闻发布会，郑州主办网络安全高峰论坛

“国家网络安全宣传周”是为了“共建网络安全，共享网络文明”而开展的系列主题活动，每一届全国 31 个省、自治区、直辖市统一举办线下和线上各种活动，宣传范围覆盖全国每一个乡村和基层单位，影响面非常广泛。网络宣传活动丰富多彩、形式多样，很好地发挥了网络舆论引导的功能。组织者主要包括：中央网络安全和信息化领导小组办公室（中央网信办）、中央机构编制委员会办公室（中央编办）、教育部、科技部、工业和信息化部、公安部、共青团中央、中国人民银行、新闻出版广电总局、中国科协、全国妇联和全国总工会等。主要解决金融、电信、电子政务、电子商务等重点领域和行业的网络安全问题。通过举办网络安全体验展、网络安全高峰论坛等系列主题活动来回应社会公众关注的热点问题，通过线上和线下的舆论引导营造网络安全人人有责、人人参与的良好氛围。每届活动中都有包含防止网络攻击、网络诈骗、网络侵权的内容，也有杜绝网络黄赌毒、网络暴力恐怖、网络谣言等内容。

2. 学校网站是最重要的舆论引导空间

学校具有天然的教育性、知识集中性、主观能动性强的特点，人数众多，专业化程度高，知识容易集聚与扩散、舆论引导效果好、价值观共识度高，从幼儿园到大学全部覆盖。学生具有思维活跃、接受能力强、理解力强、网络活跃度高、网民占比高的特点，他们代表着国家和社会未来发展的方向。所以，学校是“国家网络安全宣传周”活动的重要场所，学校网站是最重要的舆论引导空间，能够达到线上与线下有机结合、有序运行、相互渗透、相互促进，不断发展的良好效果(图 5-9 和图 5-10)。

图 5-9　北京大学网络安全宣传专题网

图 5-10　中北大学网络安全宣传专题网

学校网络舆论引导一般按照“国家网络安全宣传周”设立的启动日、金融日、电信日、政务日、科技日、法治日、青少年日等议程进行，内容更加丰富，符合不同学生的心理接受特性。一般形式主要有：“感知身边的网络安全”亲身参与体验展、网络安全知识竞赛、网络安全宣传作品大赛、“讲述身边的网络安全故事”文章、微视频征集与展映、打击网络违法犯罪专题讲座、电子认证服务应用研讨论坛、金融网络安全知识讲座、“网络安全大讲堂”知识讲座、公众网络安全意识现状调查报告发布，以及“网络安全知识进万家”知识普及活动等。网络舆论引导活动主要通过专门的宣传网站、“三微一端”、网络论坛等方式进行。

二、正确理解舆论法则

舆论(public opinion)就是公众的言论、公众的意见。中国的“舆论”概念历史悠久，“舆”字的本义是车厢或轿的意思，后来引申为“众”或“众人”之意。如“听舆人之诵”(《左传·僖公二十八年》)，“自古圣贤，乐闻诽谤之言，听舆人之论”(《晋书·王沈传》)，这里的“舆人”指的就是“众人”。“舆论”这个词最早见于《三国志·魏·王朗传》：“没其傲狠，殊无入志，惧彼舆论之未畅者，并怀伊邑。”《梁书·武帝纪》也有“舆论”一词：“行能臧否，或素定怀抱，或得之舆论。”这两个文献中的“舆论”一词非常接近于今天的意思，即“公众的言论或公众的意见”。

“法则”一词在《汉语词典》中的释义很多，笔者选取几个与“舆论引导”相关度比较高的释义：法度、规范、规则、准则。这个词在中国的起源很早，《荀子·王制》：“本政教，正法则，兼听而时稽之。”《荀子·劝学》：“君子之学也，入乎耳，箸乎心，布乎四体，形乎动静；端而言，蠕而动，一可以为法则。”唐代元结《夏侯岳州表》：“公能清正宽恕，静以理之，故其人安和而服说，为当世法则。”宋代苏舜钦《答杜公书》：“复值朝廷多事之时，必将开发素蕴，以尊主康民，使天下想望风采，讴歌德业，而后世法则其所为，以拯弊乱。”明末清初王夫之《张子正蒙法·有德》：“言皆心得而可为法则。”清代龚自珍《明良论二》：“大臣无耻，凡百士大夫法则之，以及士庶人法则之，则是有三数辱社稷者。”从这些表述中可以看出，我国古代“舆论法则”主要包括这样几层意思：掌握舆论要兼听官吏和社会公众的言论；规范自己的言行是做人的基本法则；舆论的基本法则就是说真话、使人内心安定、心悦诚服；舆论法则的根本目的就是“尊主康民”“以拯弊乱”；正确的舆论能促进社会的安定，错误的舆论则会有“辱社稷”。

欧洲目前还不能确定哪个文献最早使用了“public opinion”这个词，但是17世纪的英国哲学家约翰·洛克(John Locke)比较早地提出了“舆论法则”(the law of opinion or reputation)这个词，与“神法”“民法”相提并论，它把舆论法则作为判定“美德”和“恶行”的根本依据，这里的“舆论”就是公众的评价。[①] 18世纪法国著名的启蒙思想家、文学家、哲学家伏尔泰把

① 陈力丹：《关于舆论的基本理念》，载《新闻大学》，2012年第5期，第6页。

“舆论”推崇到了很高的地位，他把“舆论”当作“思想和言论自由”最有力的武器，来阐述他的“启蒙”思想，表达他的“自然法则”和“理性主义”。[①]卢梭在《社会契约论》中经常使用“舆论”这个概念来表达他对“自由和平等的理想”的理解，他认为：“在全世界一切民族中，决定人民爱憎取舍的绝不是天性而是舆论。”[②]他特别崇尚“公意”一词，他认为：“公意永远以公共利益为出发点和归宿，永远是公正的，不会犯错误，公意在具体的政治实践中表现为法律。”[②]

1947年，美国新闻自由委员会发布的《自由而负责任的传媒》报告书首次提出了“社会责任论”，主张新闻媒介是社会公器之一，应该遵守舆论的基本法则，以社会责任为规范，为社会提供真实和重要的信息，尽其公共责任，政府需要有限度地控制媒体的言论，进行正确的引导；媒体要自律，提高职业品质，致力于客观公正的报道[③]。其基本准则是：通过带有价值判断的社会评价，对某种具体的价值观或行为方式进行褒扬或赞赏，或进行批判、谴责，达到影响人们的思想和行为的目的。1980年，联合国教科文组织在一份重要的学术文献《多种声音，一个世界》里，倡导建立世界信息传播新秩序，以此来改善发达国家和发展中国家之间信息传播资源不平等的状况。报告严厉批评了跨国媒介的高度垄断破坏国际舆论的基本法则和意识形态的平衡，侵犯了其他国家的“信息主权”，对世界文化和世界舆论的整体性和统合性带来严重的威胁和挑战，形成了文化霸权和舆论霸权，并导致了文化帝国主义。[④]

通过以上分析可以得出这样的结论：正确理解舆论的基本法则是促进社会公平公正、维护社会正义的重要基础，这是促进社会和平发展的重要保证。舆论的基本法则主要包括以下几个部分：第一，保障国际上充分而广泛的言论自由和出版自由，以此来保证国际社会意见主体的多元性和整体性，避免任何奴役性的、欺骗性的、压制性的、丑恶的舆论来误导国际社会的视听；第二，舆论引导要有意识地维护国际社会的和平稳定，促进各国各地区社会的和谐发展，满足各地民众心理安全的基本诉求，消除民众的恐惧感，消除挑起事端、制造矛盾和冲突的思想；第三，尊重社会公

① 陈力丹：《关于舆论的基本理念》，载《新闻大学》，2012年第5期，第7页。

② 陶渝苏：《西方哲学史简论》，贵阳：贵州大学出版社，2013年，第248-250页。

③ 熊澄宇：《传播学十大经典解读》，载《清华大学学报(哲学社会科学版)》，2003年第5期，第29页。

④ 同③，第35页。

意，尊重舆论传播规律，尊重人民群众的愿望和意志，维护人民群众的整体利益与正当要求；第四，传播事实真相，进行真实、准确、完整的报道并赋予其意义，传递正确的、高尚的价值观念，塑造社会共同的理想，避免谎言和歪曲事实的内容，培养民众的正确认知，净化互联网舆论空间，使之成为世界各国公民共同使用的重要信息资源。

舆论可以是社会公众自发形成的，也可以是由政府主导或某一社会组织通过有意识、有目的地使用网络传播媒介广为传播而形成的。基于这种事实，维护网络安全的舆论引导主要从以下三个方面着手：第一，坚持正确的舆论方向，符合国际社会和国家的整体利益，坚持真实、全面、客观、公正的传播原则，“用事实说话”；第二，在进行舆论引导的过程中树立网络安全意识，把维护网络安全和舆论安全协同起来；第三，科学认知和运用网络舆论传播规律，在舆论引导的过程中逐渐提升网络舆论的传播力、引导力、影响力和公信力，建设好网络舆论引导的时、度、效机制，使之成为净化网络空间、维护网络安全的重要保障。

三、维护网络意识形态安全机制

习近平总书记在党的十九大报告中指出：“牢牢掌握意识形态工作领导权”“坚持正确舆论导向，高度重视传播手段建设和创新，提高新闻舆论传播力、引导力、影响力、公信力。加强互联网内容建设，建立网络综合治理体系，营造清朗的网络空间。落实意识形态工作责任制，加强阵地建设和管理，注意区分政治原则问题、思想认识问题、学术观点问题，旗帜鲜明反对和抵制各种错误观点。”①当前，西方意识形态对我国网络舆论场的渗透给我国网络意识形态和网络舆论安全带来了很多风险。因此，在舆论引导的过程中，需要消除这些“渗透”因素的影响，建构起维护国家网络意识形态安全和网络舆论的安全机制，牢牢掌握网络意识形态工作领导权，营造清朗的网络空间。

1. 正确认识我国网络意识形态安全风险

众所周知，我国网络意识形态安全风险和网络安全风险主要源于外部势力渗透。在互联网时代，网络的开放性和便捷性给这种渗透打开了方便

① 《习近平：决胜全面建成小康社会　夺取新时代中国特色社会主义伟大胜利——在中国共产党第十九次全国代表大会上的报告》，新华网，http：//www. xinhuanet. com/politics/19cpcnc/2017 - 10/27/c_1121867529. htm，访问日期：2020 年 9 月 1 日。

之门，使得这种安全风险变得更加复杂微妙，需要辨本溯源。这里汇集了一些学者在这方面具有代表性的研究观点，比较清晰地梳理了我国当前面临的网络意识形态安全的主要风险。

“西方国家把我国发展壮大视为对其价值观和制度模式的挑战，加紧对我国进行思想文化渗透，使我国意识形态领域面临着空前复杂的情况；国内社会意识更加多样多元多变，出现了‘少数人与党和政府疏远疏离的倾向’，主流意识形态安全面临巨大风险。”[①]渗透的主要内容包括新自由主义、新保守主义、历史虚无主义、“新左派”、“中国威胁论”、消费主义论等。这些渗透会消解我国主流价值观的认同度和凝聚力，弱化我国意识形态工作的影响力。同时，西方国家借助强大的数据截取和分析能力加紧对我国进行隐形的意识形态渗透，变得更加复杂隐蔽。“美国等西方资本主义国家利用网络技术方面的优势地位，牢牢掌握住互联网这一‘神经系统’，将网络意识形态渗透作为国家‘软实力’扩张的重要策略，使我国网络空间主流意识形态话语权面临严峻挑战，并显著地体现在：以核心技术为支撑的网络信息安全侵略，以资本优势为主导的网络舆论生态危机，以信息强权为利器的网络意识形态攻势和以话语霸权为压制的主流话语危局四个方面……在业已成为意识形态话语权争夺主战场的网络空间中，对于‘极端重要’的主流意识形态话语权，需要正视其面临的国际挑战，提高战略研判能力与应对能力，在技术超越、资本驾驭、媒介发展、话语建设等方面提出应对之策，努力打造天朗气清、生态良好的共同精神家园。”[②]防止西方社会把网络当作对我国实施和平演变和“颜色革命”的新阵地和新载体。

西方社会不断通过网络向我国推销其政治制度、价值理念、意识形态和生活方式，冲击我国核心价值观和民族文化认同感。“西方国家以其强大的网络传播实力大肆推行舆论扩张和舆论霸权，直接威胁到了中国国家话语权。”[③]“美国以互联网为颠覆、肢解中国的主战场，将网络‘第五纵队’作为攻陷中国人心的主力军。”[④]他们以冷战思维的立场观点，给我国舆

① 刘昀献：《当前我国主流意识形态面临的风险和对策研究》，载《中国浦东干部学院学报》，2015年第1期，第5-6页。

② 李江静：《网络空间主流意识形态话语权的国际挑战探微》，载《思想教育研究》，2018年第1期，第47页。

③ 李忠伟：《当代中国国家舆论安全研究》，博士学位论文，成都：西南财经大学，2014年，第36页。

④ 戴旭：《大国博弈形态的战略进化》，载《中国国防报》，2015年5月12日。

论安全和网络安全带来极大风险，而“我们对网络社会舆论和对网络安全保障没有从国家安全和意识形态安全的角度形成全社会齐抓共管的机制”①。西方媒体经常在我国掀起舆情暗流，引起舆情发酵，影响社会稳定。

2. 建构维护我国网络意识形态安全的协同机制

网络意识形态安全是衡量网络安全水平的一项重要内容，中国历史悠久、文化多元，各种思想交流汇聚，尤其是中华人民共和国成立以来，一直面临各种外来势力的不断干扰，各种反华势力利用互联网的混杂性特色，对我国进行网络意识形态渗透现象比较严峻。基于这种认识，建构维护我国网络意识形态安全的机制应当是一种协同机制，这种机制可以充分利用系统科学的一个重要分支理论——“协同理论”的研究成果来指导舆论引导的实践活动。网络意识形态安全是一个动态平衡的开放系统，既有机制内的内循环，也有与机制外的其他思想体系进行交流活动的外循环。这种协同机制要充分利用机制内的时间、空间和功能上的有序结构，有效掌控系统的运行规律、信息交流的形式与内涵、意识形态变化的动态与趋势，采用统计学和动力学相结合的方法，通过对不同领域意识形态变化的动态与趋势的多维空间分析，发挥好内部协同作用。同时，采用统计学和动力学相结合的方法，研究与外部环境进行交流过程中出现的一些渐变因素，建立数学模型进行监控并预设好处理方案，从微观到宏观两个层面，探寻网络意识形态思想真实动向的基本规律。

虽然网络意识形态安全的体制内循环与体制外循环之间有着本质性的差别，但是在整个网络世界的运行环境中，内外系统之间存在着既相互影响又相互合作的相关性。同时，在协同机制内、外系统结构里，也存在着复杂多样的子系统组合，子系统各部分之间也呈现出动态的、相互影响的结构状态。建构协同机制的主要目的就是找出影响内外系统之间、各个系统内部的子系统之间变化的控制性因素和动力要素，进而发挥系统间的协同作用。

这方面，一些专家给出了协同机制的多个方案，很有借鉴意义。第一，“加强网络马克思主义理论阵地建设，推进理论创新，发挥网络意见领袖的作用”②。第二，“建立起广泛的网络爱国统一战线，实现政治话语、学

① 王承哲：《意识形态与同一舆论场》，载《中州学刊》，2017年第10期，第1-6页。

② 郑保卫：《全面践行马克思主义新闻观》，载《中国社会科学报》，2017年7月20日。

术话语和大众话语的有机统一”①。第三，借用“互联网思维”整合多元主体，构建维护社会主义意识形态网络安全的协同力，“提升对异质性意识形态信息在我国网域内传播的防御力和管控力，提升社会主义意识形态的网络引导力”②。“用社会主义核心价值观引领社会思潮和价值取向，维护社会主义意识形态主导性。”③第四，中国的网络安全策略和舆论安全策略要以维护社会稳定和国家安全为核心，“建立起舆论战部队，利用信息化技术和网络媒体，维护国家的网络安全和舆论安全”④。第五，中国要关注国家舆论安全并提出防范敌对势力分裂、渗透、颠覆活动的策略，“准确认知舆情变化，找准舆情‘阈值’，加强‘议程设置’，利用‘耗散结构’化解舆情极化”⑤。第六，从国家政治安全的高度，推进网络舆情治理理念、治理机制、治理结构和治理能力等方面的创新和完善。

3. 利用大数据信息技术维护网络意识形态安全

首先，建设并使用大数据智能平台，抢占网络舆论引导阵地，“政府要主动利用大数据技术，把握网络舆论引导工作的领导权，成功应对西方国家发起的‘网络战’”⑥。大数据技术使意识形态工作决策具有科学性和实证性，能够提高我国意识形态建设的水平。其次，“增加影音图画等非结构化数据的比重，提高网络意识形态传播和网络舆论引导的可视性和观赏性”⑦。利用大数据平台综合分析网络意识形态风险因素，提高对风险因素的感知、预测、防范能力，维护好我国的网络意识形态安全。第三，“不断加强网络安全技术的研发力度，从技术层面阻止域外错误思潮通过网络平台进行域内传播”⑧。保障大数据技术对国家网络安全建设的嵌入能力，

---

① 李晓阳：《论全面深化改革背景下的主流意识形态建构》，载《中共南京市委党校学报》，2018年第5期，第47-48页。

② 刘永志：《西方意识形态网络渗透新态势及我国对策研究》，载《马克思主义研究》，2017年第12期，第96-97页。

③ 朱继东：《认清历史虚无主义的本质》，载《毛泽东研究》，2018年第1期，第44-53页。

④ 姜兴华：《警惕当前舆论战“一边倒”态势》，载《中国国防报》，2013年3月19日。

⑤ 黄丽萍：《网络舆论场中党的意识形态安全问题研究》，载《浙江社会科学》，2016年9期，第102页。

⑥ 李艳艳：《如何看待当前网络意识形态安全的形势》，载《红旗文稿》，2015年第14期，第9-12页。

⑦ 曾维伦、何海涛：《网络意识形态斗争策略探析》，载《重庆邮电大学学报（社会科学版）》，2011年第3期，第21-25页。

⑧ 吴家庆、曾贤杰：《实施国家大数据工程维护意识形态安全》，载《湖南师范大学社会科学学报》，2016年第4期，第44-49页。

政府与各种社会机构进行合力推进。

四、提高网民对网络安全的心理认知能力

中国互联网络信息中心发布的《第 46 次中国互联网络发展状况统计报告》显示：截至 2020 年 6 月，我国网民规模为 9.40 亿，互联网普及率达 67.0%，我国网民人数众多，背景多元，交互式、多元化的移动传播格局渐成主流。[①] 网民在信息化发展中拥有更多的获得感、幸福感、安全感的同时，也存在一些不可忽视的问题：一方面，网络游戏和社交领域里的网络暴力、人肉搜索、辱骂攻击、霸凌恐吓、诱骗侵犯等现象不断发生，不少未成年人的身心健康受到巨大伤害，人身安全遭受威胁；另一方面，“饭圈”“二次元”等青少年亚文化中存在大量偏激、暴戾的群体性行为。外来网络意识形态渗透和各种“颜色革命”的影响给我们的网络安全带来了严峻的挑战，不少网民目前还不能清醒地认知到这些问题的严重性，所以，需要建立一种旨在提高网民对于网络安全的心理认知能力、提升网民的网络安全素养的认知机制。

1. 引导网民正确认知各种外来思潮

社会存在决定着社会意识，社会意识反映着社会存在，任何社会思潮都是在一定的经济、政治、思想文化等社会历史条件下产生并反映出来的一种客观存在，有其现实必然性。任何社会阶段的社会思潮都有其“两面性”特征，既有其合理性和革命性的一面，也有其谬误性和保守性的一面。尤其是在以美国为首的西方社会“霸权主义”和“强权政治”盛行的错误思想指导下，网络舆论斗争和网络安全形势十分严峻，需要对网民进行正确的舆论引导，维护我国网络安全。

西方发达国家历来对我国的国家制度和国家发展形势存在着严重偏见，“遏制”中国发展的思维方式始终未变，“西化”“分化”“和平演变”中国的企图一直存在。他们习惯于采取隐蔽的手段对中国青年人兜售新自由主义、民主社会主义、新保守主义、无政府主义等一些非马克思主义思潮，误导一部分中国人对指导思想的正确选择。部分网民在充满欺骗、诱惑的西方“民主”“自由”等价值观念及生活方式面前感到迷茫无措，以致幼稚地盲从

---

① 中国互联网络信息中心：《第 46 次中国互联网络发展状况统计报告》，中华人民共和国国家互联网络信息办公室网站，http://www.cac.gov.cn/2020-09/29/c_1602939918747816.htm，访问日期：2020 年 11 月 22 日。

或接受西方的政治主张，误入歧途，造成一部分网民思想上的混乱性，价值观取向上的无序性、盲目性和易变性等特征，削弱了一些网民对共同理想的认同感，造成信仰迷失、理想信念飘摇不定的现象。不少网民产生了严重拜金主义、功利主义、享乐主义和消费主义的思想观念。

针对这些不良现象，需要进行科学、有序的思想引导，宏观上，用社会主义核心价值观体系引领当前的社会思潮、凝聚共识，帮助网民认清各种外来思潮的虚伪性和欺骗性，形成自觉坚持正确的政治方向、政治立场、政治观念的思想意识，增强网民对于政治思潮的鉴别能力，使网民能够明辨是非。微观上，充分利用“三微一端”、移动性媒体、人工智能技术等手段，有针对性地在一些具体事件和现象上提高舆论引导力，具体问题具体分析，帮助部分网民透过现象看本质，开导他们的心智，丰富他们的智识，解决他们所面临的思想难题，在网络上赢得引领社会思潮的主动权。

2. 引导网民正确认知群体极化情绪

从英国的“脱欧公投”到法国的“黄马甲运动”，我们都能看到网民的群体极端化情绪所带来的严重危害。由于网络上“群体效应”温床的存在，出现极端化思潮和极端化行为的频率很高，导致部分网民尤其是青年网民更容易坚信自己所持有的极端化观点。另外，网络空间极大加速了传统六度分隔理论的实践效应，大大缩小了陌生人互相认识的时间成本和机会成本，青年个体的极化性观点极易找到“同盟者”并且迅速扩散，形成一种极端化观点不断输出、不断被接纳的宏大现象，并且更容易在其他群体的沉默之中走向更大的群体极端化行为。2020 年新冠肺炎传染病流行期间，欧美国家反对种族歧视、反对政府治理不力的各种暴力游行事件，就是群体极端化行为的典型代表。在群体极端化情绪里，有排外倾向的人会在交流后变得更加排外，有反社会情绪的人会在交流后更容易反社会，会让保守的人变得更加保守。网络群体化传播的最显著特点就是，群体中的人们被桎梏在既有舆论营造的信息茧房中，听不进外界的声音，不相信也不愿意去了解事实真相，很容易被自认的“舆论领袖”的意见所诱惑，情绪也甘愿被群体所控制，成为“乌合之众”的一员，失去个人判断力、缺乏智慧性。

网络与其他传统媒介最大的区别在于它的高度自由性、多元性、互动性和隐匿性特征。虚拟性的网络给人们提供了一个可以自主绘制的面具，加之部分网络传播法律约束的不明确性，给群体极端性言论提供了很大的生产、转换和传播的空间，最终形成舆论。在“无名”的大海中，伦理、道德的力量束缚不了泱泱鱼虾，碎片化的信息和交流让有共同想法和观点的人聚集起来，与持有不同意见和观点的人进行对峙，产生网络极端化言论。

网络的即时性和互动性是群体极端化观点的催化剂。网络技术的发展淘汰了一批传统媒体人，使得网络舆论丧失了传统意义上的意见领袖，从而变得更加无序、更加容易冲动。网络的多元性让每一个人、每一种文化都平等地获得了参与网络传播活动的机会，打破了传统媒介在“议程设置”“议程建构”中自上而下式的功能结构，每一个人都是“议程设置者”，他们都可以直接参与社会公共事件，自由表达，由于许多人缺乏自由表达的基本常识和法治、伦理方面的经验，导致了“众声喧哗”的情绪宣泄现象。青年网民在互联网上拥有绝对大的声量，表达意愿更强烈，情绪更容易激动，理性思考与分析的经验和能力不足，最易盲从。建构合理有效的舆论引导机制，可以引导网民正确认知网络上各种各样的群体极化情绪，进行理性思考与分析，有效区别对错，降低群体性、极端性的网络舆论热潮、有效减少各种混杂音，让网络空间变得更加清朗、干净。

3. 树立责任担当意识

改革开放四十多年，中国的舆论结构产生了很多深层次变化，同时也激活了中国人多元化的价值观念，尤其是网络舆论的兴起、新闻与传播商业化程度的加深，社会公众的价值观“二元同构”现象比较明显。一方面，他们认同社会主义核心价值观，重理想、重精神、重成就感；另一方面，他们又非常重视眼前的物质生活享受，追求个人主义和利己主义思想，“观念与行为脱节”。很多网民价值观的判断与选择存在着矛盾性和模糊性，精神与物质的二元结构存在一定程度的冲突性特征。

在“二元同构”心理驱使下，公众的浮躁心态、攀比心态、怀疑主义心态、犬儒主义心态在网络舆论中表现得非常明显，无原则、无底线的“废青”现象不断出现。中国当前面临着复杂多变的国际环境，价值观不稳定、精神缺钙的现象很容易被外国势力利用，造成损害国家利益的不良后果，尤其是在当前国际舆论“西强我弱”、国际反华势力不断借助网络对我国进行意识形态渗透的严峻形势下，网络舆论引导主体需要进行适度的社会动员，引导网民明确树立风险意识和责任担当意识。

2016 年 2 月 19 日，习近平总书记在党的新闻舆论工作座谈会上说：

“随着形势发展，党的新闻舆论工作必须创新理念、内容、体裁、形式、方法、手段、业态、体制、机制，增强针对性和实效性。要适应分众化、差异化传播趋势，加快构建舆论引导新格局。”[①]基于这种新形势、新理念，网络舆论引导的责任担当意识，首先，要坚持党性原则，坚定党对新闻舆论领导工作的信念，这是维护网络安全的根本性原则。其次，要注重舆论引导工作的系统性和创新性，在内容与平台两个方面进行协同引导，以创新求实的精神解决发展中遇到的安全问题。第三，引导工作要有预见性和协同性，把握好网络媒体发展的最新趋势，预知未来存在的挑战性，使舆论引导更加科学合理，更加符合网络舆论发展的规律，推动传统媒体和网络媒体在内容、渠道、平台、经营和管理等几个方面的深度融合，形成一个多样化、融合性、有竞争力的新型主流媒体舆论引导矩阵，提高我国新闻舆论的传播力、引导力、影响力和公信力。

4. 在国际话语空间里维护我国网络安全

国际话语是指深受国际社会广泛关注并形成国际性议题的表达符号系统和修辞系统。它主要包括五个方面的内容：话语表达者、话语接收者、话语内容、话语平台和话语流程。话语表达者和话语接收者都是具有既定价值观念、思维方式和话语使用习惯的组织或个体。话语内容是话语表达者所创造出来的、进入国际传播通道的、与自身利益相关的系列事实和观点组合，包括政治、军事、经济、文化、安全和其他社会生活等。话语平台是话语传播所凭借的载体或渠道，主要包括传统媒体、新兴的网络媒体、各种国际性会议、国际多种交流活动等。话语流程是指国际话语的产生、传播和反馈的过程。

毫无疑问，目前国际话语的主要传播平台是互联网，中国参与国际事务和国际话语的活动离不开互联网。在纷繁复杂的国际话语传播与交流的过程中，网络舆论引导能产生凝聚中心话语、增强目的性和计划性的作用，在网络舆论引导的过程中，网络安全是个高频词，也是一个显著性话题，它是网络技术安全、网络舆论安全和网络文化安全的结合体。在国际话语空间里，维护网络安全的前置条件就是要维护国家舆论安全、文化安全和技术安全，这三者常常集中表现在话语权的建构与竞争过程之中。在全球化的过程中，话语权是一种“软实力”，是提高国家的国际影响力的重要保

① 丁晖：《构建媒体融合发展新格局》，载《人民日报》，2016 年 4 月 28 日。

障之一。

20世纪90年代之后，中国的国家软实力呈现出强势崛起的趋势，国际影响力不断增强，得到了很多国家的认同与赞赏。与此同时，也挑战了近代以来所形成的固有的国际旧秩序，引起了一些国家的不满与担忧，于是他们开始制造“中国威胁论”的舆论，继续使用“强权政治”和“霸权主义”的思维方式打压中国的发展空间。除了政治上、经济上、科技上的打压之外，还在舆论上限制中国的话语权，企图遏制我国政治、经济、文化及意识形态方面在国际上的影响力，其目的就是为了继续延续其操纵国际话语权的霸凌行为，保持其在国际网络空间的话语主导地位，继续打着“民主”“自由”“人权”的旗帜，在网络空间里形成新型的网络话语霸权。他们制造了所谓的“文明冲突论”“民主和平论”“历史终结论”“人权高于主权论”“美国优先论”等论调，在网络空间严重侵蚀着中国的网络话语权，威胁中国的网络舆论安全和文化安全。就连“9·11”事件，美国也罔顾其自身原因及其他多种复杂因素，轻易地将“反恐”行为演变成“世所公认”的“政治正确”的国际话语，从而掩盖了其一贯的霸凌世界的言行，也掩盖了正是由于其一贯的蛮横霸凌言行而招致了世界性仇恨与恐慌的事实。

在经济社会取得巨大发展并且洞察到国际社会未来发展趋势的前提下，中国先后提出的基于公正合理原则的世界新秩序理论、国际关系民主化理论、推进世界多极化理论、和平崛起论和人类命运共同体等，都被他们曲解、攻击和贬损。并且通过制造诸如“‘银河号’事件”“李文和案”“华为事件”等诬陷中国，企图在舆论上，尤其是在网络舆论上，达到唱衰中国、遏制中国快速发展的目的。

国际话语空间是个平等、开放、自由的公共空间，需要建立一个互相尊重、和平共享的良性机制，保障各国享有公平的发言权和被尊重的话语权。中国有厚重的文化基础，有发达便利的网络传播能力，有基于中国特色的概念、数据、话语、逻辑等诸多方面的创新体系，与国际社会有非常充分的合作与共识，具备在国际网络空间里改变弱势地位、提升中国国际话语权的能力，以顺应经济全球化、信息传播一体化的世界趋势，更好地服务于国际社会的和平发展。

基于安全理论和风险理论的网络安全话语，不仅是中国当前面临的严峻挑战，也是世界上许多国家非常关心的重要话题。我们可以通过对国际话语空间生态系统的深入研究与实践，形成具有世界性意义的话语体系，构建惠及大多数国家发展的强势话语。也可以使用基于公共利益的话语体系，建构具有法治思想、“人人共享”的话语体系，在公共利用的框架下展开价值交流，求同存异。在国际法的法治框架下开展法治精神交流，强化法律至上的理念，用客观叙事的方式，创新话语内容和话语传播流程，形成具有广泛国际认同感的“平等互惠”话语权。

虽然网络舆论引导是一种能实现话语权的话语技术，但是它强调话语阐述的逻辑性和方法论，具有科学价值。在网络社交媒体时代，生活即话语权，我们需要创新“如何讲”“怎样讲”的思维方式，增强话语的生活性、故事性和贴近性，用生动活泼的方式表现我们鲜活的日常生活。比如“李子柒现象”，把一个普通中国人的真实生活展现在国际网络话语空间里，这样鲜活、形象的传播，可以真实地展现中国人浓厚的生命意识、鲜活的生活状态和自强不息的人文精神，能够触动潜藏在人类思想意识里最平实、最旺盛的生命力，引起共情与共鸣。在人类社会漫长的发展过程中，虽然孕育了科学的理性精神和思辨传统，但是，潜藏在人类灵魂深处的感性精神和审美意识同样浓厚。这样，可以提高我国舆论引导的广泛性和国际社会的可接受性，为维护网络安全提供基本保障。

第四节　网络安全意识的多模态化语言符号传达

话语引导主要依托于文本的叙事结构，叙事结构是一种框架结构，指的是通过恰当的、具有一定结构性的方式进行叙事，传达意义，形成完整的话语结构，准确完成网络安全舆论引导过程不同阶段的任务。

从形式上看，叙事结构主要有新闻叙事、文学叙事、音乐叙事、美术叙事、影视叙事和戏剧叙事等，每类叙事的话语框架之下都有不同形式的表达。比如新闻叙事包括消息、通讯、特写、深度报道和焦点访谈等；影视叙事包括电影、电视、纪录片、动画片和短视频等，不一而足。

从结构上看，叙事结构包括正叙、倒叙、插叙等，每种结构都有不同形式的变化，体现出不同的风格特征。另外，针对不同的读者、听众、观众，叙事结构会融合不同的形式与结构，进行针对性的话语建构。

一、多模态化语言符号的功能

人类通过听觉、视觉、触觉等各种感觉器官感知世界，语言、图像、音响、动作等多模态化的符号资源借助多种先进的现代化科技手段叙述事实和表达意见，进行交流。所以，多模态话语建构与分析是国内外语言学界、符号学界、传播学界、教育学界、文艺界等学科的研究热点。自美国语言学家哈里斯(Harris)在20世纪50年代提出话语分析(discourse analysis)研究方向以来，大量实例研究深入探究了多模态化符号传达活动的内在规律，及其在人的认知模式建构过程中的重要作用。它的理论基础是功能语言学和符号学，多模态话语具有概念功能、人际功能、语篇功能和意义功能。

索绪尔认为，语言建构现实，“语言即社会事实”。韩礼德在索绪尔的基础上提出了“语言是社会符号”的理论，他“要在社会语境中解释语言”“人们在他们日常的语言交换过程中，实现社会结构，肯定自己的地位和角色，建立和传递共享的价值系统和知识系统”①。语言在表达意义的同时，也积极将社会结构和社会系统符号化。罗兰·巴特认为，任何材料都适宜于叙事，叙事承载物可以是口头语或书面语，可以是有声语言、固定的图画、活动的画面、程序化的手势，以及所有这些语言材料的有机混合体。② 叙事需要将语言材料进行有机整合来表达不同的意义，这样就形成了语言结构。

语言结构是指各派语言学通过语言分析方法从语言材料中分析出的规律性模式，语言结构的分析就是分析人们认知结构中语言部分的组成模式。语言由社会意识所支配，它具有法规性与控制力，这是语言对社会产生巨大影响的逻辑依据。乔姆斯基认为，语言结构有深层结构与表层结构，可以通过表层结构的分析而发现其深层结构，从而正确地了解一个句子的意义。③ 在他的观念系统里，语言结构的基础是人的生理遗传因素，即人的大脑具有形成这种语言结构的能力，人可以按照这种结构规则进行言语的交流，生成自己所要说的话。恰好这时，结构主义为这种语言结构理论提供了重要依据，他们把一切社会结构与文化结构都看成与语言结构一样，具有社会性，个别人不能单独创造它和改变它。这样一来，社会意识或人的大脑中的结构就成为人类认识事物的基本图谱，并且基本上都基于这种

① 胡壮麟：《韩礼德语言学的六个核心思想》，载《外语教学与研究》，1990年第1期，第2-3页。

② 罗兰·巴特：《叙事作品结构分析导论》，北京：中国社会科学出版社，1989年，第2页。

③ 李胥森：《乔姆斯基的深层、表层结构对翻译的意义》，载《外语教学》，1985年第1期，第61-63页。

图谱来理解世界万物。

在信息化社会形成的阶段，移动新媒体颠覆性地改变了人类的交往与传播模式，基于数字化传播技术的全新话语模式正在塑造着互联网中汹涌而来除文字之外的图像、声音、视频、动画、图表和色彩等充满生命力的符号，为网络安全的舆论引导提供了足够丰富的表达手段。这些语言、图像、声音、空间和身体动作等传播符号，可以以符号系统的模式来建构具有系统性的传播格局，彻底改变传统的非多模态化传播的零散化、非系统性的弊端，收获符合智能媒体时代传播应该达成的传播效果，满足丰富多彩的各种社交媒体千差万别的表达形式，传递各种微妙的含义。

系统功能符号学认为，符号模态可以将多模态意义系统分为再现、互动和构图三种意义，分别对应语言的概念意义、人际交往意义和组篇的功能性意义，不同的模态可以对各类意义的图像特征和实现方式进行不同程度的细化，达到精细化引导的效果。

在网络安全精细化舆论引导的过程中，作品可以通过言语、距离、身体姿势、头部动作、坐姿、手部动作、场景布局、印刷品、音乐等模态的各种协同使用来表达各种含义，使得这种表达更加符合人的内在认知结构和语言学的基本原理，更容易被人识记并形成长期记忆而固化在认知结构之中。每种模态都是一套符号系统，多模态符号就是多套系统按照一定的节律作用于人的意识系统，从而避免了传统舆论引导过程中只有言语模态起主导作用的单一系统，形式单调重复，影响舆论引导的丰富性和审美性。

二、符合接受者接受习惯的叙事方式

传播效果是网络舆论引导必须慎重考虑的一个重要维度，指的是信息接收者接触到网络安全方面的信息之后，在认知、情感、态度、行为等方面产生的符合传播者意图的变化，这是考察传播活动在多大程度上实现了传播者意图或目标的一个重要指标。舆论引导的传播效果主要有三种：环境认知效果，价值观形成效果和示范效果。首先，在网络化社会，我们对周围世界的认知取决于网络信息的舆论引导，由于“视野制约效果”的作用，我们对于网络安全问题的认知程度取决于网络舆论引导的质量与数量。其次，网络舆论引导过程中所展现出来的关于是与非、善与恶、美与丑、进步与落后的价值观判断会影响网民的价值观判断，舆论引导所形成的新规范和新价值观念往往通过后期的舆论监督进行维护和创新，保持其鲜活的生命力。大众传播具有“身份赋予”的功能，网络舆论引导也是，一旦网络安全意识被一些具有重要影响力的网络知名人士所认知并自觉遵守，就会形成示范效应，获得广大网民的普遍认可并执行。

美国在这方面给我们提供了反面例证。为了实现对他国推行文化霸权主义和文化殖民主义的目的，美国相关部门曾经多次借助学术交流的名义对他国进行意识形态渗透。弗朗西丝·斯托纳·桑德斯在《文化冷战与中央情报局》一书中披露：“为了渗透美国的霸权思想，中央情报局在文化领域展开了长达半个多世纪的文化输出活动：举办讲座和研讨会，创办学术刊物，开设图书馆，资助学者互访，捐助讲座教授位置等。”①美国《混合语》杂志也曾爆料：“在第三世界推进‘现代性’的幌子下，美国中央情报局在1996年后加紧了对第三世界学术界的渗透，出巨款让一些人宣传推进全盘美国化，豢养一批代理人专门打压那些致力于自己民族文化崛起的人。”②

在网络上曾经引起真假热议的美国中央情报局的“十条诫令”被学者兰雅清证实。“十条诫令”最早于2000年6月刊登于新加坡联合早报网，最初由香港《广角镜》月刊于2001年7月曝光，新华社《参考消息》于2001年7月24日第15版进行了刊载。针对其内容，一直存在真伪之辨。借助其他几类文献，对“十条诫令”内容的真实性进行查证，《克格勃X档案》印证了中央情报局“十条诫令”的真实存在③。从内容上来看，这是专门针对某一国进行意识形态操纵和思想渗透，进而试图颠覆他国国家政权的具体操作手册。“当今世界，意识形态之政治宣传与金融战役、军事攻击三大战略密切配合，协同作战，已然成为影响他国国家主权甚至世界格局版图的关键变量。西方资本势力通过多种形式针对主权国家进行‘普世价值’等价值观的积极输出与隐秘渗透，从而达到在政治、经济、文化、社会等领域实施颠覆与摧毁的战略目标”③。相关资料显示：“十条诫令”中，有七条是讲怎样通过没有硝烟的意识形态战争攻击他国的。“用物质来引诱和败坏他们

① 弗朗西丝·斯托纳·桑德斯：《文化冷战与中央情报局》，曹大鹏译，北京：国际文化出版公司，2002年，第386页。

② 刘昀献：《当前我国主流意识形态面临的风险和对策研究》，载《中国浦东干部学院学报》，2015年第1期，第6-7页。

③ 维·什罗宁：《克格勃X档案》，赵云平译，北京：新华出版社，2003年，第62页。

的青年……尽一切可能，做好传播工作。”[①]“十条诫令”能够帮助我们认清西方敌对势力在意识形态领域这一既定战略的实质，始终保持清醒的头脑，并在实践中积极应对，这是维护我国网络舆论安全必须了解的重要内容。

在批判的过程中，我们可以得出一些正面的启示，符合接受者的接受习惯可以取得良好的引导效果，正像新闻舆论工作者经常说“讲好中国故事”“用群众喜闻乐见的方式”一样。关注不同群体的网络安全诉求，熟悉信息接收者的接受习惯，正确传播网络安全方面的内容，正面引导网络舆论。

第五节　网络安全话语修辞

《中华人民共和国网络安全法》第六条阐明：“国家倡导诚实守信、健康文明的网络行为，推动传播社会主义核心价值观，采取措施提高全社会的网络安全意识和水平，形成全社会共同参与促进网络安全的良好环境。”[②]关键词主要是：诚实守信、健康文明、社会主义核心价值观、网络安全意识、共同参与。这些词语的内涵与外延在网络空间的表达，需要通过话语修辞的方式进行精准阐释。

一、话语修辞概述

通常情况之下，话语(discourse)指的是人们在具体的语言环境中进行言语交流沟通时说出来或写出来的语言符号系统。在传播学研究框架里，话语的研究对象不仅是指说话人与受话人之间的语言内容，还包括说话人和受话人的身份、说话的语境、传播符号系统和传播的流程等。

在法国思想家米歇尔·福柯(Michel Foucault)的研究框架里，话语是一种与社会权力关系紧密联系在一起的具体的言语方式，他认为，语言与言语的互相结合而生成了更为丰富和复杂的社会形态，话语是一种基本的社会控制系统，社会等级、阶级，人与人之间的社会关系，既定的社会秩序等无一不是通过话语手段得以控制的。

修辞(figure of speech；rhetoric)的本意是修饰文辞，在中国古代社会里，通常指的是文章的修辞，在古代西方社会，通常指的是辩论过程中的

① 兰雅清：《从文献对比查证美国中情局的“十条诫令”》，载《世界社会主义研究》，2017 年第 10 期，第 57-58 页。

② 全国人民代表大会常务委员会：《中华人民共和国网络安全法》，北京：中国法律出版社，2016 年。

言语的修辞。在现代社会全球化的过程中，中西方之间对“修辞”一词理解的分歧在逐渐缩小。基本一致的意见是，修辞指的是在使用语言表情达意的过程中，充分利用多种语言表达手段，获得尽可能合乎目的性效果的一种语言活动。

话语修辞(discourse rhetoric)是研究话语行为的一种语言修饰活动，其目的是“为使口语表达取得完满效果而进行的修辞活动，通常要求准确、易懂、流畅、生动、上口，充分利用交际情景传情达意。也包括以语段为调整锤炼对象的修辞活动”①。除此之外，话语修辞也研究传者和受者的身份特征、话语语境、话语符号系统和话语传播的流程等。自米歇尔·福柯和梵·迪克以来，话语研究拓展到了很多学科领域。“当代话语研究的对象和范围不断演化：微观上，逐渐由话语本体向话语生成的心理机制乃至人机对话延伸；宏观上，逐渐由话语本体拓展到了话语主体、话语能力、话语权利、话语文化、话语秩序等宏观的话语社会。”②这种多视角、多学科交叉融合的发展趋势也表现在话语修辞的研究上，基于网络安全方面舆论引导的话语修辞需要从网络安全的角度进行正确舆论引导，客观上要求其话语修辞具有安全性、准确性、可理解性和感染力。恰当的话语、客观真实的内容、切合舆论情境的态度传达、有效舒缓网民心理压力、澄清谣言和误读、进行线上线下话语互动等方式都是构成这个目标的必要元素。

二、网络安全的话语修辞

汉语“修辞”最早见于《周易·乾·文言》的“修辞立其诚，所以居业也”一语中。唐代的孔颖达注：“辞谓文教，诚谓诚实也；外则修理文教，内则立其诚实，内外相成，则有功业可居，故云居业也。”虽然这里的“修辞”不是今天“修辞”的意思，但是文教与语言的关系非常紧密，“修理文教”离不开恰当的话语修饰，否则，难以准确传达“文教”的意义。陈汝东认为：“修辞不仅仅是一种选择语音、词语、句式、修辞格等的语言运用现象，也是一种社会行为现象。它利用语言、音乐、图片、图像、建筑、环境等媒介符号，建构有效的文本，传播信息，影响和改变他人的情感、态度、思想、观念乃至行为，是一种人类传播秩序和社会秩序，是公共权力和公

① 彭漪涟：《逻辑学大辞典》，上海：上海辞书出版社，2004年，第129-131页。

② 陈汝东：《论话语研究的现状与趋势》，载《浙江大学学报(人文社会科学版)》，2008年第11期，第130页。

共秩序建构、社会事务处理、公共政策制定的方式和方法，是一种社会公平、公正的制度体系。”①

恰当的话语修辞策略可以通过适切的话语修辞，传播、扩散网络安全方面的信息，警示网络违法乱纪者不要违反网络安全法、提醒普通网民增强网络安全意识，不使用非法内容、不从事非法传播、不受非法传播的影响等。这种方法是通过恰当的语言修辞来影响人们的思想意识，而不是通过强制、命令的方式来迫使普通网民执行，符合当前互联网“平等共享”的价值理念，诸如“安全是灯，照亮了生命之路”“安全是樱花般脆弱生命的保护神”类似的比喻语言具有一般性的提醒、警示功能，但是不足以影响到人们深层次的安全意识。

对于网络安全而言，舆论引导的话语修辞功能有着非常重要的作用，可以在话语建构、文本建构和主体精神建构方面有效维护网络安全。话语建构主要体现在语言风格和修辞特色上；文本建构主要体现在叙事技巧上，反映传播者对生活的感知方式；主体精神建构主要体现在人生观、价值观和世界观上。

三、网络安全话语的修辞建构

话语建构是通过舆论引导来维护网络安全的一个重要手段，话语修辞是特定社会语境中人与人之间围绕既定话题进行交流沟通时所使用的特定的言语行为，是在不断冲突和弥合的过程中完成的，代表着一个时代特定群体的共同特征，有重要的社会价值。话语建构主要包括形式研究、功能研究、意义研究和应用研究。在传播学领域，话语的功能研究居于主导地位，因为它能构成传播者所要赋予的意义，以此来整合异质性的价值观念，建构起人们对当前社会现实的良性认知。话语修辞是具有特定指向意义的社会符号系统，有强烈的情景性和多模态性特征，既有内在的语境要求，也有外在形式化要求。

建构主义理论（constructivism）是认知心理学派中的一个重要分支。它有四个重要概念，即图式、同化、顺应、平衡。图式是人的认知心理活动中的框架结构，决定人的知觉方式和认知的边界，它的形成是一个动态化的前进过程。同化指的是个体对于刺激物的感受与过滤过程，个体在感受

① 陈汝东：《修辞学教材》，北京：北京大学出版社，2014 年，第 1 页。

外界刺激的时候，会主动地把它们纳入头脑中原有的框架结构(即图式)之内，过滤掉异质化程度高的部分，接受其具有可同质化的部分，丰富原有的认知图式，使原有的图式获得了量的积累。

就当前我国网络所面临的情势而言，六种网络安全意识是普通网民必备的基本素养，分别是：网络主权安全意识、网络法治意识、网络信息安全意识、网络文化安全意识、网络意识形态安全意识、网络国防安全意识。

网络安全意识的图式结构需要通过恰当科学的舆论引导方能内化成网民内心的一种基本素养，这需要借助建构主义思想的另外三种策略来完成。即通过顺应、平衡、同化策略实现。

顺应指的是通过持续而且有效的舆论引导，把网络安全意识的内容传输到网民原有的认知结构，促使网民内在认知结构发生变化，进行信息重组与改造。经过重组与改造之后，网民原有的认知结构已然发生了变化，变得能够顺利接受那些原本陌生的网络安全意识。在顺应的过程中，网民的认知结构会自动启动平衡机制：接受新信息—原有的平衡状态受到破坏—认知结构中的平衡机制被启动—调节系统开始运转—产出新的认知平衡—原有的认知系统得到更新。当网民的认知发展从一个平衡状态转向另一个平衡状态过渡的时候，就完成了认知结构中的“平衡”机制。当网络安全意识这一外界刺激物所提供的信息整合到自己原有认知结构内的时候，“同化”机制开始启动，形成新的认知图式。经过一段时间整合后，网民认知结构中的图式会发生重大变化，网络安全意识形成并以框架的形式存在，不断接受和强化各种新的网络安全方面的信息。经过这样的几次反复，网络安全意识就在网民们的认知系统里牢固地建立起来。概括起来，“顺应”是指网民的认知结构因外部刺激的影响而发生改变的过程，使认知结构发生了本质性的改变，“同化”是认知结构数量的扩充。网民的认知就是通过“同化”与“顺应”这两种形式来达到与世界网络安全环境形势的平衡。

第六节　话语修辞的风格与艺术

2018 年 4 月 20 日至 21 日，习近平总书记在全国网络安全和信息化工作会议上发表讲话时指出：“要加强网上正面宣传，旗帜鲜明坚持正确政治方向、舆论导向、价值取向，用新时代中国特色社会主义思想和党的十九大精神团结、凝聚亿万网民，深入开展理想信念教育……推进网上宣传理念、内容、形式、方法、手段等创新，把握好时度效，构建网上网下同心圆，更好凝聚社会共识。”①2019年9月16日，习近平总书记对国家网络安全宣传周作出重要指示强调：“举办网络安全宣传周、提升全民网络安全意识和技能，是国家网络安全工作的重要内容。国家网络安全工作要坚持网络安全为人民、网络安全靠人民，保障个人信息安全，维护公民在网络空间的合法权益。要坚持网络安全教育、技术、产业融合发展，形成人才培养、技术创新、产业发展的良性生态……提升广大人民群众在网络空间的获得感、幸福感、安全感。”②前者强调了网络宣传“正面宣传”的原则和“网上网下同心圆”的要求；后者要求“提升全民网络安全意识和技能”，以及“网络安全”的社会意义。网络安全已经成为全社会共同关心的重大议题，其舆论引导的重要作用也日益凸显，把握好网络安全的话语权和主动权，离不开良好的话语修辞风格和修辞艺术，让网络安全意识潜移默化地“内化于心、外化于行”。

一、真实诚信的话语内容

网络安全的舆论引导，需要掌握网络舆论引导的基本规律，建立起真实诚信的引导框架，对于网络上涉及的网络安全事件进行快速反应，启动舆情处置的“五环节工作链”机制，即“信息搜索—认真分析—精准研判—科学评估—及时处置”，坚持舆论引导的时度效原则，及时调整舆论引导的策略与技巧，提高网络舆论引导的话语水平。

马克思主义新闻观有四个重要的核心原则：党性原则、真实性原则、坚持正确舆论导向、以人民为中心。真实性是新闻传播最重要的特征，真实性原则是坚持党性原则的重要基础，它的基本内容是：在进行舆论引导的过程中，每一个具体事实、每一个观点必须合乎客观实际、实事求是，舆论信息中所叙的时间、地点、人物、事件，以及事件原因、经过和结果都能经得起核对；所表达的观点必须是基于最基本的事实，完全符合客观实际，不能任意拔高或歪曲。诚信是网络安全舆论引导过程中最优良的品格，类似于公民的“身份证”，是立身之本。“诚”一般用来表示为人处世诚

① 《习近平出席全国网络安全和信息化工作会议并发表重要讲话》，中华人民共和国中央人民政府网，http：//www. gov. cn/xinwen/2018-04/21/content_5284783. htm，访问日期：2020年5月30日。

② 《习近平对国家网络安全宣传周作出重要指示》，中华人民共和国中央人民政府网，http：//www. gov. cn/xinwen/2019-09/16/content_5430185. htm，访问日期：2020年5月30日。

实，尊重事实、实事求是，它是儒家道德修养中的核心理念之一；“信”一般用来表示为人处世信守承诺，是古代儒家、法家都十分看重的重要品质。

网络安全舆论引导的真实诚信的话语内容包括以下几个方面。

第一，话语风格客观上没有威胁性，主观上不存在恐惧感。在世界全球化进程中，全球性和地方性的安全风险系数明显增多，是名副其实的风险社会，风险社会容易给民众带来心理上的焦虑和恐惧。所以，保障安全是人最基本的生理需求和心理需求之一，因此，关于网络安全舆论引导的话语修辞风格，首先要做到客观上没有威胁性、主观上没有恐惧感，不引起社会恐慌，不哗众取宠，不制造、不传播恐怖性信息。

第二，真实传播社会真相，客观表达观点，信守新闻与传播的基本原则。网络媒体也是社会环境的监测者、社会现象的观察者、社会事实的报道者，具有社会公器的天然职能，因此，网络媒体话语必须服务于社会公众利益，生产真实诚信的话语内容，不制造、不传播谣言流言，不歪曲真相。舆论的真实诚信是网民认知社会真相的前提和基础，方便他们判断与把握网络安全程度，并且能够及时行动起来，有效维护网络社会安全、降低社会风险。

第三，凡是从事信息发布工作的人员都是信息流通环节上至关重要的“把关人”，无论是在议程设置、议程建构过程中，还是在使用信息过程中，都有认真核实信息内容真实性的义务，在从事价值观引导与评价的过程中，必须基于社会公众利益或者社会主流的价值观念，而不能为了个人的一己之私或某个组织的私欲。再生产和使用信息的过程中，网民有义务揭发和制止破坏网络安全的言行，维护社会稳定。

第四，以实证科学的理性精神准确评判事实真假和观念的真伪，不盲从于个人的感情冲动和偏见；在观点的形成与凝练的过程中服从于基本事实真相，而不是听命于某个政治势力或经济集团的压力。在进行信息发布时，一定要谨遵专业精神、坚持专业规范和专业自律，不放弃专业精神和专业规范，不屈从于外界压力和个人的私欲。在各种非专业、非科学性信息泛滥成灾的互联网上，保持清醒的头脑和独立的精神。

真实诚信的话语内容有助于提高网络媒体的公信力，这既是新闻舆论工作的基本目标之一，也是最能体现媒体及媒体人价值追求的高尚境界之一。杜绝发布、使用诸如事实内容不具体、议论感想较多、语言含糊笼统、逻辑结构混乱、文章语病较多、视听效果差、充满低级错误和低级趣味的网络信息。

二、劲健缜密的话语风格

在这里，风格是一种话语艺术，整体上显示时代风貌，具有相对的稳定性、内在性和规制性特征，反映时代的、民族的整体风貌和审美特征。传播者由于不同的生活经历、艺术素养、情感倾向、审美追求，形成不同的话语风格。话语风格具有多样化与同一性特征，一方面，反映现实世界的丰富多样，表现出传播者各不相同的传播个性，以及信息接收者接受信息时的个人偏好的多样性特征；另一方面，同一传播者的作品个性在整体上总会表现出一种占主导地位的风格特征，不同传播者之间的风格区别也不能不受到他们所共同生活的时代、民族、阶级的传播需要和传播技术发展水平的制约，从而显示出话语风格的一致性。

劲健的本意是指强健有力，如《后汉书·乌桓鲜卑列传》：(鲜卑)“称兵十万，才力劲健，意智益生。”《新唐书·北狄传·黑水靺鞨》：“人劲健，善步战，常能患它部。”后来被唐代司空图用于形容一种艺术风格，意思是刚劲雄健：“行神如空，行气如虹。巫峡千寻，走云连风。饮真茹强，蓄素守中。喻彼行健，是谓存雄。天地与立，神化攸同。期之以实，御之以终”(司空图《劲健·行神如空》)。宋代严羽的《答吴景仙书》也有类似的表达：“坡谷诸公之诗，如米元章之字，虽笔力劲健，终有子路事夫子时气象。”

缜密的意思是细致精密、谨慎周密。《二十四诗品》有“缜密”之目：“是有真迹，如不可知。意象欲生，造化已奇。水流花开，清露未晞。要路愈远，幽行为迟。语不欲犯，思不欲痴。犹春于绿，明月雪时。”根据《二十四诗品》的表达，“缜密”主要是指语言风格、篇章结构的安排要合理、细致、周到，浑然天成、不留瑕疵，文章风格要清新自然、生动有趣，立意要深远、有内涵。

网络安全是一个富有时代精神特征的宏大命题，它的主要目的是整合社会价值观念，规范网络伦理道德，并通过法律这种严谨认真的形式约束网络上各种违背法律和伦理道德的言行。网络安全的时代精神特征主要表现在创新、进取、整合等认知理念中。基于此，网络舆论引导的话语风格应该表现出劲健缜密、昂扬向上的风格特征。缜密的语言风格主要来自法律精神的严谨性，网络安全既然通过法律的形式获得保障，充分说明了它的严肃性和严谨性，舆论引导的过程中，语言风格需要缜密、严谨、庄重，避免歧义性理解的出现，从而在形式上弘扬了网络安全这一命题的严肃性。

三、科学的话语精神

在网络舆论引导主体方面，话语能够产生非强制性的影响力，它可以教会人思考什么、如何思考。它可以将舆论引导者的思维方式、生活方式和价值标准转化为唯一合法、合情、合理的内容，变成普遍有效的标准，潜移默化地让网民自觉认同。当然，保证这种认同性的实现，必须以网络舆论引导者的科学话语精神为前提条件，这是首要的价值基础；其次，敢于对话语权负责，这是舆论主体精神得以顺利实现的基础。

在舆论引导的话语应用上树立服务的理念。主动回应社会关切，向网民解疑释惑，以民主协商的方式开放讨论，积极践行网络群众路线，收集社情民意，提升网络服务水平，传递真实权威声音。以科学的话语精神，促进网络传播方式的创新，取得网民的信任、支持和拥护。

以科学求真的精神树立开放包容的思想观念，敢于接受网民的批评。因历史和现实的诸多原因，网络空间的话语生态环境越来越呈现出资本化、集团化、黑化的基本特征，主要表现是：在世界范围内，既得利益的资本寡头集团为了维护既有利益，不惜一切代价利用资本力量和政治寡头的优势，恣意控制国际话语权，甚至产生了不择手段的黑化“异己”力量，维护既得话语霸权行径。在国际网络空间里，网络话语权往往因缺乏有效监督和约束而被滥用的现象经常发生：散布网络谣言颠倒黑白，制造网络暴力损害网民权益，危害他国网络信息安全、进行威胁讹诈等，严重背离了科学的话语精神，致使网络舆论环境生态失衡，网络安全风险疑云丛生。

针对这种现象，舆论引导者需要坚持科学的话语精神，保持敢于担当的勇气、开放包容的胸怀，尊重事实、尊重法律、尊重网民、使用科学的话语方式进行回应。不要有如临大敌、惊慌失措的心理；也不要心存忌惮、顾虑重重，出现惶恐焦躁的情绪。实事求是，针锋相对，及时揭露国际资本寡头集团的话语霸权行径，传递科学、真实的声音。针对普通的违反网络安全的言行，也要实事求是，及时进行批评指正，既不文过饰非，也不能像鸵鸟那样充耳不闻、消极逃避，出现突发事件时，不封锁消息、不隐瞒真相、不拖拉信息发布的速度，也不要敬而远之、视而不见，放弃舆论引导。针对一些批评质疑的声音，不要视为“洪水猛兽”，不要认为是“挑刺找碴”，而要积极进行自我反思、自我批评，态度上不能轻慢冷淡、咄咄逼人，更不能采取围堵、封杀、取缔等简单粗暴的行为方式。

话语风格同其他结构性艺术风格具有一致性的特征，不管是言语、文字、声音、图像、视频、图表等，都要表现出篇章结构一致性特点，在舆论引导的整体上，呈现出不同的审美风格。

第七节 “网络安全”话语主体认知的建构

《中华人民共和国网络安全法》第一条明确阐明网络安全的目的是“维护网络空间主权和国家安全、社会公共利益，保护公民、法人和其他组织的合法权益，促进经济社会信息化健康发展”①。“网络空间主权、国家安全和公共利益”三者之间形成了一个“三位一体”的三维结构，网络社会所面临的最大挑战就是维护网络空间主权安全，这是“非传统安全”，目前还没有得到网民足够的重视。网络空间主权安全是国家安全的重要组成部分，跟传统的陆地主权、海洋主权、天空主权一样神圣不可侵犯，却又常常面临各种风险，传统安全理念人人都能够接受，愿意主动去维护，而网络空间主权安全的概念具有一定的虚拟性，一般网民还没有意识到它的重要性，也不知道它与传统安全及社会公共利益之间的密切联系，依照现实情况来看，建构起“网络安全”话语主体认知体系是有效维护网络安全机制的重要内容。

一、建构“网络安全”的认知谱系

人们对于网络安全主要有三种认知方式：客观认知、主观认知、主体间的共识。客观认知主要来源于网络上反映出来的自然灾害和人造灾难，具有客观性。主观认知主要是网民通过网络实践所形成的一系列心理感受，即存在于网民内心世界、对网络安全现象和问题的主观判断。主体间的共识指的是网民在网络交往过程中所形成的关于网络安全感的共同认知、判断、界定、接受与回应等。

人与人之间的关系涉及人际关系以及人与人之间所形成的价值观念的

① 全国人民代表大会常务委员会：《中华人民共和国网络安全法》，北京：中国法律出版社，2016年。

统一性问题。哈贝马斯认为，现实社会中人际关系分为工具行为和交往行为，工具行为是主客体关系，而交往行为是主体间行为。他提倡交往行为，以建立互相理解、沟通的交往理性，达到社会和谐的目的。事实上，主体之间的共识是人们在相互交往过程中，通过协商而达成的一种共识，这种“协商”不一定就是意见交流，也包括人们在交往的过程中通过各种有意识和无意识行为的互相影响而建立起来的一种不约而同的共通性心理感受。它包括认识的主体之间的关系和主体与对象世界之间的关系。由此可以得出，网络安全的认知存在三个特点：客观上存在复杂的威胁、主观上存在复杂的恐惧心理和主体之间存在冲突性。

对于网络安全问题的研究包括三个部分：第一，对于网络安全对象的研究，主要有各种网络病毒、网络攻击、网络欺诈、网络色情、网络恐怖主义等；第二，对于网络安全问题的研究，主要涉及公共卫生安全问题、信息安全问题、环境安全问题、社会安全问题、经济安全问题、政治安全问题、军事安全问题、意识形态安全问题、舆论安全问题等；第三，反思主体研究，主要包括政府反思、学术团体反思、新闻舆论反思、网民行为反思等。

目前，网络安全法律法规已经比较完善，以文字的形式存在于传播平台上；而“网络安全”认知谱系的建构还仅仅是一个开始，一年一度的“网络安全宣传周”是个好形式，具有传播仪式感，但是这不是唯一的形式。政府相关部门、法律工作者、媒体对此要有充分的认识，进行持续不断、由浅入深、多模态化的信息传播和舆论引导，舆论引导主要作用于网民的认知感受和正确价值观的养成。建成相对完整的“网络安全”认知谱系，网民准确认知了这种认知谱系，就能明白自己所面临的“网络安全”状况，并做出及时、准确的心理应对、言语应对和行为应对，维护好个人及其周围的“网络安全”问题。

二、建构“网络安全”的正确价值观念阐释体系

话语修辞具有构建功能，建构人类对现实社会的认知，从而影响人们对社会现实的理解，所以，话语修辞的建构功能主要包括两大部分：构建和理解。一方面，我们通过话语和修辞手段建构起我们对社会的认知框架；另一方面，我们通过认知框架来理解现实社会。所以，认知框架的图式结构能影响我们认知社会的品质，一个人长期生活在恐怖的认知框架里，他

对于社会的认知就是不安全的，美国的“国家电视暴力研究”(National Television Violence Study)项目已经证实：经常观看电视暴力的人内心的不安全感高于不看暴力电视的人，而且在实际生活中经常观看电视暴力的人在现实社会中会增加暴力侵犯行为的概率；青少年更倾向从电视上学到侵犯行为后再到现实生活中进行模仿。与之相反，长期生活在充满爱心的认知框架里的人对于社会的安全度认知就高得多。

价值观念体系指的是构成人类价值观念的一系列内涵和外延的有机组合，它反映着一个组织或集团在一定时间内用于处理人与人、人与自然、人与社会之间关系的一系列伦理观念的组合，它是一种社会意识和自我意识，属于认识论的范畴。正确的价值观念体系能促进人类社会的和谐发展，反之就会导致社会动荡、阻碍人类社会的发展。网络安全的正确价值观念阐释体系需要使用话语修辞的方法进行有效建构。

话语的意义来自词语和修辞，需要密切关注词语在话语体系中的作用机理。我们可以使用语义的三角作用机理来建构正确的价值观念阐释体系，语义的三角作用互相支撑构成“三角体系”，即思想、符号、客体。思想是传播者所要表达的“理念”，客体是一种物质性或精神性的客观存在，符号是嫁接其思想和客体的物质化中介，是人们约定俗成的一套用以表达意义的系统，它是人们在社会生活实践过程中逐渐整理并积累下来的、能够指代事物或意义的指代物。通过丰富多彩的符号系统，人们交流思想、建构思想体系。

根据这样的“三角体系”，我们需要建构起基于正确认知的网络安全的价值观念体系，培养网民的社会责任感、和谐稳定的价值观念、凝聚共识的人类命运共同体的理念体系。把真诚维护网络空间主权和国家安全内化成为一种潜意识，在日常生活中有意识地维护社会公共利益，保护公民、法人和其他组织的合法权益。

三、平衡性的话语策略

平衡的本意是指衡器两端承受的重量相等，不发生倾斜现象，引申义是指保持平衡状态或同等地位。它能有效维护网络主权意识、网络安全意识、网络法治意识和网络合作意识。这是网络舆论引导机制中的一种科学合理的话语意识，有助于建设“和平、安全、开放、合作的网络空间，多边、民主、透明的国际互联网治理体系”①；能有效抵制网络霸权主义、网络恐怖主义、网络自由主义和网络犯罪等诸多共同风险，增强合作精神，发挥平衡话语策略的主要功能。

1. 语篇平衡与人称代词的平衡

构成语篇的语言不仅是对现实世界的客观反映，也直接参与社会关系的建构。语篇中的词汇、句子都潜在地反映出说话者的权力意识和思想意识。通过对语篇形式的平衡话语策略的分析，可以进一步研究语篇中话语、权力及思想意识之间的关系，揭示语篇中含而不露的思想意识，特别是人们习以为常的歧视、偏见和对事实的歪曲认识等，从而提高大众对语言的敏感度、整体鉴赏力和判断力。2011 年 10 月 20 日，卡扎菲被俘，随后中弹身亡，把中东地区的乱局推演到了高潮。为了平抑世界人民对美国霸权主义行径的愤怒，奥巴马总统当天就卡扎菲被杀一事发表了讲话，使用平衡性话语策略，把他的“美好愿望”与叙利亚的未来结合起来，从而掩盖了美国对叙利亚政策的真实意图，拉近了与受众的距离，给人一种共同参与的感觉，降低了卡扎菲追随者的敌意。

为了降低不安全感，网络舆论引导者可以使用恰当的人称代词，来掩饰话语权的非平衡性。从语用学角度看，“人称代词 we(us，our)包括内包(inclusive)和外排(exclusive)两种用法。内包性用法是指语用所指包括受众，而外排性用法则刚好相反”②。前者可以拉近与受众的距离，给人一种共同参与的感觉，而后者则把受众放置在话语表述内容之外，与受众划清界限。高明的网络舆论引导者非常善于运用人称代词增强语言的感染力，调节与网民之间的心理距离。例如：“我爱我们的祖国”这句话属于内包用法，把自己和受众视为一个整体来表达观点，可以拉近自己与受众的距离。外排用法如 2015 年英国前首相卡梅伦呼吁苏格兰人民不要独立的一次著名演讲中的一句话“If you don’t like me，I won’t be here forever.”这是卡梅伦的肺腑之言，目的是提醒苏格兰人民顾全大局，不要因为不喜欢他本人而放弃整个国家，把自己排除在外，消除受众的焦虑心理，增强话语的感染力。

2. 预设策略和关切的话语

话语是特定社会语境中人与人之间从事沟通的具体言语行为，即一定

① 《习近平向首届世界互联网大会致贺词强调　共同构建和平、安全、开放、合作的网络空间 建立多边、民主、透明的国际互联网治理体系》，载《人民日报》，2014 年 11 月 20 日第 1 版。

② 辛斌：《英语语篇的批评性分析刍议》，载《四川外国语学院学报》，1997 年第 4 期，第 43-44 页。

的说话人与受话人之间在特定社会语境中通过文本而展开的沟通活动，包括说话人、受话人、文本、沟通、语境等要素。话语分析（discourse analysis）是研究语言的一种方法。通过对实际使用中的语言的观察，探索语言的组织特征和使用特征，并从语言的交际功能和语言使用者的认知特征方面来解释语言中的制约因素。

很多语境之下，“说什么并不重要，关键是谁在说，话语权的强弱往往是由说话者的地位和身份决定的……权力制造知识，权力与知识是直接相互连带的，不相应地建构一种知识领域就不可能有权力的关系，不同时预设和建构权力关系就不会有任何知识”①。在话语的交流过程中，交流主体现有的身份和地位在话语交际中往往起着主导性作用，知识与权力在话语权的运行过程中起着决定性作用。拥有不同权力与知识能力的话语者可以有效地通过话语预设和话语关切来平衡话语交际过程中的不平衡现象，减少这种现象则主要靠话语主体的智慧、学识和实力。

在语篇层面上，所有语篇都是明示和暗示信息的统一体，明示是指舆论引导者在语篇中明确地表达自己的观点和立场；暗示是指舆论引导者在语篇中将真实意图蕴藏在文本中，通过含蓄、委婉、暗示的方法表明自己的观点和立场。这就是语篇中的平衡策略，可以提前预设，也可以随机应变。相对于明示而言，暗示可以避免直接的矛盾冲突，“用事实说话”就是其中的一个主要表现，它可以绕过传播过程中一些梗阻，避开一些感染，把真实意图传递给目标群体。这是控制信息和意见市场的一个重要手段。

网络安全问题总是伴随着矛盾冲突等不和谐的音符阻碍着传播与交流，尤其是对立性冲突，遇到这样的情况，就需要使用平衡性话语策略缓解矛盾和冲突。其中，在语篇中对网民采用关切的态度，更容易赢得网民的认可，也可以让矛盾冲突的另一方放弃敌对态度，化解矛盾冲突。奥巴马在庆祝卡扎菲政权倒台的演讲中，对于牺牲的美国士兵和奋战在前线的美国军人表示了隆重的慰问和诚挚的敬意，使听众在潜意识中自觉放弃抵触情绪，乐于接受其观点。事实证明，语言与权力之间的关系亲密，能通过话语策略不动声色地增强语言与权力意识，并把他们的意志和观点通过话语的平衡策略，选择性地传播给网民，进而引导网民的情绪和意见，可以达

① 福柯：《规训与惩罚》，刘北成、杨远婴译，北京：生活·读书·新知三联书店，2012年，第27-29页。

到“化干戈为玉帛”的引导效果。

四、话语主体风险担当的平衡意识

“风险社会”是一个被学界和业界高度认可的词语，在当前世界一体化和经济全球化趋势的背景下，人类的思想和行为在网络非理性思维方式的驱动下，变得越来越感性化，国际性和地域性的风险事件明显增多，一些国家政府高官经常在社交媒体上发布一些取悦于网民的任性言论，加剧了这种感性化的话语趋势。种族歧视、恐怖主义活动、环境破坏、金融危机、核危机、公共卫生安全危机等高风险舆情在网络上不断增多，出现了风险叠加现象。近期美国社会的风险系数明显增高，在政府对新冠肺炎疫情处置不当的背景之下，公共卫生安全危机事件、经济危机事件、由种族歧视引发的频繁暴力事件、军事危机事件、民众对政府的信任危机，以及特朗普政府掀起的反华舆论浪潮等叠加在一起，造成了备受全球关注并担忧的“美国式衰败”。

显而易见，“美国式衰败”提高了全球性的安全风险系数，首先是“美国式的集体焦虑”情绪逐渐蔓延，其次是由此引发的国际上一系列“刺激—反应”式的全球性反应，在网络空间的舆论场里早已沸沸扬扬，给社会秩序造成了显而易见的危害，严重影响了我们对传统社会安全观的固有认知。在网络舆论场上，充斥着个性化和组织化互相促进的不负责任的言论和态度，除了普通网民，风险制造者往往是掌控着世界权势的少数金融寡头与政治寡头，他们对这个世界缺乏基本的风险担当意识，他们的话语里充满着各种不负责任、以牺牲他人利益为代价的极具危险性的表述，给网络群体心理造成了潜在的伤害。西方社会的经济制度、法律制度、政治制度和技术伦理道德逐渐成为全球性风险的始作俑者或推动者。更为严重的是，他们习惯于通过话语技巧掩盖这些风险真相，使之更加具有迷惑性和欺骗性，加剧风险的邪恶性和治理难度，许多网民不得不面临物质上的风险困境，还要面临巨大的精神压力。近代以来所形成的科学理性精神在网络安全现实面前，显得无能为力，却又无可奈何。

话语主体在网络舆论引导过程中的风险担当意识的主要功能是：启动话语的对冲机制和平衡机制来应对当前网络空间流行的各种严重的安全问题、风险话语问题，化解网民的焦虑情绪、“羊群效应”，使之回归理性；冲抵一些金融寡头和政治寡头的组织性危险言论所产生的危机效应，推进全球化进程，让现代科技成果惠及更多人群，遏制网络上出现的极端主义思潮、分裂主义思想和各种恐怖主义行为。

首先要解决的主要问题是，少数拥有巨大政治资源和金融资源的网民的极度扭曲的自我个性意识，他们本人以及他们所在的组织并未意识到只服从自己个性思想意识的话语方式严重伤害了大多数网民的心理健康，形成沉浸在标新立异、注重自我的单一化思维模式中。这会进一步加剧网络安全风险，形成世界性公害。对于青年人和未成年人而言，他们是新技术、新知识、新思想的使用者，更倾向于按照自己所喜欢的方式自由地进入网络空间讨论他们感兴趣的极端性问题，极易接受并实施极端化行为，会让社会变得更加碎片化，隔阂更深。“当今的青年人正沉浸在经济增长所取得的富裕中，享受着充分的自由，社会的急速发展使得传统的‘观念’‘规范’以及‘认真’态度随之消失，取而代之的是欲望的急剧膨胀。”[①]他们会在网络世界里不停地搜索徜徉，能动地感受、选择、互动、创造和展示这些金融寡头和政治寡头给他们带来的具有很强迷惑性的分裂性、反社会性言论，并且内化于心，成为他们极端化价值观念的滥觞，加剧网络社会的高风险性。

话语主体风险担当意识的平衡策略可以减轻网民跟风从众的心理，塑造科学的价值观念和生活方式，减少网络“亚文化”蔓延的空间和时间。话语主体的风险担当意识在组织纪律、行为方式、行动规则和话语系统上形成优势意见，吸收传统社会和传统文化里优秀的价值观念和行为方式，有利于祛除资本主义社会奉行的“唯资本论”和“唯我独尊论”的霸权主义思想对社会系统的伤害。

对于普通网民而言，高科技迅猛发展带来的伦理道德和法律的规则意识需要进一步完善，减少现代科技给网络社会带来的潜在的结构性风险，提高网民的网络安全意识和规则意识。在现实社会中，他们往往是信息的被动接受者和旁观者，成就感和认同感相对较低。但是网络社会去中心化的扁平式组织结构里，尤其在网络“亚文化”空间里，他们会自觉隐去诸如身份、金钱、权力和地位等现实社会所造成的弱势话语习惯，在虚拟社区中获得平等参与的权力，拥有话语权，获得人人都渴望的平等意识和被尊

---

① 丽莎·茵·普兰特：《简单生活》，陈子、王小娟等译，北京：中华工商联合出版社，2000年，第18页。

重意识。这种身份上的“双重属性”往往会形成话语意识的分裂，在现实空间可能是谦虚的、虔诚的，而一旦到了网络空间，就变成了个性张扬、语言强硬的“强悍者”。

鉴于这些网民心理特征呈现出多元复杂的态势，进行正确引导，使网民树立风险意识和责任担当意识并不容易，需要在理论研究和实践工作中不断总结经验，交流指导，逐渐形成完整、科学的引导模式。

加快构建网络安全话语保障体系，是维护国家网络安全的重要基础，与关键信息基础设施安全防护互相配合，这样就可以全天候地感知网络安全态势，准确识别隐蔽性很强的网络安全问题，准确分析并预判网络安全发展的态势，及时进行安全风险评估并启动安全预案，进行有效处置，高效统一、充分维护好我国的网络安全。

第六章　主旋律电视剧网络舆论引导机制

意识形态是与一定社会的经济和政治直接相联系的观念、概念、思想的总和，它随着经济基础和政治制度的变化而变化，文学艺术、社会思想等各自以其特殊的形式从不同侧面建构起一种主流意识形态的框架，使之成为相互联系、相互制约的有机整体，对人类的思想和社会的发展产生重要影响。2013 年 8 月 19 日，习近平总书记在全国宣传思想工作会议中说，“意识形态工作是党的一项极端重要的工作”“宣传思想工作一定要把围绕中心、服务大局作为基本职责，胸怀大局、把握大势、着眼大事，找准工作切入点和着力点，做到因势而谋、应势而动、顺势而为”。[①] 在党的十九大会议上，习近平总书记再次强调“牢牢掌握意识形态工作领导权”。掌握意识形态工作领导权“必须推进马克思主义中国化时代化大众化，建设具有强大凝聚力和引领力的社会主义意识形态，使全体人民在理想信念、价值理念、道德观念上紧紧团结在一起”[②]，“不是人们的意识决定人们的存在，相反，是人们的社会存在决定人们的意识”[③]。互联网时代，社会存在的意识形态斗争自然从现实场域转移到互联网上，这种场域的转化加剧了意识形态斗争的复杂性，以“资本”为主体的意识形态常常罔顾社会民生，在互联网上恣意蔓延，严重侵蚀着社会性、公众性的意识形态生存空间。这种形式的变化急需建构起一种能够与之对等、具有社会共同性的意识形态，代表大多数民众的共同利益与之抗衡，矫正以“资本”为主导的意识形态力量在网络空间野蛮生长的趋势。

电视剧作为一种重要的意识形态建构和意识形态引导的艺术样式，它

① 《习近平：意识形态工作是党的一项极端重要的工作》，新华网，http：//www.xinhuanet.com/politics/2013-08/20/c_117021464.htm，访问日期：2020 年 9 月 8 日。

② 《习近平：决胜全面建成小康社会 夺取新时代中国特色社会主义伟大胜利——在中国共产党第十九次全国代表大会上的报告》，新华网，http：//www.xinhuanet.com/politics/19cpcnc/2017-10/27/c_1121867529.htm，访问日期：2020 年 9 月 8 日。

③ 中共中央马克思恩格斯列宁斯大林著作编译局：《马克思恩格斯选集》第 2 卷，北京：人民出版社，1995 年，第 82 页。

强大的隐喻功能、“培养”功能和“沉浸式”传播体验效应，具有其他媒介产品不可比拟的作用，容易形成“共情效应”和“峰聚效应”。主旋律电视剧在这方面具有强大的凝聚力和引领力，并成为社会主义意识形态最活跃的部分，其强烈的国家意识、人类命运共同体意识、人民情怀等理想信念、价值理念和道德观念，具有很强的影响力和传播力，在互联网场域中形成一种能够代表大多数民众共同利益的意识形态新形式，消解以“资本”为主导的意识形态力量对公众权益的伤害。

第一节　当前电视剧网络舆论引导的新课题

党的十九大概括了我国当前发展的历史方位：“中国特色社会主义进入了新时代”，与之相应的，我国当前电视剧网络舆论引导工作面临着一个新课题：如何通过创新实践建构起能够代表大多数民众共同利益的意识形态新形式，凝聚社会公众的力量，引导正确的网络舆论，提高观众的审美鉴赏力和价值观认同感，维护社会公平与正义。

对于观众而言，电视剧所包含的信息、观念和意识能够塑造共同的世界观、人生观和价值观，潜移默化地影响人们的价值判断，凝聚成主流意识形态。马克思认为，意识形态是一种扬弃的思想观念体系，由人们的客观生活规律所决定，它随着实践的发展而不断前进，随着社会物质条件的日益完善而不断自我完善，实践是促进它发展的唯一动力。[①] 马克思主义意识形态理论具有这样的创新性：它可以促使代表国家精神和主流价值观念体系的意识形态不断自我创新，从而适应时代发展的需求，保持自己的先进性。

改革开放四十多年来，中国经济建设和政治建设取得了巨大成功，引起了一些国家的不满和猜疑，他们开始对我国施行有计划、有预谋的意识形态渗透，企图发动“颜色革命”，消解我国既存的意识形态和价值观念体系，把中国纳入他们的政治框架和经济框架之下，进行“新殖民掠夺”。事实上，我们需要与我国当前经济、政治水平相匹配的意识形态新形式，壮大国际新兴力量，对抗国际“新殖民主义”思想的侵袭。另外，当前大数据技术日新月异，高度信息化社会对传统意识形态构成了挑战，给网络意识

① 本书编写组：《马克思主义基本原理概论》，北京：高等教育出版社，2013 年，第 78-86 页。

形态引导工作的创新带来了新难题，国际社会多元化网络舆情此起彼伏，不断影响着国际社会意识形态的生态结构，给我国网络意识形态的引导工作带来崭新的机遇。再者，智能化时代碎片化的阅读方式造成了网民们的碎片化思维模式，让人们的思想变得日益狭隘，仅仅关注眼前事件而常常忽略涉及国家发展、社会发展等具有长远利益的重大议题，弱化了我国意识形态的影响力和引导力，给外来意识形态的渗透带来可乘之机。

在研究当前严峻的意识形态斗争的复杂性时发现：除了国际上各种外来意识形态的攻击，国内各种非主流意识形态已经渗透到我们社会的肌理之中，其负面影响的“长尾效应”越来越明显。“近十多年来，中国境内外、体制内外的一些政治反对派和‘自由主义学者’坚持不懈地研究、鼓吹当代西方‘公民社会’理论并加以推广，试图影响舆论、动员群众、积蓄力量，最终一举实现中国政治和社会的全面‘转型’。”①美国前总统尼克松在他的《1999不战而胜》中写道：“当有一天中国的年轻人已经不再相信他们老祖宗的教导和他们的传统文化，我们美国人就不战而胜了。”②这种严峻的斗争形势，对于互联网时代我国先进意识形态的引导力建设形成了巨大挑战，需动用多种文化手段进行综合应对。电视剧在这方面具有独特的功能，能够发挥着其他传播产品不可替代的作用，它在网络空间传播过程中，能让观众产生身临其境般的强烈“代入感”，触动灵魂，开阔视野，把他们的注意力从日常琐碎中引导到能够引起社会重大变革的宏大叙事中，关心人类社会发展的命运和前途，形成正确的认知和价值认同感，促进人类社会的进步与繁荣。

第二节　主旋律电视剧思想意识引导机制的建构

人类进入互联网时代以来，信息技术引发的各种社会变革纷至沓来，深刻地影响了人们的思想意识，网络空间的舆论话语权斗争形势日趋复杂化和混杂化，需要进行正确的舆论引导。电视剧的网络空间播出模式使其拥有了跨越时空界限自由传播的能力，这对于人类精神世界的塑造十分重要。因此，建构主旋律电视剧思想意识引导的管理机制、内容机制和质量机制，可以充分

---

① 张厚远：《反华势力对中国进行网络舆情渗透的主要形式》，载《湖北警官学院报》，2016年第1期，第19页。

② 安轩平：《意识形态领域斗争决不能松懈》，载《安徽日报》，2015年11月30日。

发挥其传播优秀价值观、优秀文化，进而建构起优秀意识形态的重要功能。

一、完善政策导控机制

2017年，我国电视剧行业开始了节奏鲜明的“由乱到治”的政策导控，主要包括：建立健全电视剧制作许可证制度，规范市场流通机制，导控其发展规模和发展方向，限制明星的不合理酬劳，打击虚假收视率等一系列综合治理。让电视剧逐渐走向精品化、平民化、主旋律化，增强现实贴近性和思想意识引导性。

从2017年9月到2020年3月，共出台了9个规范性文件(表6-1)，让我国电视剧行业政策导向性越来越明朗，电视剧的整体质量得到了实质性提高，营造了良好的发展环境。

表6-1　2017—2020年中国电视剧行业主要政策

时间	组织者	名称	主要内容	主要目标
2017年9月	中国广播电视社会组织联合会电视制片委员会	《关于电视剧网络剧制作成本配置比例的意见》	解决“高片酬”问题，把演员片酬比例限定在合理成本范围内	弘扬“戏比天大”的职业精神，推动影视行业投入与产出的良性循环
2017年9月	国家新闻出版广电总局	《新闻出版广电影视“十三五”发展规划》	弘扬中国梦、传播当代中国价值观念、体现中国文化精神	牢固树立政治意识、大局意识、核心意识、看齐意识。统一思想性、艺术性、观赏性
2017年10月	国家新闻出版广电总局	《关于加强广播电视节目网络传播管理的通知》	通过优秀作品和良好形象传播正能量，践行社会主义道德，抵制“三俗”之风	传播社会主义先进文化、弘扬社会主义核心价值观，追求德艺双馨
2018年3月	国家广播电视总局	《关于进一步规范网络视听节目传播秩序的通知》	版权要合法合规、内容要健康向上、节目业态创新要合法合规	规范网络视听节目传播秩序，禁止非法抓取、剪拼改编节目行为，进行属地管理
2018年10月	国家税务总局	《关于进一步规范影视行业税收秩序有关工作的通知》	建立健全影视行业税收管理的长效机制，健全税务内控机制，化解税收执法风险	禁止天价片酬、“阴阳合同”、偷逃税款，维护社会公平正义，保护行业健康发展
2019年2月	国家广播电视总局	《关于网络视听节目信息备案系统升级的通知》	使用两套备案系统：网络剧、微电影等网络视听节目信息备案系统，重点网络影视剧信息备案系统	适应网络视听节目建设管理新形势新要求，加强网剧、微电影、重点网络影视剧过程管理，提高质量

续表

时间	组织者	名称	主要内容	主要目标
2019 年 3 月	国家广播电视总局电视剧司、发展研究中心、上海广播电视台	2018 年度电视剧剧本扶持引导项目研讨会	建立“电视剧引导扶持专项资金”扶持优秀电视剧的创作生产和播出，共有 34 部电视剧获得资助	聚焦现实，弘扬社会主义核心价值观。进一步提升电视剧剧本创作质量。支持思想性、艺术性、观赏性相统一的优秀作品
2019 年 4 月	中国广播电视社会组织联合会电视制片委员会	《关于严格执行电视剧网络剧制作成本配置比例规定的通知》	从业人员严格执行限薪政策，严厉惩罚片酬不符合规定行为，从政治高度深刻认识不当追星炒星问题	回应明星演员片酬的舆情热点和焦点，维护行业良好秩序，确保影业健康发展
2020 年 3 月	北京广播电视局	《关于应对新冠肺炎疫情影响推进电视剧行业有序复工复产的通知》	强化资金支持，缓解电视剧企业资金压力，营造良好发展环境，优化审批流程	落实习近平总书记在统筹推进新冠肺炎疫情防控和经济社会发展工作讲话精神，推进北京电视剧业有序复工

二、精品化内容生产策略

精品化内容生产策略是网络舆论引导内容机制的一个重要组成部分，符合电视剧和网络视听内容精品化、集约化和优质化的发展趋势。自从 2012 年我国发行许可的电视剧出现“年产万集”的高产能态势以来，直到 2018 年，每年发行许可的电视剧总量始终保持在 1.5 万集左右，这是“虚胖”现象，一些粗制滥造的低俗、暴力、血腥、色情或价值观引导出现严重问题的有害电视剧充斥市场，严重弱化了电视剧的舆论引导功能、审美鉴赏功能、文化传承功能。自 2017 年国家新闻出版广电总局开始电视剧市场整顿之后，于 2019 年降至万集左右，电视剧的主旋律功能得到彰显，尤其是国家广播电视总局推荐的重点电视剧选题剧展播以来，收到了良好的舆论引导效果。2020 年国家广播电视总局开始控制电视剧的长度，提倡 30 集以内的电视剧生产，提出了一般情况下一部电视剧不超过 40 集的标准。用具体数字把精品化内容生产以制度的形式规定下来，这对于未来电视剧市场正确价值观的舆论引导意义重大。

2020 年，清华大学尹鸿教授发布的《中国电视/网络剧发展报告(2020)》显示：2019 年全国各类电视剧制作机构生产完成并获准发行的国产电视剧共 254 部，10 646 集，体现了精品化内容生产的指导方针。其中，当代题材共 152 部 5954 集，占比最高，接近总数的 60%。当代题材电视剧中都市题材占比 63%，符合中国城市化进程加快、城市人口迅速增长及城市市民审美多样化的现实需求，能够充分发挥电视剧舆论引导的现实针对性和良好的社会效能。其中，农村题材电视剧 13 部，涉案剧 11 部，军旅题材 4 部，并大力降低了古代题材电视剧的立项比例①，体现了国家电视剧发展和电视剧舆论引导的层次性和精准性。

2019 年开始的“四剧一酬一假”行动是实现精品化内容生产、增强电视剧舆论引导力的重要举措，净化了电视剧市场的舆论引导、文化传承和高雅审美需求的艺术空间。“四剧”治理的内容主要包括娱乐性较强的古装剧、偶像剧、经典老剧翻拍和抗战剧，“一酬”指的是限制天价片酬，“一假”指的是严控收视造假、流量造假等行为。治理之后，2020 年的主旋律重点剧、头部商业古装剧、高强度类型剧、专业化职业剧成为中国电视/网络剧的四驾马车，建构起我国电视/网络剧新型形态的基本格局。

精品化电视剧舆论引导呈现出四大主要特征。首先，以现实主义题材为主体，聚焦国内外社会发展过程中的重大事件和主旋律，反映时代精神风貌，坚持以人民利益为导向，弘扬社会主义核心价值观，杜绝形式化、模式化现象。其次，坚持以社会价值为主、市场价值为辅的思想导向，坚持社会效益优先，经济效益服从社会效益的原则，杜绝单纯依靠大数据一边倒的评价机制。第三，以生产优秀作品为基本前提，提高原创力，主要资源聚焦在高品质内容的创作上，淘汰低质量作品。第四，坚持创新性原则，拓展题材、内容、形式、手法上的创新，保障电视剧内容的丰富多样性，建构新的内容输出体系，统筹网上网下两个播出平台，注重意识形态的舆论引导价值。

三、重塑思想意识正面舆论引导的结构

重塑电视剧思想意识正面舆论引导结构是建构网络舆论引导质量机制的一个重要组成部分，是适应当前国际、国内两个舆论场生态环境发展变化的现实需求。随着中国国际地位和国际影响力的提高，我们所面临的国际话语权和思想意识形态的斗争更加复杂多变，重塑思想意识正面舆论引导结构，可以充分发挥我国优秀电视剧在网络舆论引导、中华文化传承、高尚灵魂塑造、社会风尚引领，以及民众良好心智的启迪等方面的重要作用，按照“理

① 刁基诺：《中国电视/网络剧发展报告（2020）》，搜狐网传媒内参，https：//www. sohu. com/a/391430201_351788，访问日期：2020 年 11 月 29 日。

想社会”的标准塑造完美的思想意识形态，引领新思想，焕发新气象。

1. 通过电视剧记录新时代精神风貌

当代电视剧的播出形式主要有“台网同步播出”和“先网后台播出”两种模式，这样极大地拓宽了电视剧的思想影响力和艺术影响力，将文学、电影、戏剧、舞蹈、绘画、音乐、造型等诸多现代性艺术元素汇聚在一个完整的叙述结构之中，呈现给几十亿网民，是一种典型的综合性的引领当代大众文艺思潮的“先锋”，作用于人类的精神世界。当代电视剧一方面反映时代变迁、社会思潮、人文精神和人物丰富复杂的内心世界；另一方面再现历史风云、展现历史发展的基本规律和整体趋势。既能展示宏大叙事，又能在细微处体现普通人物的琐碎生活，具有丰富的“记录”功能和“精神塑造”功能，反映着新时代的整体风貌。

从电视剧的功能和历史的高度来看，国家广播电视总局的改革思想是顺应互联网时代人类社会生活和思想意识发生深刻变化的现实需求而作出的科学性策略调整，其目的是充分发挥电视剧的“记录”功能、文化传承功能、审美功能和精神塑造功能，坚持以人民为中心的艺术追求，适应人民群众日益增长的美好生活的新需求，适应全球化和网络化时代的现实语境，多出精品，展现时代气象，“为国家写史、为民族塑像、为人民立传”。

对于我国当前的电视剧而言，需要着重反映中国现实，表现中国智慧和中国方案，深入挖掘新时代民族精神和民族创造力，重点反映中国的制造和创造，中国的速度和形象，表现出中国人丰富多彩的集体情感和美感，再现中国人的精神世界、价值追求和力量源泉，这是顺应互联网时代国际复杂多变的意识形态斗争新变化的客观需求。既要运用宏大开阔的视野表现中国当代社会的变迁、中国人的集体命运、中国人对世界作出的重大贡献等具有史诗性的题材作品，也要表现中国人对世界其他民族和其他国家的尊重、包容、共享、友爱的国际主义精神。除了宏大题材，也需要站在普通民众的视角，表现普通人的生活变化和情感变化，进行平民叙事，讲好新时代的中国故事。

2. 保持风险意识，维护国家的精神文化安全

客观而言，电视剧具有人类精神世界的塑造功能，是思想意识形态的重要载体和塑造主体，对于弘扬社会主义核心价值观、传承中国优秀文化、提高国人的审美鉴赏力、塑造健康向上的精神世界，责无旁贷。

事实上，世界历史中意识形态的斗争始终伴随着人类历史发展的进程，不管是西方世界“人权高于主权”的左翼意识形态，还是“维也纳体系”右翼意识形态，他们的本质都是以“同盟”的方式建构起维护他们集团利益的“世界秩序”，他们的“崇高原则”就是镇压人民革命，遏制“同盟”外势力的复兴与崛起。在国际思想意识形态的博弈上，各种权谋、手段、算计和围猎等都会使用在“政治—外交—军事—文化—网络—舆论”的“六位一体”控制结构上。改革开放以来，中国以积极认真的姿态融入现代国际体系，自然逃脱不了这种控制结构。然而，我们以“人民共和国”的形式执行社会主义制度、继承中国优秀文化、发扬中国精神，吸纳国际社会的优秀社会成果和思想文化成果，形成了“中国特色”，自然会卓然而立于世界民族之林，这与西方“资本”统治集团的国家形态格格不入，自然会成为西方反动利益集团的围猎、遏制、约束的对象。即使去除掉文化和文明因素，我们“人民共和国”的本质与西方国家“资本”统治集团的本质也是水火不容的。所以，这场围猎与反围猎是不可避免的、全方位的。随着我国国力的不断增强，遭遇西方世界的攻击力度也会不断增强，在互联网时代，网络舆论战和网络意识形态战是传统的军事杀伐、政治攻讦的延伸，在某种程度上，思想渗透的威力远远大于军事威胁和政治压榨。

基于这种分析，我们可以洞察到我国当前网络舆论安全和意识形态安全所面临的压力的严重性。维护我国网络舆论安全和意识形态安全策略是一种体系性的综合艺术，既有顶层设计、整体设计，又有各个层面、各个领域的个体方案。对于电视剧思想意识形态的舆论引导而言，也具有同样的综合性和层次性。目前的策略主要体现在以下几个方面：第一，对于革命历史题材，不允许出现重新解构革命历史、虚无英雄先烈的行为，反对过度游戏化和过度娱乐化；第二，对于现实题材，不允许远离生活，宣扬拜金主义和享乐主义思想，杜绝非真实地反映现实、表达虚假情感、挖掘生活不深、远离艺术真实的创作倾向性；第三，对于历史题材，不允许出现历史虚无主义、戏说曲解历史、贬损亵渎经典传统、篡改已形成共识和定论的重要历史事件和历史人物；第四，严格控制玄幻、仙侠、假空演绎的古装剧，禁止胡编乱造，放大文化糟粕，违背基本伦理道德，违背基本的历史逻辑、生活逻辑和艺术逻辑内容的出现。

在建构的过程中，通过打击虚假收视的方式保持忧患意识和防范风险意识，杜绝浮躁之风侵蚀电视剧的健康肌体，保证社会主义核心价值观在电视剧中处于舆论引导地位。具体措施是通过公安部门重点惩罚收视率造假、恶性竞争和扰乱市场等手段，维护收视率数据的真实性和可信度；通过诫勉谈话、严肃批评和深刻检讨的方式惩戒任意夸大、炒作电视剧收视率造假信息并造成不良社会影响的错误行为；通过完善行业自律机制发挥自律效应，要求电视剧生产和播出平台自觉接受政府和社会监督；通过创新收视调查技术，建立基于大数据、云计算的中国特色收视调查体系，完善系统，进行数据监管。

3. 扩大国产电视剧的国际传播力和影响力

电视剧在重大外交场合能够发挥重要作用，真实展现中华文明独特的价值与魅力，展现兼容并蓄、海纳百川的文化胸怀，让世界人民更好地认识中国。为此，我们需要扭转抄袭模仿、千篇一律、缺乏中国特色的现象，以问题为导向，通过改革的方法，重构新的舆论引导机制，采取新的调控措施。在世界电视剧场域里，打造特色鲜明的中国剧场，扩大国产电视剧的国际传播力和影响力。

电视剧特别适于表现宏大主题、揭示人物内心活动，展现时代主题和社会精神，是社会现实的忠实“记录者”，社会主体精神的“塑造者”。需要多种复杂的艺术手法立体展现生活的本质，使其更加生活化，亲切感人、朴实自然。电视剧既适合个人欣赏，也适合家庭式、朋友式的群体欣赏方式，容易形成连绵不断的话题供观众讨论，在讨论的过程中，潜移默化地影响观众们的精神世界。

电视剧的语言要素主要包括人物对白、音乐、歌曲和文字，处于核心地位，在叙事结构的推动下和电视画面环境的渲染下，大量运用人物面对面交流的特点，非常接近人们的日常生活与交往，加上音乐与歌曲的渲染、烘托，常常给人身临其境的感觉。电视剧传播与渲染的精神与情感往往跌宕起伏，扣人心弦，具有强烈的吸引力和感染力，“共情效应”非常明显。在国际传播的过程中，能够跨越地域、时间和文化因素等障碍，直击观众心灵，产生心灵共振。因此，在重塑思想意识、正面舆论引导过程中，需要拥有国际视野，坚守中华文化立场，讲好中国故事，展现真实、立体、全面的中国，推动更多的中国电视剧走出去，让电视剧成为文化交流、文明互鉴的最具亲和力的传播载体，建立共同体意识。

第三节　2017—2020 年主旋律电视剧舆论引导机制

这里的主旋律电视剧主要包括两大部分：第一部分是指 2017 年各个电视台播放的以弘扬主旋律为主题的电视剧，包括国家新闻出版广电总局推荐的 55 部参考剧目：31 部用于迎接党的十九大的胜利召开，20 部用来庆祝建军 90 周年，4 部用来庆祝香港回归 20 周年；第二部分是指 2018 年国家广播电视总局规划的“2018—2022 年百部重点电视剧”，用以庆祝改革开放 40 周年、新中国成立 70 周年、建党 100 周年。“2018—2022 年百部重点电视剧”的目的主要是“坚持以人民为中心的创作导向，贯穿体现社会主义核心价值观，促进电视剧整体品质提升，引领创作方向”。指导方针是“以习近平新时代中国特色社会主义思想和党的十九大精神为指引，以坚定文化自信，推动社会主义文化繁荣兴盛为引领，着力表现源自中华民族五千多年文明历史所孕育的中华优秀传统文化，着力表现熔铸于党领导人民在革命、建设、改革中创造的革命文化和社会主义先进文化，着力表现植根于中国特色社会主义的伟大实践”①。

一、把意识形态的引导力建设作为国家治理的重要组成部分

按照马克思主义学者的相关观点，意识形态能够整合异质性思维，建构现实，意识形态的领导权与经济领导权、政治领导权一样至关重要，他们觉得，意识形态领导权要先于经济领导权、政治领导权。领导权的基础是“国家”，而“国家”是由“政治社会”和“市民社会”共同组成的，意识形态领导权的建构需要“政治社会”和“市民社会”一起参与、共同完成。这种理论付诸实践的优势在于，不仅能够调动“市民社会”参与先进意识形态建构的主动性和自为性，也能产生“自己人”的身份认同感，符合互联网时代的“共享”理念。这种身份认同感是主旋律电视剧集体表现的一个重要情感基调。纵观 2017 年以来主旋律电视剧的主题和场景，不再是以前的纯政治性叙事，而是转换成了政治性叙事和社会性叙事的二元融合，既讲政治，又讲平民故事。

迎接党的十九大的胜利召开和庆祝改革开放 40 周年的电视剧主要有两大

① 国家新闻出版广电总局电视剧司：《关于做好 2018—2022 年重点电视剧选题规划工作的通知》（剧字〔2018〕14 号），国家广播电视总局网站，http：//www. nrta. gov. cn/art/2019/5/15/art_113_45147. html，访问日期：2020 年 9 月 15 日。

主题：反贪斗争和平民故事。以《人民的名义》为代表的反贪斗争剧再现了反贪工作的复杂性和艰巨性，表现了共产党人对贪污腐败的零容忍态度，这种“断腕自新”的组织行为已经形成了一种共识，获得了很强的国家认同感，属于“国家”叙事方式。平民故事主要讲述普通老百姓在社会大潮中起起伏伏的感人故事，以励志、创业、亲情、和谐、幸福为主要情感基调，表现新时代普通人坚持不懈的创新精神和自信乐观的生活态度，属于社会学叙事方式。例如：《我们的少年时代》讲述了三个少年在追求棒球梦的过程中不断披荆斩棘、最终实现梦想的故事，传递了青春正能量，为青少年观众树立了正确的世界观、人生观和价值观；《喀什噶尔人家》则讲述了维吾尔族、汉族和塔吉克族四个家庭的故事，以时空的转换、感人的故事、原汁原味的镜头向大家展现阳光、进取、热情、善良的喀什噶尔人形象，全面反映了喀什噶尔人独特的思想和精神境界，表现了“民族一家亲”的主题；《创业时代》首次讲述了国内互联网创业题材的商业故事，再现了一批充满激情的青年人踏上互联网创业之路的艰辛，虽然成功的路上劫难重重，却总能够坚守本心，不断打破行业的恶性竞争，对抗商业巨鳄的残酷攻击，商战惊心动魄、暗潮汹涌，充分演绎了“共担、共创、共享”的互联网精神，对于政治、文化建设而言，同样富有启示性意义。

在互联网时代，平民社会本身就是文化、伦理等意识形态领域的构成要素，是政治、法律等政治上层建筑的重要基础。意识形态的基本特征是同意和认同，如果没有来自平民社会的认同，一个国家将很难维持下去，平民认同的原动力来源于普通民众的幸福感和安全感。媒介和社会舆论是意识形态领域的风向标，是国家领导权和文化领导权的重要载体，是国家治理的前提条件之一。电视剧作为一种影响力非常强大的舆论载体，因为具有独特的“培养”模式，易于形成具有普遍性意义的世界观、人生观和价值观。国家的领导权和文化领导权需要借助于电视剧的意识形态引导机制对普通民众进行教育，从而维护国家的领导权和文化的领导权。主旋律电视剧因其产生了强大的“团体动力”作用，继而形成了收视率和影响力的“群聚效应”，形成了先进思想意识形态的舆论引导机制，成为国家治理的重要组成部分。

二、“既讲政治又好看”的国家叙事方式

主旋律电视剧主要通过“国家叙事”的方式来完成先进意识形态引导力的建构，主要体现在国家形象传播和对国家根本利益的捍卫上。它非常重视意

识形态在社会教化功能上所具有的广泛性、持续性、非强制性特征，通过恰当的“议程建构”和“传播框架”，营造一个合适的“语境”，形成一个深维度的“镜像”，壮大先进意识形态价值观的核心理念与核心力量，对社会成员的生活模式和思维模式产生持续性的、整体性的影响，并使这种生活模式和思维模式相对稳定地、潜移默化地按照既定方向发生变化，进而成为推动先进意识形态未来创新的一个动力部分。

迎接建军90周年的电视剧就采用了“既讲政治又好看”的国家叙事模式，再现了建军90年来在中国共产党领导下的人民军队生生不息的奋斗精神和顽强战斗力，塑造了许多被大家铭记在心的英雄形象，再现了无数场改变中国历史走向和人民命运的重大战役，表现了人民军队神圣的“家国情怀”和“越是艰险越向前”的能力和自信心。《建军大业》运用精彩画面传承民族精神，以“山河统一、拯救民族危难”为主题，表现青年共产党人“有文化、有理想、气质非凡、不怕牺牲”的精神气概。《深海利剑》展示了我国现代化海军的实力与潜艇兵的真实生活，用“家国情怀”弘扬了中国梦、强军梦的时代主题，增强了民众对“强军梦”的理解和认同。荣获2017年美国亚洲影视联盟“金橡树奖”优秀电视剧奖的《林海雪原》属于“红色经典剿匪大剧”，是一场具有东北特色的视觉盛宴。这些先进意识形态新“语境”的建构主要是基于中国传统文化的优秀基因。

马克思主义学者常常把意识形态工作上升到“国家机器”的高度，并且运用“结构因果性”和“多元决定”等概念所体现出来的结构主义原则，来解释社会形态、生产力与生产关系、经济基础与上层建筑三者的各自关系，以及它们三者之间的相互关系。阿尔都塞认为：“社会是由经济、政治和意识形态等因素按一定结构方式构成的复杂统一体，历史发展不是按‘人的本质的异化’和‘扬弃异化’的人道主义方式进行，而是由多种因素相互作用构成的‘无主体过程’。”①“多种因素”中最主要的因素是媒体、教育和家庭，媒体、教育和家庭是意识形态形成的重要基础，媒体和教育除了文化传承，还有世界观、人生观和价值观的塑造与传承。这些都是通过国家主体“温和”的“劝服”方式完成的。同样，家庭是人格形成的重要组成部分，家庭的世界观、人生观和价值观会影响后代。阿尔都塞观点形成的时间节点是20世纪60年代至70年代之间，那个时候，电视是意识形态塑造和传承的重要媒介，这一点已

① 阿尔都塞：《哲学与政治：阿尔都塞读本》，陈越译，长春：吉林人民出版社，2004年，第168页。

被美国传播学界对于电视暴力的一项大型研究项目——“国家电视暴力研究”的诸多结论所证实。

三、建构价值认同感

意识形态引导是一种运用主旋律意识来影响人们的思想意向，达到规范人们行为，使其社会成员按照管理者希望的方式从事社会活动的传播行为。

社会舆论是一种复杂多样的动力系统，不可能完全纳入一个模式，而社会稳定和发展的内在逻辑则要求有一种能够代表大多数人根本利益的舆论导向。在网络社会组织形式和互联网信息传播方式的影响之下，靠社会组织和行政手段来推行先进意识形态思想的传统方式已经式微，以高超的政治艺术来有效调控大众媒体，尤其是网络媒体，成为当前意识形态引导的主要方式。

意识形态引导的创新受社会多重因素的影响。大而言之，主要包括价值观的认同感、执政者的执政理念、社会意识形态结构、国民的素养与精神状态、媒介发展的程度等。小而言之，主要包括对社会重大事件的关注度、社会内部沟通程度、合意表达的活跃度、对历史方位的准确把握等。

主旋律电视剧准确地把握了上述诸多因素，凝聚了社会共识，在意识形态引导的临界点上获得了突破，形成了意识形态引导的“群聚效应”，获得了普遍的价值认同感，改变了观众对主旋律电视剧的传统认知和刻板印象。2014 年 10 月 15 日，习近平总书记在文艺工作座谈会上说：“广大文艺工作者要高扬社会主义核心价值观的旗帜，把社会主义核心价值观生动活泼、活灵活现地体现在文艺创作之中，用栩栩如生的作品形象告诉人们什么是应该肯定和赞扬的，什么是必须反对和否定的，做到春风化雨、润物无声。”①

以《林海雪原》《建军大业》《深海利剑》和《西柏坡的回声》等为代表的主旋律电视剧是对这种创新性理论的一种及时回应，它们高度的舆论引导意识本身就是互联网时代意识形态建构的一种创新。提高了观众的审美能力和意识形态新境界，形成了“群聚效应”。按照“群聚效应”的惯性作用，它将持续融入后来国家意识形态的建构之中，影响未来舆论引导的方向。

---

① 《习近平在文艺工作座谈会上讲话(全文)》，人民网，http://culture.people.com.cn/n/2014/1015/c22219-25842812.html，访问日期：2014 年 10 月 15 日。

四、革命浪漫主义精神与当代“中国式英雄”审美的紧密结合

革命浪漫主义精神是一个曾经在中国艺术创作和美学研究领域中持续了很长时间的具有主导性意义的审美范畴，在中国人的思想上留下了很深的烙印。其创作的基本原则是：在不违背历史真实性原则的前提下允许艺术化虚构，增强戏剧性效果；在塑造历史人物时可以倾入作者的政治理想和情感倾向性，提高作品思想高度；在塑造历史人物形象时允许“诗情画意”，在描绘自然景物时可以营造“情景交融”的意境，使作品充满浓郁的浪漫主义抒情风格。当前，借助于各种高科技手段，革命浪漫主义精神有了更加丰富的表现方式，例如，美轮美奂的特效、栩栩如生的即视感、明暗相间的线索、跌宕起伏的情节冲突、个性鲜明而又富有理想主义精神的人物形象等。

从历史上看，近现代以来，中国革命波澜壮阔、艰辛异常，胜利来之不易。与之相匹配的宏大社会背景和宏大叙事的艺术基因已经镌刻在中国人的精神世界里，这种基因在社会发展的关键节点就会迸发出巨大能量。放映于中国人民解放军建军 90 周年之际的献礼剧(包括纪念红军长征胜利 80 周年的献礼剧)就是这种能量集聚后的集中释放，把革命浪漫主义精神和当代“中国式英雄”审美紧密结合起来。《林海雪原》塑造了一群个性鲜明的当代“中国式英雄”群像，他们以天下为己任，富有理想、情怀厚重、格调高雅，他们不但心怀人民、敢于担当、勇于奉献，还智勇双全、精悍威武、不怕牺牲，善于在完成艰巨任务的过程中实现人生升华。对于普通受众而言，期待英雄、崇敬英雄、欣赏英雄、颂扬英雄、借助英雄精神升华人生境界是一种内在的心理需求。《林海雪原》里的“中国式英雄”和剧情里展现出来的革命浪漫主义精神成功满足了观众的这种心理需求。片尾曲则集中总结了那个时代的英雄主义精神和勇往直前的革命豪情：“英雄酒杯装天，何惧明枪暗箭。听我一声狂喊，杀个人仰马翻。信念星火燎原，壮志豪情虎胆。神枪瞄准黑暗，胜利就是我终点。穿林海，跨雪原，越是艰难越向前。”

五、极具中国特色的“东方式情感表达”

法国社会学家艾德加·莫兰说：“精神活动的前提就是想象活动与认知实践活动原则上的统一，文化应当是体验社会问题的方式与文化系统的编

码、结构的规则之间沟通的回路，它们之间的关系有许多种沟通的类型。”①在变动的社会里，人对于未知世界的想象是比较模糊的，人的认知实践活动是比较盲目的，这种想象与认知活动原则上的统一性正是近代以来香港人精神活动的总体特征。处于不断动荡或变动中的香港人的精神，既接受了西方文化的熏染又坚守住了中国传统文化的精髓，形成了极具中国特色的“东方式情感表达”特征。

很多社会学家都认为中国是人情社会，中国人交流的习惯是“晓之以理，动之以情”，中国人做事的原则是“合情、合理、合法”。中国人情常常表现在“五伦”关系之中，即“君臣”“父子”“夫妇”“兄弟”“朋友”，这“五伦”代表着生活场景中最为重要的五种人际关系。在现代社会，“君臣”关系可以转换为“国”与“家”的关系，“父子”关系转换为父母和子女的关系，“夫妇”关系则包含着“恋人”关系。归结起来，主要包括对国家和集体的情感、对父母的情感、对子女的情感、男女之间的情感、兄弟姐妹之间的情感、朋友之间的情感、师徒之间的情感等。这些情感的表达就构成了独具中国特色的“东方式情感表达”方式，能集中体现出中国传统文化的融合，即儒、释、道三家传统文化的交相融合，这种融合后的总特征是：中国人遵从“情、理、法”的处事原则，崇尚“富贵、道义、坚韧、内敛、雅静、飘逸、清丽”的精神追求。

庆祝香港回归20周年的电视剧主要表现香港人艰苦卓绝的创业精神，以及内地与香港之间血浓于水的骨肉亲情。《传奇大亨》是以爱国爱港的华语影视教父邵逸夫先生以及中国早期影视拓荒者为主要原型创作的，讲述了半个世纪以来内地人士在香港的奋斗史诗。《万水千山总是情》以中国20世纪30年代的“救亡图存”时期为背景，讲述一对青年男女之间跨越万水千山的爱情故事。《我的1977》以小人物为切入点，展现了大时代背景下普通人群的坎坷命运和两地人民之间亲密的情感联系，具有宏观的历史视野。

这些富有影响力的“东方式情感表达”一方面赢得了内地观众的情感共鸣，另一方面也得到了港澳台同胞以及海外华人的情感认同，是先进意识形态价值观的重要组成部分，准确地把握了意识形态引导的时机、尺度和效果。

① 艾德加·莫兰：《社会学原理》，阎素伟译，上海：上海人民出版社，2001年，第353-358页。

第四节 “中国故事”剧舆论引导机制

2018年是中国改革开放40周年、电视剧诞生60周年，2019年是中华人民共和国成立70周年，2020年是我国脱贫攻坚决胜年、纪念抗战胜利75周年。电视剧市场主动顺应国家主题叙事的要求和观众精神审美情趣的变化，推出更多思想精深、艺术精湛、制作精良的优秀作品，精彩讲述“中国故事”。主旋律题材开始了新的创新，转向年轻化、多元化，以现实主义题材为主，敢于直面社会现实、描写社会真实，塑造典型人物，培养新的精神审美情趣、稳定核心受众群体，在审美品位高端性和文化趣味多元性中寻找精神联结点，建构崭新的表现主流价值观的内容群体和传播框架。现实主义、核心价值观、“守正出新”、新用户思维是“中国故事”剧的四大核心关键词。紧扣时代主题，把握社会心理变化、聚焦社会热点，打造内容与形式统一的“爆款”，既严肃感人，又温暖亲切。

前瞻产业研究院发布的《中国电视剧行业转型升级与典型案例分析报告》指出：从播出情况来看，2018年，包含互联网渠道共播出的新剧达382部。具体来看，网络剧播出数量是上星剧的两倍多，占到总播出剧集的三分之二以上；上星剧总部数相较前一年下滑，而网络剧的播出数量则较2017年实现了23%以上的增长。①

一、改革开放剧和情感剧的“二元结构”

从电视剧题材集中度来看，反映现实问题的当代剧占据主流，古代题材剧和现代剧数量次之。2018年现实题材所占比重达到了63.16%，历史题材占比达到35.91%，重大题材占比仅为0.93%。就播出题材而言，2018年播出的电视剧中，改革开放剧和情感剧最多，占比均达到30%以上，呈现出“二元结构”，互相映衬，它们更加注重思想性、艺术性、欣赏性的有机融合，有不少创新点深受观众欢迎。除此之外，还有一些古装玄幻剧、青春偶像剧、谍战剧、年代剧等题材点缀其间，也颇受欢迎。

1. 改革开放剧

2018年，以改革开放为题材的几十部电视剧作品，再现了中国社会逐渐

---

① 温程辉：《2018年电视剧行业市场现状与发展趋势分析 当前仍处盘整时期》，前瞻产业研究院，https：//www. qianzhan. com/analyst/detail/220/190521-b61e69e8. html，访问日期：2021年1月31日。

从封闭走向开放、从贫穷落后走向伟大复兴之路的40年变迁史，视角从政府最高层延伸到社会最底层，从商业大潮到科技创新、从繁华都市到穷乡僻壤，全方位、多层次、系统性地展示了国家和民众在这个过程中所经历的各种艰辛探索、各种磨难与成就。以新时代中国特色社会主义思想的视角回看中国特色社会主义建设的各种艰辛探索与尝试，诠释了执政者不断创新、不断自我革命、不断突破各种束缚，最终带领中华民族走向复兴的历史进程，也表现了人民群众勤劳努力、好学上进、吃苦耐劳、爱国爱家、敢于拼搏、富有理想主义精神的优秀品质。改革开放剧以现实生活观察者、描摹者、讴歌者的身份，深刻呈现了中国40年来的社会巨变，讴歌了时代，弘扬了社会主义核心价值观的主旋律。

从《一号文件》《那座城这家人》《面向大海》《你迟到的许多年》《那些年，我们正年轻》《创业时代》《正阳门下小女人》，到《我们的四十年》《幸福一家人》《你和我的倾城时光》《北部湾人家》《外滩钟声》《大江大河》《奔腾岁月》等，都体现了“聚焦主题主线，真情讴歌伟大时代”的主题，是围绕改革开放40周年，经过精心组织谋划推出的一批能够在历史上打下烙印、在人民中留下口碑的精品力作。

《一号文件》讲述了从小岗村“包产到户”到后来一系列一号文件发布的农村改革的艰难探索故事，通过两代人命运的变化，浓缩了农村改革迈向现代化的艰难历程。《那座城这家人》以两个家庭拼成的“九口人、六个姓”的独特家庭结构，描述了中国普通城市居民经过地震、“非典”、情感纠结及癌症折磨之后，最终重建幸福家园的感人故事，表现了中国人不怕厄运、坚韧不拔、相濡以沫、矢志不移地追求美好生活的精神风貌。

《面向大海》描绘了20世纪80年代深圳刚刚开放时的巨大变革，以一家通信公司经历重重苦难后发展成为国内龙头企业的经历，表现我国沿海城市的创业史、商业发展史和科技创新发展的历程，揭示了中国坚持走改革开放道路的历史必然性。《大江大河》讲述了国有经济、集体经济和个体户的三个先行代表人物在改革浪潮中不断探索和突围的浮沉故事，全方位再现了我国40年改革时代经济浪潮中的多种艰难波折，机遇和陷阱并存、进步和落后博弈，主人公最终都拥有了令自己满意的产业。该剧剧情精彩、故事情节代入感强，青年演员的颜值和演技都得到了观众们的喜爱，使得该剧获得了很高收视率，让青年人的价值观念获得了新鲜的滋养。

《正阳门下小女人》的历史感更加厚重，它以老北京为背景，讲述了自

1955年起一个小酒馆老板的命运沉浮，经历了“公私合营”“大跃进”“三年自然灾害”“文化大革命”四个具有符号性意义的不同历史时期。始于1978年的改革开放让小酒馆重新焕发青春，主人公始终坚守自己的经营理念，带领身边的人，发家致富，走向小康。剧情中的主要人物道德观和价值观纯正，对待人情世故既智慧、善良，又有格局，在子女的教育过程中既言传身教，又富有中华民族的传统美德，在小人物的家长里短中展现中国文化厚重的底蕴，故事生动感人，非常经典。

《东方华尔街》以1998年的金融风暴、2008年的金融海啸和2018年的金融现状为时间段叙述了40年过程中世界金融的变迁和中国金融业成长的故事，专业化水平高、节奏快，再现了金融交易和金融战争的惊心动魄，给普通观众科普了大量金融交易和金融战的专业知识和实操经验，让人们在怀念曾经的“黄金一代”的体验过程中，感知中国政府和中国金融人在惊心动魄的博弈过程中的沉稳和智慧，增强了国人主动融入世界金融大潮的信心和勇气。《奔腾岁月》讲述了知青返城创业的故事。《外滩钟声》讲述了上海弄堂在改革时代里变迁的故事。

2. 情感剧

除了改革开放剧，情感剧在舆论引导机制上也存在创新。由于网络剧的影响，情感剧的剧风呈现出网络化特色，重获新生，口碑很好。生产者秉持专业化的职业精神，以弘扬社会主义核心价值观、传承中华优秀文化、传播高雅审美理念的精神，创作出了一些高质量的情感剧。主要有都市情感剧《好久不见》《老男孩》《南方有乔木》，现代情感励志剧《归去来》《合伙人》，家庭情感剧《陪读妈妈》等。此外，年代谍战剧《脱身》和悬疑刑侦剧《莫斯科行动》也都受到了好评，展现出2018年主旋律电视剧丰富多彩的“二元结构”。

“实力”是2018年情感剧的关键词，“流量”鲜肉不再是收视率的金字招牌，一些老戏骨和年轻新秀挑起了主流作品的大梁，提高了情感剧的作品质量和收视率。

《延禧攻略》成为2018年夏天的爆款，掀起了全民追剧的风潮，全网播放量突破160亿次。一反同题材剧女主角受尽委屈后愤然反击的套路，戳中了“零零后”观众的兴奋点，剧情紧凑，在社交上的话题不断翻新，被网民们称为名副其实的“爆款剧”。《延禧攻略》高水准的服装艺术、高级别的化妆配色、艺术画般精致的取景画面，被网民称为“莫兰迪配色”，成为2018年艺术设计领域最时髦的关键词，剧中还对昆曲、打铁花、缂丝等非物质文化遗产进行了大力传播，这些都是该片不断发酵、取得良好口碑的基石。

《天盛长歌》拍出了电影的质感，服装道具精美得无可挑剔，还特意采用了电影的宽画幅比，整部剧的色调非常高级和舒服，场景的搭建也恢宏大气。

《如懿传》拥有顶级演员配置，实力雄厚，剧情的逻辑性强、演员的演技精湛、角色刻画细致，观众认可，口碑一路攀升。

《香蜜沉沉烬如霜》不仅创造了一个新型完整的世界观体系，还将中国传统文化很好地融入这部古装神话剧当中，它的世界观依据东汉张衡《灵宪》提出的“浑天说”中“地有四游”的构造，融入了太极八卦和老子物极必反的道家哲学理念。该剧不仅解锁了《山海经》《淮南子》和《逍遥游》等古代典籍中的诸多神兽，还普及了农业上的节气、自然物种、古人辛勤劳作的日常，以及对神秘大自然的崇拜等，剧情节奏快，画面色彩绚丽。

《忽而今夏》以一种接地气的校园风，给观众呈现出一段最真实的青春故事，不加滤镜，也没有偶像包袱，深深入戏的同时也唤起了对青春时代的回忆。《知否知否应是绿肥红瘦》营造出的古代宅院的东方美学风格令人印象深刻。从画面看，该剧颇有古风，构图工整，“仿佛一呼吸就能嗅到古代家庭的烟火气，极具东方美学韵味”①。为了展现古代社会的风土人情，该剧还在婚嫁风俗、古装励志、宅邸置景上下足了功夫。

二、主旋律创作和类型化创作相结合

国家广播电视总局主管的《电视指南》杂志发布的《2019年电视剧行业调研报告》显示：“2019年电视剧IP热开始降温，主旋律题材集中爆发，深入生活映照现实的电视剧引发了观众共鸣。”②很显然，在拥有一定粉丝数量的国产原创网络小说、游戏、动漫等基础上创作改编而成的IP剧只能属于“二次元”“饭圈女孩”文化序列，如果任其在国家卫视平台和主流网络播出平台上野蛮生长，就会弱化主流价值观的影响力。尽管IP剧背后拥有成千上万个狂热粉丝，但是它们缺乏思想深度、缺乏价值观的引领作用，这样的先天不足决定了它们只能是亚文化群体里一种重要的娱乐形式而不能成为主流。有

① 莫斯其格：《大IP冲击跨年档激发观众追剧热情剧情推进如“飙车”》，人民网，http://media.people.com.cn/gb/n1/2018/1228/c40606-30492161.html，访问日期：2020年11月30日。

② 传媒内参：《2019年电视剧行业调研报告》，载《电视指南》，2019年第12期。

思想高度，能直面现实问题，针砭时弊，进行正确价值观引领的电视剧是真正的主流，他们所蕴含着的思想价值观念体系、审美追求代表着社会发展方向，能够得到主流社会群体的普遍认同。

1. 主旋律电视剧的类型化趋势

到了2019年，现实题材的主旋律电视剧的创作与生产逐渐成熟起来，呈现出类型剧的一些特征。比如《外交风云》，表现宏大历史主题，却与现实国际社会的外交风云紧密相连，细节生动，深受观众好评。它借助于特定的历史事件弘扬社会主义核心价值观，阐明中国立场和中国主张，它的文学性、思想性、情感性、审美性和趣味性，非常接近传统的类型化电视剧，一改传统主旋律的固定表现模式，变得灵活多样。观众主体由传统的中老年人开始转向年轻人群体，老少皆宜，所表现出来的价值观由传统的单一主题转向"同心圆"式的多元化主题，不同群体的观众都能从中得到心灵的启迪和价值观的滋养。

主旋律创作和类型化创作相结合的电视剧在故事的叙述过程中影射现实，反映出现实生活中迫切需要严肃对待和认真解决的问题，切中观众的心灵，引起情感共鸣，让观众看到自己当下的生存境遇，产生"共情效应"。

我国电视剧经过60多年的发展，类型剧的创作模式已经比较成熟，种类多样，比如，偶像剧、家庭伦理剧、武侠剧、农村剧、历史剧、谍战剧、情景喜剧等。它们都有比较固定的创作模式，形成了各具特色的创作框架，不同主题的电视剧都可以在成熟的框架里生产属于自己的内容。框架是"骨"，内容是"肉"，框架属于形式，可以完善，而内容是丰富多彩的，拥有强大的创作空间。

主旋律电视剧经过一段时间的发展，逐渐形成了属于自己的创作框架。中国是一个统一的多民族国家，拥有优秀的传统文化，底蕴丰厚。中国近代以来，经历过各种事件，几乎浓缩了整个世界跌宕起伏、独立复兴的故事，尤其是自五四运动以来，经历了民族觉醒、抵御外侮、建国复兴等各类重大事件，拥有丰富的弘扬社会主义核心价值观的创作内容。无论是选择内容素材、搭建人物关系，还是表现核心主题，与当下社会的人群、事件建立起联系等，都可以从中找到各种各样的创作灵感和表现主题。

2. 主旋律电视剧类型化的"爆款"

主旋律电视剧类型化之后，收获很多观众的好评，他们习惯使用"爆款"

这个词语来表达他们内心的惊喜。这些电视剧紧扣当下社会发展的主题，聚焦社会变迁的重要节点，不但严肃感人，还温暖亲切；不仅弘扬了主旋律，还揭示了生活的本质，是观众真正需要的优秀作品。《外交风云》《破冰行动》《老酒馆》《都挺好》《小欢喜》等一批现实主义题材精品力作赢得了观众口碑与高收视率，成为荧屏热点。

国家广播电视总局举办的“优秀电视剧百日展播活动”为广大观众提供了丰富的精品。入选的86部献礼剧既有重大历史事件的重现、当代社会改革的记录，也有青春励志故事；既有反映现代都市和农村问题的生活剧，也有以军旅、商战为主题的行业剧。

《外交风云》讲述了老一辈党和国家领导人建构新中国“大国外交”的感人故事。《激情的岁月》向“两弹一星”元勋们默默奉献的精神表达了国人由衷的敬意。《伟大的转折》再现了中国革命元勋们在革命最关键的时刻带领红军重获新生的曲折故事。《在远方》《奔腾年代》等通过演绎我国快递业和电力机车行业的巨大变化表现平凡人的追梦精神。《老酒馆》《激荡》等反映了重大变革时代我国平凡小人物身上拥有的民族大义和高尚的商业道德。《空降利刃》《陆战之王》逼真地展现了当代军人的价值追求，歌颂新时代的“强军”精神。

这些主旋律电视剧题材优秀、品质上乘，彰显了信仰之美和崇高之美。它们凭借着宏大的时代背景、精湛的特效制作、唯美的画面风格，体现了中国独有的人文追求、家园情结和爱国情怀。生产者善于利用中国式的艺术风格和审美趣味，从不同侧面讲述中国故事，在传承的基础上进行大胆创新，思想意识的引领作用明显。

3. 社会话题剧的主旋律化趋势

除了献礼剧之外，一些现实题材的社会话题剧也受到广泛关注，呈现出主旋律化的强劲趋势，引发了网民们的强烈共鸣。针对这些特定的社会话题，创作者们充满直面社会问题的勇气，用心打磨触动人心的感人故事，表现出追求真、善、美的温情与人文关怀，传递出现实主义作品的精神力量。如《都挺好》聚焦“原生家庭”问题，直面孤独扭曲的家庭环境和家庭亲情；《少年派》《带着爸爸去留学》《小欢喜》直面社会上普遍存在的“教育焦虑”，击中当代中国家庭的难点和痛点。

这类电视剧显现出一定的规模优势，他们尊崇“质量为王、回归艺术本体”的价值追求，让更多类型、品种、风格的电视剧都能获得相应的市场份额与观众群体，从不同侧面反映社会生活中存在的主要问题，表现出各个群体的精神面貌和价值追求，优化了我国电视剧的生态环境，多层面地释放了当代中国的精神力量。

三、重大题材规划剧主体意识的建构

重大题材规划剧的主体意识指的是对于规划剧自身主体地位、主体能力和主体价值的一种自觉意识，是重大题材规划剧充分发挥其主观能动性的重要源动力，这是几年来主旋律电视剧在生产与播放实践过程中逐渐发展起来的一种积极的自我认知。2020 年是重大题材规划剧的出炉年，也是主旋律题材作品的爆发之年，这一年是脱贫攻坚决胜年、抗战胜利 75 周年。从政策引导与市场需求来看，国家广播电视总局接连发布“做好脱贫攻坚”题材电视剧、重大题材电视剧的创作播出工作的通知，各级电视台尤其是电视上星综合频道对主旋律电视剧的购买、排播力度加大，各大网络平台也纷纷跟进，争相购买播放，促进了此类作品持续创作生产的积极性。重大题材规划剧的生产与播放出现了少有的“三大”现象：一大批主旋律作品在各大电视台和网络平台集中播放，另一大批作品在排队等待，还有一大批主旋律新剧在忙碌的创作过程之中。

1. 脱贫攻坚类电视剧主体意识的建构

中国的扶贫模式是一种科学的社会动员和改革创新体系，独具中国特色，它不是简单的扶贫工作，而是一场践行“不忘初心”理念的国家工程，其艰巨程度不亚于 20 世纪 80 年代的那场农村改革，为中国未来发展奠定牢固基础。比如中国的精准扶贫，非常重视帮扶对象的个性化需求，选择一套合适的扶贫方案，可以发展特色农业、特色旅游，可以进行职业教育、开放劳动力资源、对接劳动市场，可以采取异地搬迁，可以进行工业化改造，可以动员发达省市对极度贫困省市进行对口支援等，充分发挥中国的制度优势，在国际扶贫运动中树立了良好的典范。

2020 年 3 月 17 日，国家广播电视总局发布《关于做好脱贫攻坚题材电视剧创作播出工作的通知》，要求各级电视台加大脱贫攻坚题材电视剧的购买和排播力度。《最美的乡村》《一个都不能少》等 22 部聚焦农村扶贫题材的重点电视剧首度公开展播。

《最美的乡村》以党和国家新时代“脱贫攻坚、全面小康”重大历史使命为故事背景，讲述了三位青年共产党人在不同情势下，主动接受扶贫攻坚工作、带领村民共建美丽乡村的故事，表现了新时代青年人主动在实践中落实“绿水青山就是金山银山”理念的创新精神，他们在扶贫事业中实现了自己的人生价值。《一个都不能少》讲述了我国西部某地的贫困村焉支村合并到本县最富裕的丹霞村后，两村村民逐步摒弃过往嫌隙共同发展“文化产业”、走上致富道路的故事，表现了新时代脱贫攻坚战“一个都不能少”的团结合作精神。《温暖的味道》表现“第一书记”的新思想和新境界，讲述了他们下乡后如何加强基层党组织建设、推动精准扶贫、诚信为民服务、不断提升治理水平、带领村民实现小康生活的幸福故事。

2020年各大卫视和网络平台的暑期档争先恐后地播放“扶贫攻坚”类电视剧。《绿水青山带笑颜》《花繁叶茂》《我们在梦开始的地方》《遍地书香》《最美的乡村》《落花时节》《江山如此多娇》《乡村第一书记》《吉他兄弟》《闽宁镇》《石头开花》等优质剧目获得了很高的收视率，产生“蜂聚效应”。在故事题材的选择上，这类电视剧主要表现大学生和年轻人返乡建设，带领乡村脱贫致富的新时代精神面貌。

《江山如此多娇》讲述了“扶贫二代”年轻人返乡参与精准扶贫的故事，表现了他们克服重重困难，甘愿挥洒青春热血、带领村民脱贫致富的精神。《乡村第一书记》表现了中央机关青年干部群体自愿放弃城市舒适的生活环境，用知识、智慧和勇气为乡村闯出了一条科技创新致富之路的精神。《闽宁镇》讲述了地区领头人主动下乡带领贫困村民进行脱贫建设工作，探索脱贫发展新方法，将“干沙滩”建设成“金沙滩”。《石头开花》表现了青年扶贫干部善于学习邻村扶贫工作经验，用“1+1>2”的模式成功打造出了富硒茶这一品牌，将扶贫致富工作与乡村环境建设紧密结合起来。

22部剧讲述的都是贫困落后地区的农民在扶贫干部的帮助之下，转变了落后的思想观念，理解了党的扶贫政策，通过不断地开拓进取和辛勤劳动，一步步摆脱贫困、走向温饱、再奔小康生活的幸福历程，准确地再现了中国农民身上与生俱来的憨厚、朴实、勤劳、乐观、忠义、爱憎分明、积极向上的精神品质。每一部电视剧都向观众们充分展现了我国不同地域的秀丽河山、历史文化与风俗人情，在分享跌宕起伏的扶贫故事过程中，产生了共情效应，增进了爱国情感。

这类宏大命题并没有简单地通过再现一段历史或一群人物来解读国家政策，而是主动将时代精神赋予在作品故事叙述之中，拥有穿透现实的精神力量。在回顾历史、汲取时代变革养分的过程中，借助具体人物故事，将过往与现实紧密联结起来，讴歌许多默默无闻奋斗在平凡工作岗位上、不断践行社会主义核心价值观的英雄群体。

2. 纪念抗战胜利75周年电视剧主体意识的建构

纪念抗战题材剧是创作难度系数比较大的类型剧之一，题材庞大、主题深刻、人物关系复杂、编剧和制作的要求高、成本也比较高，很难出现精品。在主体意识建构方面有一定的复杂性，这类剧主体意识的建构基本上可以参照相关政策的规定和已经成文的作品；宏观的主体价值的建构比较容易，但是在具体细节把握上存在一定的难度，其思想价值的知识含量高，需要借助相关领域著名学者的帮助进行深入挖掘。纪念抗战胜利75周年电视剧主体意识的建构与编剧水平、导演团队、演员团队对于具体历史事件的认知息息相关，有些问题的认知需要结合当前世界形势，进行历史再认知。

2020年的主要代表作品有《井冈山儿女》《高大霞的火红年代》《我们的西南联大》《独臂悍将》《虎胆巍城》等，题材故事主要以讲述人物成长经历为主。《井冈山儿女》讲述了红军主力部队长征后，留在井冈山的红军后代在苏区群众的保护下与敌人斗智斗勇，历经艰难，逐渐成长为红军战士，走上革命道路的故事。《高大霞的火红年代》则聚焦解放战争时期，表现了以高大霞为主的许多人物在风云诡谲的时代环境下投身革命、见证新中国成立的英勇无畏的精神。《我们的西南联大》重现了硝烟弥漫、家国破碎之下一群铁骨铮铮的热血青年，在历经重重严峻考验后成为国家杰出人才的历史事实。

视角的年轻化是这一年抗战作品的第二特征，适应当前年轻人的审美需求，重点表现青年人投身报国的爱国思想。

在价值观表现、主题立意和精神传承方面增加了政府的主导作用。同其他类别电视剧相比，抗战剧具有一定的题材特殊性和创作难度，审核把关要求严格，一般机构与制作单位在这方面存在一定困难。这些大片主要由地方宣传部和拥有优势地位的卫视平台，以及富有创作经验的头部影视机构合作制作。例如，《我们的西南联大》由云南省委宣传部、腾讯影业、润禾文化等联合制作，《独臂悍将》由湖北省委宣传部、北京世纪明言文化联合制作。

3. 抗疫类电视剧的主体意识建构

抗击疫情是一场突然爆发的全民战争。面对诡异多变的疫情，通过电视剧的方式进行正确的思想引领和舆论引导，塑造英雄形象，不但能扩大重大题材规划剧的选题范围，而且增加此类题材规划剧的现实意义，能够凝聚人心、鼓舞士气，增强战胜疫情的信心，维护社会稳定。由于准备的时间很短，在如何表达、如何创作、如何做成精品等方面存在严峻的挑战。为了增强作品的贴近性和感染性，聚焦小人物故事、展现一大批可歌可泣的平民英雄的感人事迹成了电视人首先选择的创作方向。在制品单位的选择上，主要由头部影视公司、政府相关部门与播出平台合作生产，以此来保证作品在短时间内高质量地完成。代表作品有《在一起》和《最美逆行者》。

《在一起》采用时代报告剧的形式，从抗疫期间各行各业的真实人物、真实故事中选择原型进行艺术创造，表现全国人民同舟共济、共度危艰的精神面貌。剧中主要人物有奋战在一线的专家、普通医务工作者、外卖员、志愿者、口罩生产者和医院建设者等。《最美逆行者》则将镜头对准了武汉市，表现了武汉滞留人员、货车司机、社区基层公务员的家国情怀和高尚精神，讲述了疫情期间发生在他们生活中的大事小事。

4. 其他类型剧的主体意识建构

除了重大题材的献礼剧，主旋律电视剧还延伸到澳门经济社会的变迁、高铁建设、科技领域、公检法部门和商业销售领域等。从普通的平民生活切入生活中的各个方位，将个人成长和国家命运融合起来，反映时代巨变，彰显社会主义核心价值观的巨大精神能量，表现普通人的大情怀。

《弯弯的大湾》重点讲述了澳门回归祖国20年以来一群普通人恋爱成长、辛勤创业的故事，赞扬他们勇于奋斗拼搏的精神，表现了澳门与内地共同繁荣、粤港澳大湾区蓬勃发展的美好图景。《最好的时代》通过叙述三位年轻人齐心协力研发高速铁路新技术的故事，歌颂了他们立志青春报国、推动中国高速铁路快速发展的情怀。《大时代》则从历史发展的角度讲述了20世纪70年代以来，一批有理想的爱国科技工作者聚集到一起艰苦创业的故事，表现了广大爱国科技工作者不畏艰难、勇于担当，把个人命运和国家复兴发展的命运结合起来，献身科技事业的爱国精神和舍身忘我的民族大义。《人民的正义》通过讲述监狱检察官与违法犯罪分子作斗争的故事，表现了人民检察官坚持法律公平公正，爱国敬业的新时代职业精神。他们用坚定的意志匡扶正义，用感恩的真情回馈新时代，收到了“以小见大”的艺术效果。《吉他兄弟》戏剧性地讲述了两个故事，一个是脑子活络、善于变通、口才极好的销售型人才的故事；另一个是稳重踏实、勤于钻研的技术型人才的故事。通过强烈的反差对比，形成了喜剧效果，表现了爱国、敬业、诚信、友善的社会主义职业精神和道德观念。

洋溢着强烈的英雄主义精神和浪漫主义基调的《林海雪原》“一直被视作‘革命通俗小说’的典型代表，并被誉为‘新的政治思想和传统的表现形式互相结合’的光辉典范，它更是整个‘十七年文学’发展之中不可替代的重要小说作品”①，曾先后被译成英文、俄文、日文、蒙古文、朝鲜文、越南文、挪威文、阿拉伯文等多种外文版本在海外出版发行，多次被改编为电影、电视剧和京剧等上映上演。小说语言绚丽多彩，出色地塑造了人民战士的英雄形象，再现了解放军侦察员艰苦卓绝的战斗生活，深刻地影响了中华人民共和国成立以来几代人的成长历程。2017 版电视剧《林海雪原》坚持“思想精深、艺术精湛、制作精良、忠于原著”的原则，是一部情怀与品质兼具的优秀作品。它的动作戏和视觉特效深受观众欢迎，被称赞为“每一集电视剧就是一部电影”。

总而言之，弘扬主旋律的重大题材剧一般都是“命题作文”，要求“找准选题，讲好故事，打造精品”，建立起行之有效的舆论引导机制，达到弘扬社会主义核心价值观的目的。如何选择合适的主题、讲好“中国故事”，把戏剧性与政策导向性有机结合，如何避免“千人一面”“似曾相识”是创作中的一大难题。通过以上分析可以发现，经过几年的探索，这一难题已经找到了合适的答案，形成了比较完美的模式：政策的导向性、价值观的传递性、“接地气”的好故事、主题选择的精准性、优秀文化精神的传承性、唯美画面的技巧性、丰富多彩的叙事结构七大要素互相配合，相得益彰。

① 王远舟、程丽蓉、陈勇：《中国现当代文学经典选读》，北京：中国传媒大学出版社，2016 年，第 120-123 页。

后　记

书稿付梓之际，仍然心有余虑，担心有些问题论述的不够充分、不够准确、不得要义，将贻笑大方。

从开始撰写到最终定稿，历时三年，是我从事网络舆情理论研究与实践工作十年来的经验总结。网络舆情是一个时代镜像，映像了整个社会的风风雨雨，有盛世欢歌、有刀光剑影，没有一定的定力，很容易迷失在波光诡异的网络舆论空间。“天若有情天亦老，人间正道是沧桑”，网络舆情工作辛苦、环境复杂、责任重大，网络舆情理论研究亦是如此。

2010 年开始进入这个领域，2012 年参加了湖北省社科基金重大项目课题“网络舆情研判体系建设与实践”(项目编号：2012WT007)的研究工作，这是国家互联网信息办公室和湖北省互联网信息管理办公室共同委托的一个项目，目的是建构起网络舆情标准体系的基本框架，指明网络舆情工作的核心环节和主要流程，为理论研究和实践工作提供参考。我是写作组的负责人，武汉大学的张金海教授是专家组的负责人，专家组成员主要有武汉大学的沈阳教授(现任教于清华大学)、刘丽群教授和吴天明教授，华中科技大学的钟瑛教授和王国华教授，武汉理工大学的刘洪星教授。在实际研究的过程中，武汉大学的强月新教授给予了很多帮助与指导。过程很辛苦，缺乏基本理论、缺乏大数据信息技术，而网络舆情却每天都纷至沓来，各种“网络水军”推波助澜，线上线下的各种言论与行动应接不暇，如汪洋大海一般波涛澎湃，远不是今天这样的“清朗空间”。研究团队数次集中起来，采取“闭门谢客”的方式进行讨论，攻克一个个难关。

项目让我受益匪浅，研究报告得到了各地舆情工作者的好评。在这个过程中，专家团队的集体智慧让我增长了很多见识和智慧，他们强烈的社会责任感深深地影响了我。那些看不见硝烟的“网络战争”“网络安全”“网络群体极化”问题一直困扰着我，昭示着我，让我坚持做下去，于是就有了撰写《网络舆论引导机制研究》这本专著的愿望。

2015 年，我来到浙江绍兴，继续从事网络舆情理论研究与实践工作，有幸得到了浙江省委宣传部、网信办和绍兴市委宣传部、网信办相关领导的指导与帮助。这本专著主要是基于浙江省的网络舆情理论研究与实践工作的经验总结，尤其是深受绍兴市“枫桥经验”的启发。网络舆论是网络时代的一种精神现象，是时代精神面貌在互联网空间的一种折射，这是人类社会群体的一种非常复杂的心理现象和社会现象。网络舆论引导是一项艰难复杂的高强度工作，既需要宏观视野、顶层设计，又需要做好细致入微的具体工作，有很强的专业性、科学性和挑战性。

书稿的撰写得到了北京大学新闻与传播学院陈汝东教授耐心而又细致的指导，在书稿的结构调整、谋篇布局和修改润色方面，陈教授给予了我很多建议，他是修辞学、话语学理论与实践研究方面的大家，开阔了我的视野，丰富了我书稿的思想内容。2019 年冬天，北京大学图书馆里的灯光流淌着温暖的思想，我在这里安静地徜徉。南京师范大学新闻与传播学院靖鸣教授在书稿的撰写过程中也给予了我很多指导，并且欣然答应为我写序，内心非常感激！

浙江越秀外国语学院网络传播学院的领导们对于书稿的撰写与出版给予了大力支持，绍兴市网络舆情研究院的师生们在书稿的修改与编辑方面给予了我很多帮助。在此一并感谢！

书稿是 2018 年度浙江省哲学社会科学规划课题“境外意识形态渗透对我国政治文化安全的影响研究”(项目编号：18NDJC288YB)的一个重要成果，感谢浙江省哲学社会科学发展规划办公室的领导和专家们！

在这项成果的基础上，我于 2021 年成功申报了一个国家社科基金一般项目“5G 背景下网络意识形态安全的舆论引导机制研究(课题编号：21BXW071)”。感谢全国哲学社会科学工作办公室领导和专家们的厚爱与信任，我和我的团队将继续努力，对相关问题进行深入而细致的调查研究，拿出好的成果回馈社会，为这个领域的相关研究继续增砖添瓦。2023 年 7 月，我调入了宁波工程学院人文与艺术学院，继续从事网络舆情方面的教学与研究工作，我和我的团队将继续以长三角地区网络舆情生态建设的实践为主要研究对象，与相关单位和研究机构开展合作，在提升网络空间治理效能方面进行一些探索，为“健全网络综合治理体系，推动形成良好网络生态”尽绵薄之力。

书中难免会有缺点与疏漏，恳请读者给予批评指正！并把您的宝贵意见发送至我的邮箱 994535622@ qq. com。谢谢！

静水流深，岁月无恙，唯愿网络空间永远平安、清朗！

张厚远

2023 年 7 月 1 日写于浙江宁波